中國學術思想 研究輯刊

二六編
林慶彰 主編

第9冊

從精英到民間：
袁了凡思想研究

林志鵬 著

花木蘭文化事業有限公司

國家圖書館出版品預行編目資料

從精英到民間：袁了凡思想研究／林志鵬 著—初版—新
北市：花木蘭文化事業有限公司，2017〔民106〕

目 2+214 面；19×26 公分

（中國學術思想研究輯刊 二六編；第 9 冊）

ISBN 978-986-485-172-0（精裝）

1.（明）袁黃 2.學術思想

030.8　　　　　　　　　　　　　　　　　106014199

ISBN-978-986-485-172-0

中國學術思想研究輯刊

二六編　第 九 冊　　　　　ISBN：978-986-485-172-0

從精英到民間：袁了凡思想研究

作　　者　林志鵬
主　　編　林慶彰
總 編 輯　杜潔祥
副總編輯　楊嘉樂
編　　輯　許郁翎
出　　版　花木蘭文化事業有限公司
社　　長　高小娟
聯絡地址　235 新北市中和區中安街七二號十三樓
　　　　　電話：02-2923-1455／傳眞：02-2923-1452
網　　址　http://www.huamulan.tw 信箱 hml810518@gmail.com
印　　刷　普羅文化出版廣告事業
封面設計　劉開工作室
初　　版　2017 年 9 月
全書字數　177310 字
定　　價　二六編 12 冊（精裝）新台幣 22,000 元　　　版權所有·請勿翻印

從精英到民間：
袁了凡思想研究

林志鵬　著

作者簡介

林志鵬，一名林耕旭，河北辛集人，廣州中山大學哲學博士，現任廣東省社會科學院助理研究員，主要研究中國思想史、《四書》學、文化產業與文化發展，曾於《中國典籍與文化》、《鵝湖》（臺灣）、《新亞學報》（香港）、《華僑大學學報》等刊物發表多篇學術論文。

提　要

　　晚明是陽明心學廣泛傳佈時期，也是儒釋道三教深度融合的時代。袁了凡師承王畿，亦受羅汝芳一派影響，主張「三教一心」、儒佛互證，日常修持及著述盡顯三教匯通色彩。作爲匯通三教的陽明後學，其思想主要體現在兩個方面——舉業之學與「立命之學」。《四書刪正》是其舉業之學的代表作，該書具舉業參考和四書詮釋的雙重性質，呈現援引崇王抑朱、宣揚陰騭的特色。該書之流佈，表明作爲官方意識形態的朱熹思想在晚明時期受到多元化思想的挑戰，亦說明舉業參考用書也是陽明心學傳播的一條重要渠道。其「立命之學」以「命自我立、福自己求」爲主旨，源於民間信仰、佛道二教思想，亦與陽明學派有關，特色在於主張「德福一致」、報應思想與修驗並重。這一思想主要集中於《了凡四訓》中，該書與了凡所提倡的功過格並行於世數百年，在民間社會產生廣泛影響，爲明末清初的勸善運動思潮注入活力。總而言之，了凡身爲士紳階層的一分子，卻融匯佛道二教思想與儀軌，面向民間推廣儒家倫理道德，體現了晚明時期「大傳統」與「小傳統」的深度互動，而了凡其人其學，也成爲別具一格的思想史現象。

目
次

緒　論

第一節　研究緣起

　　有明一代之思想學術，陽明心學的勃興實乃一「大事因緣」。《明史・儒
林傳》云：「原夫明初諸儒，皆朱子門人之支流餘裔，師承有自，矩矱秩然。
曹端、胡居仁篤踐履、謹繩墨，守先儒之正傳，無敢改錯。學術之分，自陳
獻章、王守仁始。」〔註1〕明憲宗成化（1465～1487）年間，江門陳獻章（1428
～1500）倡「自得」之學於嶺南，主張學宗自然、靜養心體，一改程朱官學
之舊習，啓發明代學術「漸入精微」的新風氣。姚江王守仁（1472～1529）
繼之而起，揭「致良知」之教，直稱「聖人之學，心學也」〔註2〕，自此「心
學」大明，風靡大江南北。一方面，這場發端於陳獻章、大成於王守仁的「道
學革新運動」（嵇文甫語）極大地撼動了明代官方意識形態，加深了儒學與佛
道二教之間的滲透與融攝，進一步推動了「三教匯通」的思潮，深刻地改變
了明代中後期的思想格局。其中，隆慶、萬曆間數十年堪稱一個轉折，「嘉、
隆之後，篤信程朱不遷異說者，無復幾人矣」〔註3〕，「今天下之爲新建學者，
大率十而七」〔註4〕。陽明心學因獲得官方認同而儼然成爲中晚明的主流思

〔註 1〕　（清）張廷玉等撰：《明史》卷二百八十二「儒林傳」，北京：中華書局，1984
　　　　年，第 7222 頁。

〔註 2〕　（明）王守仁：《王陽明全集》，上海：上海古籍出版社，2006 年，第 286 頁。

〔註 3〕　（清）張廷玉等撰：《明史》卷二百八十二「儒林傳」，北京：中華書局，1984
　　　　年，第 7222 頁。

〔註 4〕　（明）談遷：《國榷》卷七十二「神宗萬曆十二年十一月條」，北京：中華書
　　　　局，1988 年。

想，風行草偃般地傳播開來。另一方面，心學內部尤其是王守仁門下也與很多門派傳承一樣，「學焉各得其性之所近，源遠而末益分」，雖然門人弟子共同標榜聖學，但宗旨迭出，異說紛呈，塑造出斑駁陸離、五彩繽紛的晚明思想史面貌。「照耀著這時代的，不是一輪赫然當空的太陽，而是許多道光彩紛披的明霞」〔註5〕。在這些「光彩紛披的明霞」中，有一道特別引人矚目，就是作為陽明後學而又匯通三教的袁了凡（1533～1606）。

袁了凡，初名表，後改名黃，字坤儀，初號學海，後改號了凡，世稱了凡先生。明世宗嘉靖十二年（1533）生於浙江省嘉善縣魏塘鎮，神宗萬曆十四年（1586）進士，萬曆十六年（1588）至萬曆二十年（1592）任河北寶坻知縣，後升任兵部職方司主事。時值朝鮮「壬辰倭亂」，以軍前贊畫身份入朝抗倭，不逾年即遭削籍，返鄉後隱居吳江趙田，著述教子。萬曆三十四年（1606）去世，明熹宗天啟元年（1621），吏部尚書趙南星「追敘征倭功」，追贈其「尚寶司少卿」。清乾隆二年（1737），入祀魏塘書院「六賢祠」。〔註6〕

了凡家學深厚，其父袁仁飽讀詩書，時人推為「文獻世家」，並與王艮、王畿等心學學者交往密切，亦曾登門向王守仁問學。了凡曾祖袁顥、祖父袁祥、父親袁仁三代皆有關於儒家「五經」的著述傳世，他本人延續家學傳統，撰有《袁氏易傳》、《毛詩袁箋》、《尚書大旨》、《春秋義例全書》、《四書疏意》、《四書刪正》、《四書訓兒俗說》等著作。他天資聰穎，「好奇尚博，四方遊學，學書於文衡山，學文於唐荊川、薛方山，學道於王龍溪、羅近溪」〔註7〕，學識廣泛，於「河洛、象緯、律呂、水利、河渠、韜鈴、賦役、屯田、馬政及太乙、岐黃、奇門、六壬、勾股、堪輿、星命之學靡不洞悉原委」〔註8〕。他的一生，是中國傳統儒家士大夫的典型生命軌跡，歷經「六應秋試（鄉試）」又「六上春官（會試）」〔註9〕的漫長舉業生涯，走過「儒生——儒士——儒吏——鄉紳」的生命歷程。

作為王畿的及門弟子，了凡以陽明後學自居，自稱「在學問中，初受龍

〔註5〕 嵇文甫：《晚明思想史論》，鄭州：河南大學出版社，2008年，第1頁。
〔註6〕 （明）袁黃：《袁了凡文集》「袁了凡簡介」，北京：線裝書局，2006年。注：後文注釋該書一律簡稱「《文集》」。
〔註7〕 （明）葉紹袤：《湖隱外史》，收入吳江汾湖經濟開發區、吳江市檔案局編：分湖三志，揚州：廣陵書社，2008年，第13頁。
〔註8〕 同上。
〔註9〕 《文集》，第1337頁。

溪先生之教，始知端倪」〔註 10〕，嘗云「從先師（筆者按：王畿）聞陽明先生之教」〔註 11〕。在他心目中，王畿是繼承儒家道統、陽明學脈的第一人——「初，東浙王文成公倡道東南，其門人龍溪先生獨得文成之正傳，天泉橋證悟可考也」〔註 12〕。他紹述王畿「現成良知」之說，無論在本體論抑或工夫論方面，都與王畿之學如出一轍。同時，他又深受羅汝芳「明明德」之學影響。此外，了凡思想的一個顯著特色是「三教匯通」，他延續了王守仁、王畿在三教觀上的精神向度，並大膽突破，超越三教畛域分明的舊立場，主張儒佛互證，反對儒者「闢佛」。生活中的了凡極具民間色彩，不但崇信因果報應，且對佛道二教的修持法門亦能兼收並蓄、身體力行。

究實論之，了凡並非明代一流的學者或思想家。據筆者統計，「袁黃」之名共在《明史》中出現 19 次，大多作爲「藝文志」中一些著述的作者，除此之外並無專傳。黃宗羲著《明儒學案》，了凡亦未能名列其中，華裔澳大利亞學者柳存仁就此指出：「林兆恩和袁黃這兩個人都是《明儒學案》所不收，而他們和《明儒學案》中的若干位又實在不無交涉的人。」〔註 13〕雖然不爲代表大傳統（great tradition）的正史以及《明儒學案》所載，但了凡其人卻在生前身後產生廣泛影響，激起層層漣漪，成爲別具特色的思想史現象。

了凡生前，使其名滿天下的是舉業之學。他早年即因擅長制藝而頗負盛名，在漫長的科舉生涯中成爲士子推崇的舉業名家，編纂有《四書刪正》、《荊川疑難題解》、《袁了凡先生彙選古今文苑舉業精華四集》、《新刻經世文衡》、《舉業彀率》、《增訂二三場群書備考》、《遊藝塾文規》、《遊藝塾續文規》等大量舉業參考書等。其中，尤其以《四書刪正》最爲著名，該書雖屬舉業參考書，卻是作者站在陽明心學立場對儒家「四書」的重新詮釋，於嘉靖三十四年（1555）梓行，受到舉業士子們的熱情追捧，「五十年來遍傳天下」〔註 14〕，終因其崇王抑朱、暗倡陰騭的特色而受到儒家正統人士的非難並遭禁燬。然而「禁之愈嚴，而四方學者趨之愈眾」〔註 15〕。

〔註 10〕　《文集》，第 9 頁。

〔註 11〕　（明）袁黃：《四書刪正》「論語」，第 12 頁，日本內閣文庫藏明刊本。

〔註 12〕　《文集》，第 1458 頁。

〔註 13〕　柳存仁：《和風堂文集》（中），上海：上海古籍出版社，1995 年，第 836 頁。

〔註 14〕　（明）袁黃著，黃強、徐珊珊校訂：《《遊藝塾文規》正續編》，武漢：武漢大學出版社，2009 年，第 451 頁。

〔註 15〕　《文集》，第 2 頁。

　　了凡身後，使其流芳後世的是「立命之學」。所謂「立命之學」，有取於其所撰《立命篇》以及民間耳熟能詳的《了凡四訓》的首篇稱謂，是對了凡所宣揚的「改過積善」、「立命求福」思想的總稱，其文本載體即《了凡四訓》四篇文字（廣義上還涵蓋「功過格」）。依照現代觀點，亦可稱之為「勸善思想」或「陰騭思想」。《了凡四訓》的主體「立命之學」脫胎於《立命篇》（又稱《立命文》、《訓子言》、《陰騭錄》），被後人輯為《了凡四訓》。該書一經問世，便得到士庶各界廣泛歡迎，但也受到恪守「義利之辨」的精英儒者的群起非難。無論如何，該部文本（包括「功過格」）為明末清初興起的勸善運動注入力量，並對中國社會的道德倫理變遷產生重大影響，成為中國善書體系中極其重要的作品。

　　有「中國善書研究第一人」之稱的日本學者酒井忠夫指出，了凡的思想集中體現在兩個方面，即「舉業之學以及諸如《立命篇》之類的善書思想」〔註16〕。這是很有見地的論斷。筆者認為，倘若以思想史的角度觀照，舉業之學與「立命之學」不啻為了凡思想的兩大核心亮點。前者呈現出了凡對於朱熹思想的系統批判，是援引陽明心學進入科舉的大膽嘗試，凸顯其作為陽明後學的角色特徵；後者則是了凡以儒家士大夫身份而匯通三教，吸收融攝佛道二教儀軌以及中國傳統中信仰要素，推動儒家倫理道德進一步世俗化、民間化的典範之作。同時，必須指出的是，了凡兩個方面思想產生的共同背景正是晚明時代湧動的陽明心學思潮。如能就這兩個方面深入探求梳理，將為我們開啟了凡思想研究的大門提供一把鑰匙。

　　《了凡四訓》數百年來的流通傳播使了凡之名家喻戶曉，但也造成人們對其身份的誤解。受清人彭紹升《居士傳》之影響，民間社會多以佛教居士看待了凡，竟不知其本為儒者；學界的研究焦點也集中於《了凡四訓》的三教匯通的思想特色，鮮有學者論及了凡與陽明學派的關涉。關於了凡「立命之學」，柳存仁認為，「過去以其善書泛濫，學者亦不屑研究」〔註17〕。酒井忠夫則指出，「長期以來，幾乎沒有人從儒教的立場對善書進行研究」〔註18〕。關於舉業之學，由於入清以後，學術風氣丕轉，陽明心學遭到學者的批斥與

〔註16〕（日）酒井忠夫著，劉岳兵等譯：《中國善書研究（增補版）》，南京：江蘇人民出版社，2010年，第309頁。

〔註17〕柳存仁：《和風堂文集》，上海：上海古籍出版社，1995年，第978頁。

〔註18〕（日）酒井忠夫著，劉岳兵等譯：《中國善書研究（增補版）》，南京：江蘇人民出版社，2010年，第299頁。

清算，了凡此一方面思想遂迅速淡出主流學術視野之外，近代以來更受制於研究資料的匱乏，〔註19〕較少有人問津。這為當今學界留下許多有待解決的公案：了凡思想與陽明心學的淵源怎樣？他在何種程度上成為「三教匯通」的典型人物？其舉業之學的思想史意蘊如何？其「立命之學」的本質屬性及現代價值何在？如何看待了凡思想受到的追捧與非難？在現代視野下，如何準確定位了凡思想？今日吾人倘能在有關史料和學術成果的基礎上，發前賢潛德之幽光，補後學遺珠之憾，嘗試解決以上諸多問題，對窺探陽明心學在晚明的發展和傳播情況，釐清中國傳統民間價值觀念形態和勸善思想的發展脈絡，揭示中國文化特別是儒家大傳統（great tradition）與小傳統（little tradition）之間的互動關係當有所裨益，於時下探討的儒學宗教化、世俗化問題亦必有所啟發。

第二節　研究成果的回顧與檢討

　　近十年來，中外學術界關於陽明後學以及晚明思想的研究呈現出勃勃生機，大量明人文集在重新整理後相繼面世，成批學術專著及博碩士論文不斷湧現，成果斐然。然而十分遺憾的是，這些研究成果多集中於浙中王門、江右王門、泰州學派，其人物亦多鎖定在王畿、錢德洪、羅洪先、王艮、羅汝芳、李贄等陽明後學代表身上〔註20〕。而對於既屬陽明後學、「三教匯通」的代表人物，又是明末清初勸善運動思潮的推動者──袁了凡，卻鮮有學者論及，學術關注明顯不足。

　　日本學者對於了凡這一人物關注較早，且與對中國善書的重視與研究直接相關。根據酒井忠夫的介紹，日本人對中國善書文化的研究濫觴於明治末

〔註19〕明末清初以來，了凡著作除《了凡四訓》、《祈嗣真詮》等寥寥數種外，多已散佚，其舉業方面的著作在國內尤其罕見。《四書刪正》在國內失傳已久，筆者通過多重關係，最終從日本複印取得。另外，2009 年武漢大學出版社出版的《歷代科舉文獻整理與研究叢刊》，包括了凡所著《遊藝塾文規》、《遊藝塾續文規》二種，由黃強、徐珊珊校訂。

〔註20〕比較有代表性的論著有：楊天石《泰州學派》（北京：中華書局，1980 年），季芳桐《泰州學派新論》（巴蜀書社，2005 年），彭國翔《良知學的展開──王龍溪與中晚明的陽明學》（北京：三聯書店，2005 年），林月惠《良知學的轉折──聶雙江與羅念庵思想之研究》（臺灣大學出版中心，2005 年），吳震《泰州學派研究》（中國人民大學出版社，2009 年），張衛紅《羅念庵的生命歷程與思想世界》（北京：三聯書店，2009 年）。

期至大正初期的服部宇之吉和小柳司氣太二位博士。〔註21〕上世紀六、七十年代，日本一些學者從社會歷史的角度出發，研究中國善書以及民間信仰，取得豐碩成果。這些成果中，很多涉及作爲善書作者以及勸善運動的提倡者的了凡。奧崎裕司在其《中國鄉紳地主研究》（東京，汲古書院，1978 年版）一書中，以善書的作者了凡爲中心，考察了明末善書盛行與鄉紳地主之間的關聯，對善書的著者、內容及目的進行了概述。上世紀 80 年代後，作者相繼發表了關於功過格和善書研究的多篇論文，指出功過格是反映中國社會變遷的寶貴史料，每當社會有較大變動的時候，與之適應的社會倫理道德和行爲方式的變化，即會反映在功過格的條目之中。酒井忠夫因其經典專著《中國善書研究》以及一系列善書領域研究論文而被譽爲「中國善書研究第一人」。他認爲，「善書是爲勸善懲惡而記錄民眾道德及有關事例、說話，在民間流通的通俗讀物」，「是一種不論貴賤貧富，儒、釋、道三教共通有混合了民間信仰的規勸人們實踐道德的書」〔註22〕。該書著眼於明清時期的庶民教育，認爲山人的清言（即箴言或警句）、善書與小說相互關聯，都具有警世作用，是明代後期「大眾的讀書人」在庶民文化方面的參與和表現。在該書第四章「袁了凡的思想與善書」中，作者考證了了凡的有關著述，分析了袁氏家族傳統以及了凡的善書思想，指出了凡思想主要體現在兩個方面，即其舉業之學與「善書思想」。其第五章「功過格的研究」，詳細考證了中國傳統「功過」思想體系，對現存最早的《太微仙君功過格》以及後世功過格進行比較研究，認爲在其形式出現之前，功過格的意識早已流行，「行爲者自身作爲意識的主體登場，計量功過，圍繞佛教和道教的教說展開實踐」〔註23〕。這一思想趨向，直接導致了功過格的出現。同時，作者指出，功過格「乘袁黃和《自知錄》著者袾宏代表的明末善書隆盛的潮流」〔註24〕，自明代萬曆以來在民間廣泛盛行。

柳存仁在其《和風堂文集》中闡述了陽明心學與佛、道二教的關係，其中多有涉及了凡之處，他說：「……袁黃（了凡）他的時代較遲，但他的父親

〔註21〕 （日）酒井忠夫著，劉岳兵等譯：中國善書研究（增補版），南京：江蘇人民出版社，2010 年，第 9 頁。
〔註22〕 （日）酒井忠夫著，劉岳兵等譯：《中國善書研究（增補版）》，南京：江蘇人民出版社，2010 年，第 14 頁。
〔註23〕 同上，第 342 頁。
〔註24〕 同上，第 347 頁。

曾私淑陽明，他自己又是王龍溪的學生。他的貢獻，是利用道教徒十二世紀
末已經流行的功過格和他自己撰的若干勸善的小冊子把儒道交融之後的共同
思想，普遍而深廣地滲透到社會中下層去，而尤其能夠利用佛教的因果報應
和道教的積善銷惡的理念，使他的主張得以深入民間。他的《四訓》中，有
一部分的話，假如我們用王陽明的文字來和它對看，便知道不僅是精神上的
暗合。他又曾爲坊間編纂了若干迎合科舉考試的員生的需要書。這些書籍，
表面上看來是淺薄無足觀的，但是骨子裏，他的編纂的用意是提倡陽明一
派的心學，用來對抗傳統的、自明初以來久已爲考試的人奉爲圭臬的程朱的
注疏。」〔註 25〕又說：「袁了凡即袁黃，過去以其善書泛濫，學者亦不屑研
究。然袁黃之父，爲王龍溪及門，《明史・陳幼學傳》言幼學上書請毀其《四
書刪正》，蓋黃亦紹姚江之學而導之入科舉之途，以擴大王門之影響者也。」
〔註 26〕柳氏可謂目光如炬，既注意到《了凡四訓》與陽明心學的內在關係，
又指出其舉業之學「紹姚江之學而導之入科舉之途」的實質，眞乃一針見血
的論斷。遺憾的是，他並未進一步深入挖掘了凡這兩方面思想的具體表現與
內涵；同時，認爲了凡之父袁仁「爲王龍溪及門」，應是筆誤所致。〔註 27〕在
其英文論文「Yuan Huang and His Four Admonitions」（《袁黃及其〈四訓〉》）
中，他通過探討《了凡四訓》與陽明心學的關係，揭示了陽明心學之於了凡
思想的深刻影響。

　　美國學者包筠雅在其《功過格——明清社會的道德秩序》一書中，從分
析早期中國的功德積累傳統入手，闡釋了中國傳統社會功德積累的基本原
則，對中國最早的善書——《太上感應篇》與《太微仙君功過格》的形成時
間、思想背景以及儒家命運觀念進行詳細研究。她認爲，中國傳統的「善書
揭示了精英和平民的信仰及價值觀之間的互動關係」。在書中，作者專門論述
了了凡的家世傳統及其思想轉變歷程，詳細探討了雲谷禪師與了凡對於功德
積累的闡釋。作者指出，建立在「超自然報應和積功」基礎上的了凡「功過
體系」是對現存社會等級制度的「再肯定」，向所有人（包括社會精英和平民）
提供了「一個基本上是動態的社會圖景」。了凡「立命之學」，在「生活中的

〔註 25〕柳存仁：《和風堂文集》，上海：上海古籍出版社，1995 年，第 836 頁。
〔註 26〕柳存仁：《和風堂文集》，上海：上海古籍出版社，1995 年，第 978 頁。
〔註 27〕由王畿所作《袁參坡小傳》可知，王畿與了凡之父袁仁（參坡）乃多年老友，
　　　　而了凡才是從學於王氏的「及門弟子」。參見（明）王畿著，吳震編校整理：
　　　　《王畿集》，南京：鳳凰出版社，2007 年，第 814～816 頁。

許多東西似乎脫離了人的控制」的變動社會中廣受歡迎，因爲它對「感到困惑的人」起到了心靈撫慰的作用，並爲他們「提供了精確的、被神認可的行爲指南」。〔註28〕其論文《明末清初的善書與社會意識形態變遷的關係》（《近代中國史研究通訊》，第16期，1993年9月）探討了明末清初社會領導階層對時代問題的回應及善書所反映的意識形態變化，指出以了凡爲代表的「新善書」與以往善書以及清初善書不同：了凡「立命之學」強調個人改造命運的力量，以積德行善方式促進社會流動並提升個人社會地位，這是早期善書不曾出現的；而清初的善書勸人安分守己，進而強化社會層級分別，與了凡提倡的觀念相反。

遊子安《勸化金箴——清代善書研究》從社會史角度對善書的中心觀念、內容特點和涵括範圍進行了界定與釐清，從朝廷的教化政策、民間宗教的蓬勃以及善人在民間社會的活躍三個方面，闡明了清代善書得以廣泛流傳的背景和環境。同時，以長洲彭氏和無錫善人余治爲中心進行個案研究，說明善書作者對地方社會問題的關注以及「善書」與「善舉」兩者之間的相互關係，並由關帝一類善書入手，分析了清代善書撰著和流通的特點以及善書與世變的關係。作者在對清代善書在民間廣泛流行的現象進行整體分析的基礎上，指出善書的傳播方式趨向多元化有利於擴大善書的影響，通過善書分類別（涵蓋士、農、工、商各階層）的勸誡內容，有助於瞭解清代的官德、幕德、商德、等職業道德規範。〔註29〕

吳震《明末清初勸善運動思想研究》一書，從明末清初中國人的「生活世界」及「信仰世界」角度著手，著重探討了明末以來士人鄉紳所推動的一場道德勸善運動，揭示了這場運動所凸顯的核心問題——如何把握「轉禍爲福之道」以及如何通過改善道德以實現經世理想。作者認爲，在有關宋元明清思想史研究領域，學者不能僅僅滿足於從理氣心性的角度來建構歷史的方法，更應將觀察問題的視野儘量拓寬，注意將考察視角伸嚮明末清初士人鄉紳在社會、道德、宗教等方面的思想論述與行爲實踐。他指出，「因果」作爲佛教思想，與「業報」、「輪迴」等思想觀念一起，自東漢末年佛教傳入中國以後，便與早期古代中國既有的「報應」觀念相結合，迅速在中國蔓延

〔註28〕（美）包筠雅著，杜正貞等譯：《功過格——明清社會的道德秩序》，杭州：浙江人民出版社，1999年，第57頁。

〔註29〕參見遊子安：《勸化金箴——清代善書研究》，天津，天津人民出版社，1999年。

開來。自唐宋以降，「因果報應」已然成為一般民眾家喻戶曉的一種信仰方式。晚明時代，由袁了凡推動的「功過格運動」與這種信仰方式有著非常緊密的聯繫。了凡之後，士人群體在觀念與實踐層面深深受到「功過格運動」的影響，例如陶石梁、秦弘祐在「證人社」中竭力推廣的《遷改格》就是一例。〔註30〕

王汎森《日譜與明末清初思想家》一文指出，明末清初受功過格的影響，士大夫群體普遍使用帶有簿記性質的日記、日譜，這一風潮可稱之為「儒門功過格運動」。此外，「現世報」思想與了凡「立命」思想有著密切聯繫，而了凡立命思想深受明代心學中最具實力的一支——泰州學派的「造命」、「立命」思想的影響。相較於功過格，修身日記、日譜只講「修」不講「驗」，嚴守儒家正統修身精神，故其平民性、宗教性不足，只能流傳於士大夫群體之中，並逐漸淡出歷史視野。〔註31〕

關注到了凡與陽明心學及佛學的關係，並對其舉業思想進行研究的有張崑將和張獻忠。臺灣學者張崑將《十六世紀末中韓使節關於陽明學的論辯及其意義——以許篈與袁黃為中心》一文，指出了凡這位「詆朱尊王」的士大夫在「壬辰倭亂」中作為軍前贊畫被明朝政府派往朝鮮期間，試圖改變朝鮮學者尊朱的傾向，而引發朝鮮群儒攻擊的事實，檢視了明代陽明學在中朝兩國之間引起爭議的課題。〔註32〕張獻忠在《袁黃與科舉考試用書的編纂——兼談明代科舉考試的兩個問題》一文中，指出在明代中後期科舉考試和商業出版趨於繁榮的背景下，了凡作為科舉考試用書的作者，在士人中產生了很大影響。並進一步探討了明代科舉考試的指導思想以及「二三場」在整個科舉考試中的地位。在其《陽明心學、佛學對明中後期科舉考試的影響——以袁黃所纂舉業用書為中心的考察》中，他通過對了凡所纂舉業用書進行分析，指出明代中後期，隨著思想文化的日趨多元化，程朱理學的統治地位受到動搖，科舉考試的指導思想也因此發生了變化，陽明心學、佛學和老莊以及其他各種思想開始向科舉滲透，其中對科舉考試影響最大者當屬陽明心學和佛學。〔註33〕

〔註30〕參見吳震：《明末清初勸善運動思想研究》，臺北：臺大出版中心，2012年。
〔註31〕王汎森：《晚明清初思想十論》，上海：復旦大學出版社，2004年，第118頁。
〔註32〕張崑將：《十六世紀末中韓使節關於陽明學的論辯及其意義——以許篈與袁黃為中心》，《臺大文史哲學報》第七十期，第55～84頁。
〔註33〕張獻忠：《陽明心學、佛學對明中後期科舉考試的影響——以袁黃所纂舉業用

新加坡學者魏月萍是少數關注了凡《四書刪正》一書的學者，她認為該書可謂舉業書中之「清簡本」，該書對當時「以尊朱為名，而盡非眾說」的傾向有所批評，亦不主張拘於宋儒之一說，但了凡礙於時勢，仍得表明此書乃依據「諸公之說」，刪正一二，以便初學，實「非敢悖朱也」。她指出，在《四書刪正》付梓後，曾遭陳幼學「駁正其書，抗疏論列」，後「疏雖留中，鏤板盡毀」。她進一步指出，通過考察該書之「疏意」，可知袁氏對「朱注」間有批評，但如上述所言，與「朱注」不合而有礙於舉業者，卻是一字不敢擅更，表現得極為謹慎。〔註 34〕對於魏月萍的某些觀點，筆者持不同意見，具體詳見第三章第三節。

章宏偉發表《袁了凡生平事跡考述》等多篇論文，在孟森、酒井忠夫等研究的基礎上，通過研究了凡《兩行齋集》等史料，針對了凡的家世、生卒年、籍貫等詳加考證。但作者的研究主要以歷史的視角進行，偏重於對史實的發掘與辯證，對了凡思想的特色涉及不多。

鄭克晟《袁黃與明代的寶坻水田》一文研究指出，了凡於萬曆十四年（1586）進士及第，之後在南方任幕僚，對於蘇松一帶的賦役問題極為關心，曾奉命清核蘇松錢糧，並就此上疏朝廷，提出減少當地額外加徵米銀的建議十餘條，為當時豪滑大姓所不滿，結果「沮格不行」。萬曆十六年至二十年擔任寶坻知縣期間，採取「與民休息」的政策，使寶坻地方的經濟有所恢復，尤其是在推廣水田方面取得了不少成績。

尤玉珍碩士論文《袁黃的陰騭思想與治縣經驗》研究指出，功過體系思想在中國源遠流長，明末固然提供功過格復興的時代背景，但功過格的廣泛流行則主要得益於了凡的努力推動。了凡本身即是功過格的奉行者，又是陰騭思想的推行者，即使在了凡之後的整個 17 至 20 世紀，功過格的發展仍與其有密切關係。此外，通過對《寶坻政書》的考察，可以發現了凡擔任寶坻縣令的種種作為背後，實際上充斥著陰騭的概念，而《寶坻政書》中之「邊防書」則顯示了凡的陰騭觀念受到儒家思想的深刻影響，並帶有明顯的華夷之分。〔註 35〕

書為中心的考察》，《四川大學學報》2012 年第 1 期，第 55～62 頁。

〔註 34〕 參見魏月萍：《袁黃〈四書刪正〉與晚明「尊朱注」的爭議》，香港理工大學中國文化學系主辦「首屆中國古文獻與傳統文化國際學術研討會」，香港，2010 年 6 月 16～18 日。

〔註 35〕 參見尤玉珍：《袁黃的陰騭思想與治縣經驗》，新北：花木蘭文化出版社，

　　徐珊珊碩士論文《〈遊藝塾文規〉正續編研究》，運用文獻學研究方法，圍繞了凡編著的舉業類工具書《遊藝塾文規》正續編展開研究，指出該書是現存不多的明代科舉文獻中最系統全面的著作之一，對清代的科舉文獻有指導性的意義和作用，與其他科舉文獻相比，具有無可取代的地位和價值。此外，在《遊藝塾文規》正續編中，了凡不僅對各科程文墨卷進行點評，還收錄了明代三十六名家論文精要，具有較高的文學理論價值。〔註36〕

　　曾禮軍《簡論袁黃〈了凡四訓〉勸善思想的宗教影響》（嘉興學院學報2012年7月）研究指出，《了凡四訓》是一篇勸善積德的儒家家訓作品，但在勸善原理、勸善法則、勸善實踐、道德評價以及訓誡的寫作形式等方面都深受宗教，特別是禪宗思想和觀念的影響。這種宗教影響既與明代三教合一的社會風氣有關，也與了凡家族特點與家學源淵有著密切關係。

　　王衛平、馬麗在《袁黃勸善思想與明清江南地區的慈善事業》一文中指出，明末社會變動劇烈，道德體系紊亂，在這一大背景下，地方士紳試圖通過編纂各種勸善書來教化民眾，以重建社會道德秩序。在善書的形成、發展和流傳過程中，作為江南士紳之一的了凡發揮了承前啓後的作用，他的思想不僅對有清一代善書的編纂、流傳發生了重要影響，而且對明末以後江南地區的民間慈善事業起到了指導作用。〔註37〕

　　馬麗碩士論文《明末的勸善思想和慈善事業——以袁黃為中心的考察》以了凡為重點考察對象，通過對其勸善思想來源、主要內容，及其對以後的慈善組織所產生的影響的分析，釐清這一時期社會思想中有關勸善思想部分的發展脈絡，認為了凡在善書的形成、發展和流傳過程中起到了承上啓下的引導者的重要作用。勸善思想在明末清初大行於世，對當時的江南社會產生了極大的影響，同時也為同善會等慈善團體的創立提供了思想基礎。〔註38〕

　　綜合來看，酒井忠夫對於善書思想的研究較為系統深入，但只是將了凡作為一個善書作者進行考察，未能從儒家思想世俗化及了凡與陽明學說的關

2012年。

〔註36〕徐珊珊：《〈遊藝塾文規〉正續編研究》，揚州大學碩士學位論文，2008年6月。

〔註37〕王衛平、馬麗：《袁黃勸善思想與明清江南地區的慈善事業》，《安徽史學》，2006年第5期。

〔註38〕馬麗：《明末的勸善思想和慈善事業——以袁黃為中心的考察》，蘇州大學碩士學位論文，2005年4月。

係方面對其思想進行進一步研析；包筠雅以經濟社會與文化思想的互動角度研究功過格頗有成效，但對三教融合下的了凡「立命之學」論述不多，對了凡思想的陽明心學特色更少涉及；遊子安從社會史的角度研究清代善書思想，注重對思想與社會關係的考察，但主要局限於清代；吳震從思想史的角度就勸善運動背後的「善惡報應」、「德福之道」、「德福一致」等觀念進行追溯研究，深入挖掘其思想淵源，提供了很好的啓發與視角，但關於了凡「立命之學」的研究不多。其他一些關於了凡的論文，大多只就一個方面談開，缺少整體把握了凡思想的眼光。以往學者的研究成果頗具啓發意義，而不足之處在於：一是僅就了凡「勸善思想」、「佛學思想」、「陰騭思想」、「舉業思想」等具體方面進行探討，忽略了對儒學的民間化、世俗化，以及大、小傳統的互動的考察；二是作爲體現了凡舉業思想的重要著作——《四書刪正》久已失傳、難得寓目，尚未發現對其進行研究的論著（僅有新加坡學者魏月萍的一篇學術會議論文），學者因此難以把握了凡的思想實質，尤其是與陽明心學的關係；三是對了凡思想的研究大多局限於《立命篇》或《了凡四訓》等文獻資料，未能系統全面地把握其思想內涵，甚至在其籍貫、生卒年、生平事跡等一些基本問題上時有錯訛。

第三節　論文結構、方法取徑及困難

本文論題中對「晚明」這一歷史概念的界定，依照嵇文甫《晚明思想史論》一書的劃分，「大體上斷自隆萬以後，約略相當於西曆 16 世紀的下半期以及 17 世紀的上半期」〔註39〕。此數十年之間，舉凡首輔之爭、隆萬新政、晚明三大案、東林與復社之興等重大歷史事件確是動盪轉折的特殊階段。具體到本文研究對象袁了凡，其思想成熟及生命活躍主要集中在這一時期，故此界定於本文亦有效用。

本文主體分爲六章：

第一章：歷述了凡的家族傳統、師承交遊及著述。通過對《袁氏家訓》、《庭幃雜錄》等文獻的研究，揭示了凡家族數世隱居不仕、以醫爲業的傳統及其以儒家思想爲主又極具三教雜糅的民間色彩的家學。同時，考證他師從王畿的具體情況以及自稱羅汝芳門人的事實，並列舉其著述情況。

〔註39〕嵇文甫：《晚明思想史論》，北京：東方出版社，2013 年，第 1 頁。

　　第二章：展示了凡作爲陽明後學的學派歸屬，論述其三教匯通的思想底色。首先分析他與王畿思想的淵源以及本體論、工夫論之異同；其次梳理他以佛道二教法門修身的具體情況，並通過與王守仁、王畿等人進行比較，揭示其「三教一心」、「儒佛互證」的三教觀。

　　第三章：以《四書刪正》爲中心，研究了凡的舉業之學。梳理該書的寫作、流傳及禁燬情況，探討該書援引心學、批駁朱熹的思想特色。同時，窺探原本被科舉考試奉爲圭臬的朱熹思想在晚明遭受侵蝕的情況，同時闡明科舉參考用書亦是陽明心學在晚明傳播的一個重要渠道。

　　第四章考察了凡「立命之學」。介紹「立命之學」文本載體──《了凡四訓》一書的情況，探討了凡「立命之學」與陽明心學的內在聯繫，揭示「立命之學」所蘊含的「德福一致」與報應理論是對傳統儒家的突破以及對佛道二教與中國傳統民間信仰的融攝。

　　第五章：研究了凡功過格。首先追溯功過格的起源與內容，其次探討了凡功過格的思想特色，並揭示其作爲「立命之學」的實踐工具的實質，進一步考察明末清初的「儒門功過格」運動。

　　第六章：是對了凡思想的現代回顧與反思。站在現代理性價值立場，反思了凡思想的歷史地位和意義。同時，檢視善書的文化價值與社會功能，分析信仰的必要性，透過「大傳統」與「小傳統」互動視角，探討本身具有「經世情結」特質的儒家思想在世俗化、民間化的過程中，與其內在核心價值之間產生的張力與矛盾。

　　陳寅恪先生嘗云：「自來訓詁辭章，可別爲二。一爲考證本事，一爲解釋章句。質言之，前者乃考今典，即當時之時事。後者乃釋古典，即舊籍之出處。」〔註40〕考今釋古，以古論今，並用歷史、哲學之方法，當是今日研究傳統學問必由之路，所以本文擬綜合運用思想史的考證法與哲學義理分析法，通過考訂史傳、文集、筆記等文獻，描述人物的生活經歷，刻畫其精神體驗，注重觀念範疇之流變以及關係推衍，力求全面把握其思想內涵，準確詮釋其特色，客觀評判其價值。同時，兼用橫向、縱向比較研究法。在橫向上，以了凡爲中心，進行同時期思想人物在思想、實踐方面的比較與互動；在縱向上，將了凡思想納入明代思想史乃至整個中國思想史的範疇中進行觀照。此外，更要梳理學派源流，將了凡放在陽明後學中加以考察，凸顯其作

〔註40〕陳寅恪：《柳如是別傳》「緣起」，北京：三聯書店，2001 年，第 7 頁。

爲學派傳承譜系中重要一環的作用與意義。

　　就了凡思想而言，研究的難度首先來自文獻不足的問題。了凡著述豐碩，但流傳至今的僅有《了凡四訓》、《祈嗣眞詮》等寥寥數種。近年線裝書局出版的《袁了凡文集》收入著作 17 種，但舉業方面僅有《增訂二三場群書備考》一種而已，其著作散佚之嚴重程度於斯可見。爲一窺其舉業思想之全貌，筆者通過多重關係，專門從日本取得《四書刪正》之複印件，終於使研究工作不至半途而廢。此外，由於前人對了凡的研究尚處於初步階段，已有的成果十分有限，很多基礎性的工作固然需要進一步充實，而關鍵問題在於，對其思想的準確把握及定位必須建立在準確解讀一流大家如王守仁、王畿、羅汝芳等人思想的基礎之上。同時，對於前輩學人的研究成果更須認眞消化吸收、融會貫通。就目前宋明理學的研究範式而言，其詮釋進路相對單一，導致很多被長期忽略的人物個案研究千篇一律、特色不彰，又或導致推舉過高、借古諷今的後果。這都需要努力尋求相對合理的理論方法來理解、體會古人立言眞意，再用現代學術話語貼切地加以表達，闡發其思想意蘊及其意義。筆者生性駑鈍，才思淺薄，深知作好此文所面臨諸多困難，惟有勉勵盡善焉。

第一章　家族傳統、師承交遊與著述

　　家庭是塑造一個人思想的第一要素，而父母堪稱其成長過程的啓蒙老師。了凡本身之學養除了深受晚明社會環境以及各種思潮的浸潤之外，在很大程度上來自家族傳統的薰陶。袁氏家族本爲吳下「文獻世家」〔註1〕，家學淵源深厚，而又具有「非常特殊」的傳統〔註2〕，因此，吾人很有必要對了凡的家族傳統尤其是其父母的思想傾向進行探究，這有助於深入瞭解其思想形成的脈絡。此外，本章還將就了凡師承交遊與著述加以考察，以求對其思想概貌有一個較爲清晰、全面的把握。

第一節　家族傳統

　　明人蔡國炳在《袁氏叢書》序言中指出，了凡一生所爲——「發揮經傳，尋眞孔孟，以沃聰者之槁心，開愚昧之方寸，而度人天者」，皆是「繼先志而紹述之」〔註3〕。這清楚地表明，了凡祖輩父輩的思想傾向或者說家族傳統是其思想的重要源泉。他又說：「袁自杞山公（了凡高祖袁順）以忠誼蒙難，竄吳江，誠子孫毋祿仕，傳至參坡公（了凡之父袁仁），俱棄身長桑。然以功德

〔註1〕　（明）王畿：《袁參坡小傳》，見（明）王畿著，吳震編校整理：《王畿集》，
　　　　　南京：鳳凰出版社，2007年，第814頁。
〔註2〕　包筠雅研究指出：「袁家學問的傳統非常特殊，家庭給予袁黃的成功壓力也特
　　　　　別大。這有助於解釋他對功德積累體系的敏感性。」見氏著，杜正貞等譯：
　　　　　《功過格——明清社會的道德秩序》，杭州：浙江人民出版社，1999年，第
　　　　　67頁。
〔註3〕　（明）蔡國炳：《袁氏叢書序》，臺北「國家圖書館」藏《袁氏叢書》卷之一。

航世，以六藝鞭心，以性命度眞，學殖之具世無落也」〔註4〕。蔡氏此語，大概勾勒出自了凡高祖以來的家世傳統：一是「窠身長桑」、隱居不仕（「誡子孫毋祿仕」）的家族戒律；二是所謂「以功德航世」，亦即修善積德的家風；三是「以六藝鞭心，以性命度眞」，是指以儒學爲主體的家族價值觀念。

了凡遠祖「自陳州徙江南，散居吳越間」，其九世祖富一公「由語兒溪徙居嘉善之淨池」〔註5〕，感其家族「世受宋恩，戒子孫不得仕元」〔註6〕。從高祖袁順傳至了凡，世系如下：

　　高祖袁順（杞山）→曾祖袁顥（菊泉）→祖父袁祥（怡杏）→

　　父親袁仁（參坡）→本人袁黃（了凡）

袁順（元末明初人，生卒年不詳），字杞山，世居浙江嘉善之陶莊。陶莊位於「縣西北三十六里，去府城五十四里」。「宋紹興中，保義郎陶文幹自蘇徙此，遂名陶莊」。〔註7〕袁順在元朝末年「家頗饒」，且爲人「豪俠好義，尚氣節人，有急投之，不論寒暑，輒傾身赴之」〔註8〕。此外，他對儒家「五經」十分精通，於「《易》、《詩》、《書》、《三禮》、《春秋三傳》咸有論核」〔註9〕。尤其值得注意的是，他很注重道德踐履的工夫。據《袁氏家訓》載，他曾「與同邑楊任、胡士高、莊毅、莊衍等訂禮儀之社，各置一籍，日書所行之事，每月輪會，坐不序齒，各較其行義之多寡難易以爲先後」〔註10〕。這種「禮儀之社」類似一種自發組織的民間行善團體，而「各置一籍，日書所行之事」，則頗有「功過格」善書所主張的「善惡纖悉必記」的意味。當然，無法藉此推斷這一行爲的動機僅僅是出於儒家以德修身的原則，抑或來自中國民間宗教中通過功德積累進而獲取福報的觀念。不過，如果從這一組織以「禮儀之社」爲名、以「行義」爲宗旨來判斷，前者的可能性似乎更大一些。而就組織成員的身份來看，袁順本人爲隱居不仕的地主，其他人也應是具備一定經濟能力的地方士紳。強調對「行義」多寡的記錄，以及定期「輪會」的組織規則，也反映了民間傳統中道德的實踐特色。

〔註4〕　同上。

〔註5〕　（明）袁仁：《怡杏府君行狀》，臺北「國家圖書館」藏《袁氏叢書》卷之十。

〔註6〕　（明）袁顥：《袁氏痘疹叢書》，臺北「國家圖書館」藏《袁氏叢書》。

〔註7〕　（清）許瑤光總修：《嘉興府志》，卷四「市鎮」。

〔註8〕　（明）袁顥等著：《袁氏家訓叢書》，卷一「家難篇」，日本內閣文庫藏明刊本。

〔註9〕　同上。

〔註10〕同上。

明洪武三十一年（1399），太祖朱元璋駕崩，其孫朱允炆（1377～？）即位，是爲建文帝。爲鞏固統治，建文帝聽從大臣建議，著手削藩。坐鎮北平的燕王朱棣（1360～1424）以「靖難」爲名起兵造反揮師南下，歷經數次戰役，於1402年攻入帝都應天（江蘇南京），史稱「靖難之役」。在這場事變中，與江南望族淵源甚深的袁順支持以建文帝爲首的文官集團，反對朱棣的政變，並積極參與黃子澄等人組織的匡復行動。朱棣登基後，大肆誅殺齊泰、黃子澄等建文舊臣。袁順亦在搜捕之列，無奈只得拋家捨業，潛逃至江蘇吳江並隱居避難於此。直至永樂十一年（1413），天下大赦，朝廷宣佈「齊、黃等遠親未拿者悉宥之，有來告者勿論」，他才得以重返故土，攜家眷「同住吳江，以訓蒙爲業」〔註11〕。這是包括了凡在內的袁順後裔與浙江嘉善和江蘇吳江皆有淵源的緣由。

袁順有二子，次子袁顥即爲了凡曾祖。袁顥（1414～1494），字菊泉，自幼寄養於吳江蘆墟徐夢彰家，故「冒姓徐氏」，直至洪熙元年「始復袁姓」，後入贅徐家爲婿，「承徐氏故業居焉」〔註12〕。由此可見，袁顥並未返回故鄉嘉善，而是「入籍吳江」。據載，袁顥「博學而隱於醫」〔註13〕，在當地頗有聲望，還曾以鄉賢身份協助管理地方事務，「充二十九都二副扇一冊里長」〔註14〕。袁顥曾云：

> 吾年十八，已能操筆爲舉業，將赴試於縣，稟吾父。父曰：但以良民以沒世，何樂如之？予遂罷試……吾捨舉業而執是藝（筆者按：醫術），六十餘年。〔註15〕

又曰：

> 士農工商，所謂四民也。吾家既不應舉，子孫又未必能力耕，而工商皆不可爲。所籍以養生者，不可無策也……於諸藝中，惟醫近仁，習之可以資生而養家，可以施惠而濟眾。〔註16〕

〔註11〕（明）袁顥等著：《袁氏家訓叢書》，卷一「家難篇」，日本內閣文庫藏明刊本。

〔註12〕（明）袁仁：《怡杏府君行狀》，臺灣「國家圖書館」藏《袁氏叢書》卷之十。

〔註13〕（清）江峰青纂修：《光緒壬辰仲春重修嘉善縣志》卷三十五。

〔註14〕（明）袁仁：《怡杏府君行狀》，臺灣「國家圖書館」藏《袁氏叢書》卷之十。

〔註15〕（明）袁顥：《袁氏家訓・民職篇》，臺灣「國家圖書館」藏《袁氏叢書》卷之一。

〔註16〕（明）袁顥：《袁氏家訓・民職篇》，臺灣「國家圖書館」藏《袁氏叢書》卷之一。

又曰：

> 吾家既不求仕，則已絕意於榮貴。而操履之正，自是吾人當行
> 之事，言必諦審，行必確實，而讀書明道，約己濟人，絕無分毫報
> 望之意。庶幾學問日進，道德日茂，而可以無愧於良民也。〔註17〕

由此可知，袁顥年輕時也曾傾心仕途，但最終聽從父親的勸誡，放棄舉
業而選擇成爲一名醫生。但是，他始終抱有「讀書修德」的儒家理想，並把
「學問日進，道德日茂」作爲精神追求。

袁顥棄舉從醫的原因，與其說是父親袁順的建議，毋寧說是面對現實的
理性抉擇。首先出於政治因素考量。袁家從腥風血雨的政治漩渦中走出，並
爲此付出慘痛代價，早已失去參與政治的熱情，當然也不指望由科舉之途而
入仕。另一方面，「以醫爲業」除了可以滿足「資生養家」的生計需要，也充
分顧及「惟醫近仁」這一道德因素。袁氏父子二人都執著於做個「良民」，可
見家族的遭遇確實塑造了袁氏謹守份際、不求聞達、韜光養晦的家風。這一
家風深刻影響了袁氏後裔，表現有二：一是出於家族生計考慮，將習醫作爲
一項家族職業代代相傳；二是「絕意於榮貴」的選擇使袁氏家族更加堅定地
走向身心修養之路，不事科舉而惟求「學問日進，道德日茂」，無疑更加貼近
傳統儒家倡導的「讀書以明道」，使爲學的目的變得更加純粹，進一步強化了
袁氏家族強調修身、注重道德修養的傳統。

袁顥生有三子，次子袁祥即了凡之祖父。袁祥（1448～1503），字文瑞，
號怡杏。他早年遵從父命，入贅浙江嘉善名醫殳珪家，並與殳氏之女生有一
女，妻亡後又續娶平湖朱學博之女。據其子（亦即了凡之父）袁仁記述：「朱
故巨室，資送甚厚。吾母又勤劬，善料理，家大起。遂卜地於東亭橋之滸。
既築正寢，庖庾館舍靡不備矣」〔註18〕。值得一提的是，袁祥曾爲「靖難事
變」的殉節之士抱不平，並專門前往留都南京尋訪忠臣遺事，「諸部院殘文舊
案靡不翻閱，下至軍司之冊、教坊之籍，亦旁求而筆記之。逾二年而歸，勒
成三書：一曰《建文遺事》，二曰《革除編年》，三曰《忠臣錄歸》」〔註19〕。
在當時的政治環境下，袁祥此舉想必面臨了相當大的風險。這表明他在政治
傾向上與祖輩一脈相承，也透露出他忠肝義膽、不畏強權的稟性以及忠孝爲

〔註17〕 （明）袁顥：《袁氏家訓・民職篇》，臺灣「國家圖書館」藏《袁氏叢書》卷
之一。

〔註18〕 （明）袁仁：《怡杏府君行狀》，臺灣「國家圖書館」藏《袁氏叢書》卷之十。

〔註19〕 （明）袁仁：《怡杏府君行狀》，臺灣「國家圖書館」藏《袁氏叢書》卷之十。

本的儒家道德觀念。從這一舉動亦可看出，袁氏家族的道德意識並未因家族的政治劫難而消弭，反而由此歷久彌堅。

袁祥之子袁仁（1479～1546），字良貴，號參坡，即為了凡之父。他仍恪守祖訓「以醫為業」，並從事讀書與著述。王畿稱譽袁仁之學「洞識性命之精，而未嘗廢人事之粗；雅徹玄禪之妙，而不敢悖仲尼之規。天文、地理、曆律、書數、兵刑、水利之屬，靡不涉其津涯，而姑寓情於醫」〔註20〕。據《嘉善縣志》記載，袁仁家業興盛，廣有田宅，擁有時人豔羨的「家居八景」，並與社會賢達多有交往，曾「與關中孫一元、海寧董沄、同邑沈概、譚櫻輩為詩社」〔註21〕。袁仁初娶王氏，生二子：袁衷、袁襄；王氏歿後繼娶李氏，又生三子：袁裳、袁表、袁袞。袁表即了凡，在五兄弟中排行第四。

袁仁及李氏夫人之道德風範頗為時人推重，錢曉（生卒年不詳）稱「參坡博學淳行，世罕其儔；李氏賢淑有識，磊磊有丈夫氣」〔註22〕。錢氏所訂《庭幃雜錄》是了凡兄弟五人對其父母日常言行的記述，結合時代背景、社會思潮分析這一文獻，了凡父母的思想傾向便會清晰、細緻地呈現出來：

一、以儒為宗與兼收並蓄

在《庭幃雜錄》中，袁仁追溯其家學云：「吾祖生吾父岐嶷秀穎，吾父生吾亦不愚，然皆不習舉業而授以五經義古義。」可見，儘管「不習舉業」，但袁家有著一以貫之的學術傳承，即儒家經典——「五經」義理。這說明，在學術傾向上，袁家仍然是以儒家教義為基礎的。包筠雅研究指出，袁氏家學具有更傾向於「《五經》或《六經》而不是《四書》（《論語》、《孟子》、《大學》、《中庸》）的特點」〔註23〕，事實的確如此。據載，袁家四代（袁顥、袁祥、袁仁、袁黃）都有關於儒家《五經》的著述：袁顥撰有《周易奧義》八卷、《袁氏春秋傳》三十卷；袁祥有《春秋或問》八卷；袁仁有《周易心法》、《毛詩或問》、《尚書砭蔡編》、《春秋針胡編》、《三禮要旨》；了凡本人則有《袁氏易

〔註20〕 （明）王畿著，吳震編校整理：《王畿集》，南京：鳳凰出版社，2007年，第815頁。

〔註21〕 （明）王畿著，吳震編校整理：《王畿集》，南京：鳳凰出版社，2007年，第815頁。

〔註22〕 （明）袁衷、袁襄、袁裳、袁表、袁袞等記，錢曉訂：《庭幃雜錄》，四庫存目叢書子部第86冊，卷下。以下簡稱《庭幃雜錄》。

〔註23〕 （美）包筠雅著，杜正貞等譯：《功過格——明清社會的道德秩序》，杭州：浙江人民出版社，1999年，第73頁。

傳》三十卷、《毛詩袁箋》二十卷、《尙書大旨》十二卷、《春秋義例全書》十
八卷。〔註24〕

在當時社會氛圍中，以儒家學說作爲家學的士紳家庭並不鮮見，但受自
宋以降的科舉文化影響，對於儒家經典的關注焦點早已由《五經》轉到《四
書》上來。袁家「重『五經』而不重『四書』」的家學傳統，無疑與數代飽讀
詩書，修習儒家經典而又「不事舉業」，長期游離於科舉文化之外的情況有
關。就此而論，一方面，「重五經」的爲學傾向源於其「隱居不仕」的家族傳
統；另一方面，這一傾向又在一定程度上使袁家不爲《四書》所代表的官學
所限，反而推動袁氏家學趨向廣博性與兼容性。反觀袁仁的爲學特色，便是
一個很好的例證。據《嘉善縣志》載：

> 袁仁，字良貴，父祥、祖顥皆有經濟學。仁於天文、地理、曆
> 律、書數、兵法、水利之屬，靡不諳習。……顥嘗作《春秋傳》三
> 十卷，祥作《春秋或問》八卷以發其旨，仁作《針胡編》以闡之。
> 〔註25〕

袁顥作《春秋傳》，其子袁祥作「《春秋或問》八卷以發其旨」，其孫袁仁
又「作《針胡編》以闡之」，反映出袁氏家族注重儒家「五經」的學風一脈相
承。此處「經濟學」一詞尤應注意，它無疑是指儒家經典之外的實用之學，
說明袁氏家族除熟諳《五經》等儒家經典文本之外，還帶有較強的實用色
彩。這一特色體現在袁仁身上，便是「於天文、地理、曆律、書數、兵法、
水利之屬靡不諳習」，王畿亦云，袁仁「雅徹玄禪之奧，而不敢悖仲尼之軌」，
「天文、地理、曆律、書數、兵刑、水利之屬，靡不涉其津涯，而姑寓情於
醫」〔註26〕。袁仁以儒爲宗，同時悉心研習經濟實學乃至三教九流之學，對
佛、道二教乃至九流各派都能廣泛融攝，說明其學術不同於士大夫之學，而
是與民間社會緊密相連，呈現以儒爲宗、兼收並蓄的傾向，並帶有強烈的平
民特色。

袁仁與陽明學派的淵源必須作一交代。從地理上講，袁家位於浙江嘉善，

〔註24〕 參見（明）袁黃：《刻袁氏叢書引》，臺灣「國家圖書館」藏《袁氏叢書》卷
之一；（明）袁黃著，嘉善縣地方志編委會辦公室編：《袁了凡文集》，北京：
線裝書局，2006 年。

〔註25〕 （清）江峰青等修：《嘉善縣志》，光緒十八年刊本。

〔註26〕 （明）王畿著，吳震編校整理：《王畿集》，南京：鳳凰出版社，2007 年，第
815 頁。

地處浙江與江蘇邊界。在袁仁生活的時代，陽明心學的傳播已呈現如火如荼的態勢。作爲飽讀詩書而又十分活躍的鄉紳和社會賢達，袁仁與王艮、王畿等陽明高第都有交往，並曾在王艮的親自引薦下，登門向王陽明問學〔註27〕。當時雖未執弟子之禮，但在王陽明去世後，他曾「不遠千里，迎喪於途，哭甚哀」〔註28〕，由此判斷，不落《四書》官學之窠臼的袁仁在學術上更傾向於陽明學派，或謂其私淑陽明應不爲過。

二、道德主義與積德行善

從某種意義上講，儒學學說可用「內聖外王」四字進行簡單概括。《大學》中所列「八條目」即是「內聖外王」之學由內而外地層層展開。其中，「格物」、「致知」、「誠意」、「正心」、「修身」屬於內聖之學，而「修身」正是「內聖」之學的集中體現，側重於個人修養與道德提升。袁仁思想以儒家學說爲主體，又受民間信仰的影響，所以道德主義傾向非常強烈。身爲醫者，他承襲了傳統養生理論身心兼顧的思想，主張養德（養心）重於養身。據載：

> 崑山魏校疾，招仁。使者三至，弗往。謝曰：「君以心疾招，當咀嚼仁義、炮製禮樂，以暢君之精神。不然，十至無益也。」〔註29〕

可見，袁仁並非滿足於懸壺濟世的一般醫者，更俱以「仁義」教人的儒者之風。在道德與功名、富貴的關係問題上，尤能看出袁仁的道德主義取向。他說：

> 士之品有三：志於道德者爲上；志於功名者次之；志於富貴者爲下。近世人家生子稟賦稍異，父母師友即以富貴期之，其子幸而有成，富貴之外不復知功名爲何物，況道德乎？……伊周勳業，孔孟文章，皆男子當事，位之得不得在天，德之修不修在我。毋棄其在我者，毋強其在天者。〔註30〕

此爲袁仁訓子之言。他一方面指出「伊周勳業，孔孟文章，皆男子當事」，並不排斥事功與富貴聞達；另一方面，強調「志於道德者爲上」，主張「修德」

〔註27〕 （明）王畿著，吳震編校整理：《王畿集》，南京：鳳凰出版社，2007年，第815頁。
〔註28〕 同上。
〔註29〕 （明）袁仁：《辭魏子材相召書》，載《重梓參坡先生一螺集》，《袁氏叢書》卷十。
〔註30〕 （明）袁袠、袁裛、袁裳、袁表、袁袞等記，錢曉訂：《庭幃雜錄》卷下，四庫存目叢書子部第86冊。

爲第一要事，與儒家強調的「義在利先」、「以義爲利」一脈相承。而「位之得不得在天，德之修不修在我」，除了秉承孔子「富貴在天」的教誨外，還融匯了「君子以自強不息」的健動精神。

此外，一直屬於地方士紳而從未置身士大夫階層的袁仁深受民間信仰尤其是傳統「報應」觀念薰陶浸染，相信積德可以獲福，他曾說：

> 人有言：「畸人碩士，身不容於時，名不顯於世，鬱其積而不得施，終於淪落而萬分一不獲自見者，豈天遺之乎？」時已過矣，世已易矣，乃一旦其後之人勃興焉，此必然之理，屢屢有徵者也。吾家積德不試者數世矣，子孫其有興焉者乎？〔註31〕

報應觀念在中國社會源遠流長。「積善之家必有餘慶，積不善之家必有餘殃」本爲《易經》所提倡，後經佛道二教對「報應」的宣揚而進一步強化，在明代三教融合的社會氛圍下，這一理念早已家傳戶誦。「吾家積德不試者數世矣，子孫其有興焉者乎」，乃是袁仁在對家族數代經歷過程加以審視後，寄予子孫後代的期許與勉勵。這種希冀在當時的社會氛圍中是很容易被理解的，是「積善餘慶」思想的一種自然反映。更爲重要的是，袁仁夫婦注重實踐善舉，以德行仁。據載：

> 遠親舊戚每來相訪，吾母（筆者按：李氏）必殷勤接納，去則周之。貧者必程其所送之禮加數倍相酬，遠者給以舟行路費，委曲周濟，惟恐不逮。有胡氏、徐氏二姑，乃陶莊遠親，久已無服，其來尤數，待之尤厚，久留不厭也。劉光浦先生嘗語四兄及余曰：眾人皆趨勢，汝家獨憐貧。吾與汝父相交四十餘年，每遇佳節則窮親滿座，此至美之風俗也。〔註32〕

又載：

> 九月將寒，四嫂欲買棉，爲純帛之服以禦寒。母（筆者按：李氏）曰：「不可。三斤棉用銀一兩五錢，莫若止以銀五錢買棉一斤，汝夫及汝冬衣皆以枲爲骨，以棉覆之，足以禦冬。餘銀一兩買舊碎之衣浣濯補綴，便可給貧者數人之用。恤窮濟眾是第一件好事，恨無力不能廣施，但隨事節省，盡可行仁。」〔註33〕

〔註31〕同上。
〔註32〕（明）袁衷、袁襃、袁裳、袁表、袁袠等記，錢曉訂：《庭幃雜錄》卷下，四庫存目叢書子部第86冊。
〔註33〕（明）袁衷、袁襃、袁裳、袁表、袁袠等記，錢曉訂：《庭幃雜錄》卷下，四

可見，袁仁夫婦的道德主義是以善行實踐爲基礎的，其道德主義源於儒家教誨，而其善行實踐則有「以德求福」的思想成份在內。在父母身體力行下，了凡自幼便能感受積德行善的良好家風。

三、民間信仰與出世情懷

明朝政府尊奉程朱理學爲官方意識形態，但也重視正統宗教「陰翊王度」的作用，對佛道二教加以保護和提倡。明代中期以後，佛道二教進一步世俗化、民間化，成爲民間信仰的重要組成部分。道教養生術本與醫學密切相關，近代著名道教學者陳攖寧曾指出：「醫道與仙道，關係至爲密切，凡學仙者，皆當知醫。」〔註34〕袁家世代業醫，作爲醫者的袁仁對道教養生之術相當熟稔，並曾系統研究道教典籍，尤其熱衷於內丹道法。

此外，袁仁雖然以儒家經典爲依歸，但同時「雅徹玄禪之妙」，在思想上主張儒釋道三教共存，反對以儒家本位的立場批判、排斥佛教的言論與行爲。他說：

> 吾目中見毀佛闢教及拆僧房、僭寺基者，其子孫皆不振或有奇禍。碌碌者姑不論。崑山魏祭酒崇儒闢釋，其居官毀六祖衣缽，居鄉又拆寺興書院，畢竟絕嗣。繼之者亦絕。聶雙江爲蘇州太守，以興儒教、辟異端爲己任，勸僧蓄髮歸農，一時諸名公如陸粲、顧存仁輩皆佃寺基。聞聶公無嗣，即有嗣當亦不振也。吾友沈一之孝悌忠信、古貌古心，醇然儒者也，然亦闢佛，近又拆庵爲家廟。聞陸秀卿在岳州亦專毀淫祠而間及寺宇。論沈陸之醇腸碩行，雖百世子孫保之可也。論其毀法輕教，寧能無報乎？爾曹誠識之，吾不及見也。〔註35〕

袁仁此處列舉的闢佛人物，都是以儒者自居之士，且多爲當時名公巨卿，如魏校（1483～1543）、聶豹（1487～1563）之流。他將這些人作爲反面教材，向其子灌輸「毀法輕教，寧無報乎」的道理，表明他篤信佛教，深信因果報應的態度。

他又說：

　　　　庫存目叢書子部第 86 冊。

〔註34〕陳攖寧：《道教與養生》，北京：華文出版社，2000 年，第 7 頁。

〔註35〕（明）袁衮、袁襄、袁裳、袁表、袁袠等記，錢曉訂：《庭幃雜錄》卷下，四
　　　　庫存目叢書子部第 86 冊。

六朝顏之推家法最正，相傳最遠，作《顏氏家訓》，諄諄欲子孫崇正教，尊學問。宋呂蒙正晨起輒拜天祝曰：願敬信三寶者生於吾家。不特其子公著為賢宰相，歷代諸孫如居仁、祖謙輩皆聞人賢士。此所當法也。〔註36〕

袁仁從因果報應的角度，指出「敬信三寶」可獲福蔭，表明其佛教立場。這一看法在當時的民間社會應當並不鮮見。其妻李氏同樣篤信佛教，並勤於念佛修持。據載：

母（筆者按：李氏）平日念佛，行住坐臥皆不輟。問其故，曰：「吾以收心也。嘗聞汝父有言，人心如火，火必麗木，心必麗事。故日必有事焉。一提佛號，萬妄俱息，終日持之，終日心常斂也。」〔註37〕

佛教本身明代的民間社會的重要信仰。在素有「東南佛國」之稱的江南地區，作為家庭婦女的李氏堅持念佛修行原非奇事。她不太可能對佛法具有深入的研究，但卻把念佛作為「收心」的法門，大概有取於民間所謂「念經不如念咒，念咒不如念佛」之諺。相較於中國社會世俗佛教信仰中強烈的功利趨向，以「收心」為目的念佛，顯得更加純粹，殊為難得，很有可能受到其夫袁仁的影響。

需要指出的是，在世俗信仰的背景下，袁仁夫婦相信宿命，如袁仁所謂「位之得不得在天」，「毋強其在天者」無疑是一種宿命觀念。而李氏的宿命論則更具世俗色彩，據載：

乙卯四兄（了凡）進浙場，文極工，本房取首卷。偶以中庸義太凌駕，不得中式，後代巡行文給賞。母語余曰：文可中而不中，是謂之命。倘文猶未工，雖命非命也。不勉之，第勤修其在己者，不得勿計也。〔註38〕

李氏所謂「勤修在己，不得勿計」與「毋棄其在我者，毋強其在天者」的說法如出一轍，雖然本質上同屬宿命論，卻帶有一種「勵志」意味。此外，受佛道二教影響，袁仁家庭的氛圍時常顯露一種出世情懷。《庭幃雜錄》載了

〔註36〕 同上。
〔註37〕 （明）袁衮、袁裘、袁裳、袁表、袁衰等記，錢曉訂：《庭幃雜錄》卷下，四庫存目叢書子部第86冊。
〔註38〕 （明）袁衮、袁裘、袁裳、袁表、袁衰等記，錢曉訂：《庭幃雜錄》卷下，四庫存目叢書子部第86冊。

凡記述父母的一則對話：

> 癸卯除夕家宴，母問父曰：「今夜者今歲盡日也。人生世間，萬
> 事皆有盡日。每思及此，輒有淒然遺世之想。」父曰：「誠然。禪家
> 以身沒之日爲臘月三十日，亦喻其有盡也。須未至臘月三十日而預
> 爲整頓，庶免臨期忙亂耳。」母問：「如何整頓？」父曰：「始乎收
> 心，終乎見性。」子（了凡）初講《孟子》，起對曰：「是學問之道
> 也。」父頷之。〔註39〕

李氏在年終歲末之際感慨人生有限、萬事有盡，表達了出世的想法。其
夫袁仁認同這一觀念，並以「禪家以身沒之日爲臘月三十日」加以解釋。而
他對「如何整頓」的回答——「始乎收心，終乎見性」，頗有形而上學的意味，
帶有很強的禪學色彩。幼年了凡以孟子「學問之道無他，求其放心而已」附
會之，亦頗見其家學特色。

總體來看，佛道二教尤其是因果報應觀念在晚明已經成爲民間信仰的一
種基本形態，袁仁的觀念糅雜了的這種民間信仰的因子，使其成爲一名以儒
學爲依歸又博通二氏之學的民間學者。其臨終詩云：

> 附贅乾坤七十年，飄然今喜謝塵緣。
> 須知靈運終成佛，焉識王喬不是仙？
> 身外幸無軒冕累，世間漫有性眞傳。
> 雲山千古成長往，那管兒孫俗與賢。〔註40〕

讀此詩句，不難體會到作者灑落的人生胸懷，以及對佛道二教出世理想
的追求。

第二節　師承交遊

據《分湖志》載，了凡「好奇尙博，四方遊學，學書於文衡山，學文於
唐荊川、薛方山，學道於王龍溪、羅近溪」。〔註41〕可見，了凡興趣廣泛，學

〔註39〕（明）袁衷、袁裹、袁裳、袁表、袁袞等記，錢曉訂：《庭幃雜錄》卷下，四
　　　　庫存目叢書子部第 86 冊。
〔註40〕（明）袁衷、袁裹、袁裳、袁表、袁袞等記，錢曉訂：《庭幃雜錄》卷下，四
　　　　庫存目叢書子部第 86 冊。
〔註41〕吳江汾湖經濟開發區，吳江市檔案局編：《分湖三志》，揚州：廣陵書社，2008
　　　　年，第 13 頁。

無常師，並曾遊學於當時學問名家之門。但是，「學道」、「學書」與「學文」等專業技能的學習畢竟不可同日而語，「道」是包含學術思想、價值觀念在內的一種思維方式的傳承，涉及到哲學體系的構建，是人的主體思想的體現。在《四書刪正》中，了凡每每談及「從先師聞陽明之教」，此處「先師」即指王畿（龍溪，1498～1583）。雖然學無常師，卻獨奉王畿爲「先師」，正是將「道」置於其他專業技能之上的表現。在其晚年所著《訓兒俗說》中，了凡說：

> 我在學問中，初受龍溪先生之教，始知端倪。〔註42〕

顯而易見，了凡自認學問體系源於王畿。王畿，字汝中，號龍溪，浙江山陰人，王陽明高第弟子。嘉靖十一年（1532）進士，授南京職方主事，後升兵部武選郎中，不久乞休。罷官後，往來各地講學40餘年，在吳、楚、江、浙、閩、越等地均有講舍。他認爲良知是當下現成，不假工夫修正。其思想以「四無」爲核心，認爲心、意、知、物只是一事，若悟得心是無善無惡之心，則意、知、物皆無善無惡。主張從先天心體上立根，自稱先天之學。了凡之父袁仁本與王畿「相知甚深」〔註43〕，王氏爲袁仁所作《袁參坡小傳》也記述了了凡從學之經過：

> 公（袁仁）沒後二十年，武塘袁生表從予遊，最稱穎悟，余愛之而不知其爲公之子也。後詢其家世，始知爲故人之子。因作《小傳》以授之，以志通家之雅。〔註44〕

袁表即了凡。袁仁於嘉靖二十五年（1546）去世，據此推測，了凡師從王畿應在嘉靖四十五年（1566）前後，其時王畿69歲，了凡34歲。了凡所作《兩行齋集·光祿寺署丞清湖丁公行狀》云：

> 初，東浙王文成公倡道東南，其門人龍溪先生獨得文成之正傳，天泉橋證悟可考也。侍御公同余先登龍溪之門，聞言契悟，深識世儒之支離之謬。〔註45〕

此處「侍御公」即是丁賓（1543～1633），「清湖丁公」即丁賓之兄丁寅。

〔註42〕《文集》，第9頁。

〔註43〕（明）王畿著，吳震編校整理：《王畿集》，南京：鳳凰出版社，2007年，第816頁。

〔註44〕（明）王畿著，吳震編校整理：《王畿集》，南京：鳳凰出版社，2007年，第816頁。

〔註45〕《文集》，第1458頁。

由此可知，了凡是與丁賓一同拜入王畿之門的。王畿歿後，了凡作爲弟子與丁賓、丁寅等人共同編輯了《龍溪王先生全集》。其中，卷五《語錄》署名「門人袁黃坤儀輯、丁賓禮原校」，包括：一、蓬萊會籍申約，包括敦德業、崇儉約、恤患難、修禮節、嚴約規、明世好、申約後語等七篇；二、竹堂會語；三、南雍諸友雞鳴憑虛閣會語；四、慈湖精舍會語；五、穎賓書院會紀；六、天柱山房會語（與張陽和、周繼實、裘子充問答）；七、書同心冊卷；八、與陽和張子問答；九、萬松會紀。〔註 46〕卷十五《雜著》署名「門人袁黃坤儀編、丁賓禮原校」，包括以下篇章：一、先師畫像記後語；二、跋名賢遺墨漫語；三、跋徐存齋師相教言；四、私警錄後語；五、雲間樂聚冊後語；六、書耿子健冬遊記後語；七、書廬野永思卷後語；八、易測授張叔學；九、圖書先後天跋語；十、明儒經翼題辭；十一、莘疇記跡題辭；十二、法華大意題辭；十三、葦航卷題辭；十四、調息法；十五、自訟長語示兒輩；十六、自訟問答；十七、天心授受冊；十八、盟心會約；十九、冊付應吉兒收受；二十、冊付光宅收受後語；二十一、冊付炯德收受後語；二十二、冊付丁賓收受後語；二十三、冊付養眞收受後語；二十四、冊付夢秀收受後語；二十五、冊付雲鳳尚衰收受後語；二十六、趨庭漫語付應斌兒；二十七、北行訓語付應吉兒；二十八、遺言付應斌應吉兒；二十九、若贊（先生像贊也）；三十、黃松軒像贊。〔註 47〕這些內容，多有涉及王畿心學思想之精髓。

王畿講學數十年如一日，聲名顯赫，弟子門人眾多。一般而言，同門之中得到老師稱許的高第弟子方有資格參與編輯「遺集」的工作，這也說明，了凡作爲王畿門人，是得到同門的認可與推重的。

此外，了凡亦自稱羅汝芳（1515～1588）門人。羅汝芳，字惟德，號近溪，江西南城人。嘉靖三十二（1553）進士，曾知太湖縣，後歷任刑部主事、知寧國府、東昌府、雲南副使、參政。萬曆五年（1577）致仕後，四處講學。他是王艮之後泰州學派的代表人物，一生宣講哲理，教化士民，時人有「龍溪（王畿）筆勝舌，近溪（羅汝芳）舌勝筆」之謂。羅氏繼承發展王艮、顏鈞等人的思想，以「求仁」爲宗旨，以「孝悌慈」爲核心內容，提倡「赤子

〔註 46〕（明）王畿著，吳震編校整理：《王畿集》，南京：鳳凰出版社，2007 年，第103～128 頁。

〔註 47〕參見（明）王畿著，吳震編校整理：《王畿集》，南京：鳳凰出版社，2007 年，第 410～444 頁。

之心」、「當下即是」，主張順適自然。了凡自認深受羅氏思想影響，其在任寶坻縣令期間所作《答楊復所座師書》云：「某自受官以來，輕繇緩刑，頗得民和。每朔望群弟子員而授之經，講《論》、《孟》之遺言，而實示以現在之至理。生童之屬，環明倫而觀聽者不下數百人，誦義之聲達於四境，此皆先生（楊起元）及羅先生（羅汝芳）之教也。」〔註48〕羅氏歿後，了凡作「近溪羅先生像贊」云：「儒者曰：『汝學似禪』；釋者曰：『我法無是』。超然直透本心，以俟聖人百世，此昔人贊象山先生之言，予贊先生無異。」〔註49〕

楊復所即楊起元，他與曹胤儒並稱「近溪門下二大佬」。楊氏為了凡座師兼好友，曹胤儒與了凡亦有交往。據曹氏《盱壇直詮跋》云：

> 萬曆丙午初夏，不佞儒過了凡袁丈於吾蘇之開元僧舍，相與揚榷斯學，蓋溢志而盡其事已。袁丈曰：「邇來理學先生立言於世，沒而不朽者，莫過於盱江近溪羅先生。先生近宗王文成，遠溯程宗正，弘洙泗之風，而懸諸日月，恨予相遇之日疏也。猶幸座師嶺南復所楊先生為先生門人，予時竊聆其緒言，楊先生今亦棄門生矣。予欲自適而不可，將參驗而必之。子親受業於羅先生且久，其何以道予先路？」不佞爰少述先師誨人大義，重以一二微言，袁丈則竦意而聽焉，悱然若有所深解焉。〔註50〕

萬曆丙午即萬曆三十四年（1606），了凡於是年七月辭世。由二人對話可知，了凡十分服膺羅汝芳之學，極稱其學「超然直透本心」、「沒而不朽」，以至晚年尚有「相遇日疏」之恨。以此推斷，了凡應無長期從學羅氏之經歷，只是間或聽過羅氏講學而已。可見，了凡私淑羅汝芳，而對羅氏學說之瞭解與體悟，則主要得自楊起元。

「道學」師承之外，了凡師友頗多，交遊甚廣。在七十四年的生命歷程中，他結識交往了諸多晚明重要人物。現按社會賢達、叢林中人分類，羅列其主要交遊如下：

一、社會賢達

殷邁（1512～1577），字時訓，號秋溟居士，南京人。據《居士傳》載，殷氏年輕時曾「屏居山寺，反求諸己，期於自得」，且「性淡泊，雖處清要，

〔註48〕 《文集》，第1315頁。
〔註49〕 （明）羅汝芳：《耿中丞楊太史批點近溪羅子全集二十四卷》，明刊本。
〔註50〕 （明）羅汝芳：《盱壇直詮》，臺北：廣文書局，1956年，第297頁。

不耐交際苛禮」〔註51〕。殷氏在官十三年，告歸閒居十七年，「耽釋氏書」，深研《楞嚴經》、《金剛經》、并撰《贅言》一卷。錢謙益直稱殷邁爲「金陵法侶」，「少求格致之義，不得其說，參證內典，澄思靜照，久之忽有省，自此皈依佛學，棲息天界寺」。〔註52〕《本朝分省人物考》（天啓刻本）卷十三云：「殷邁，字時訓，嘉靖丁卯舉於鄉……丁卯穆廟改元，起元官，視學兩浙。」〔註53〕了凡《圓通精舍募田碑記》稱：「余曩就訪之，獲接素庵法師，聆其緒論，豁如也。後遊金陵，必訪師，師道業愈隆，法席愈廣，秋溟殷先生素慎許可，獨重師，命余依止，以求解脫。」〔註54〕殷氏曾「視學兩浙」（兩浙提學副使），隆慶元年丁卯，了凡即由其批准補貢進入北京國子監修業。〔註55〕

唐順之（1507～1560），字應德，一字義修，號荊川，江蘇武進人。嘉靖八年（1529）會試第一，官翰林編修，後調兵部主事。當時倭寇屢犯沿海，唐氏以兵部郎中督師浙江，破倭寇於海上。後升右僉都御使，巡撫鳳陽。唐氏理學文章爲時人推重，而其理學思想得自王畿者爲多。了凡曾向其學習舉業作文，唐氏根據自己的經驗，勉勵其研讀佛經以提高水平水平：「吾弟於世情頗淡，今將一切閒書盡從屏省，只將此三經（《楞嚴經》、《維摩經》、《圓覺經》）從容熟玩，句句要悟透本心，字字要消歸自己，倘於誦持理會，忽然踏著娘生鼻孔，一言會意，通身汗流，耳目口鼻，雖然舊時一樣，而聰明智慧，蓋天蓋地，已非舊時人物矣。此是老夫試驗良方，若能信受，決不相賺。」〔註56〕他評了凡之文云：「相馬者以爲肉與骨與神三相稱也，不得其肉當得其骨，不得其骨當得其神。若滅若沒，言有神也。吾弟之文已得其神矣，間有出入者，肉與骨也，入之當俱化矣。」〔註57〕又推許了凡曰：「適見

〔註51〕 （清）彭紹升著，趙嗣滄點校：《居士傳》，成都：成都古籍書店，2000年，第211頁。

〔註52〕 （清）錢謙益：《歷代詩集小傳》。

〔註53〕 （明）過庭訓：《本朝分省人物考》卷十三，明天啓刻本。

〔註54〕 （明）袁黃：《圓通精舍募田碑記》。

〔註55〕 《了凡四訓》云：「直至丁卯年，殷秋溟宗師見余場中備卷，歎曰：『五策，即五篇奏議也，豈可使博洽淹貫之儒，老於窗下乎！』遂依縣申文准貢。」見《文集》，第877頁。

〔註56〕 （明）袁黃著，黃強、徐珊珊校訂：《〈遊藝塾文規〉正續編》，武漢：武漢大學出版社，2009年，第178頁。

〔註57〕 （明）袁黃著，黃強、徐珊珊校訂：《〈遊藝塾文規〉正續編》，武漢：武漢大學出版社，2009年，第179頁。

王龍溪，道吾弟負一方盛名，浙中士子俱視為準的，吾弟之身正，則一方士子俱正，否則一方皆頹靡矣。」〔註58〕同時，告誡了凡：「六經之言，皆是古昔聖人以其心之精微形之副墨者，不可全靠他人講貫……既有醒悟，而後觀前輩講章與先儒傳注，皆是夢中說夢。故善讀書者，當借傳以明經，不可驅經以從傳；當尊經而略傳，不可信傳而疑經。」〔註59〕應該說，唐氏舉業思想深深影響了了凡。在《四書刪正‧凡例》中，了凡云：「荊川先生云：『學者當借傳以明經，不可驅經以從傳；當尊經而略傳，不可信傳而疑經。』卓哉！」〔註60〕

薛應旂（1500～1575），字仲常，號方山，江蘇武進人。嘉靖十四年（1535）進士，授慈谿知縣、江西九江府儒學教授，累遷南京考工郎中。嘉靖二十四年（1545），因忤嚴嵩，謫建昌通判，後復起浙江提學副使。罷官歸家後，潛心理學，著書立說。著有《宋元資治通鑑》、《考亭淵源錄》、《四書人物考》、《方山文錄》等。了凡早年曾向其請教作文之法，「明年十九歲，方山薛先生督學兩浙，自湖而之嘉。初考湖州，出『及其至也，雖聖人有所不知焉』。此題諸理齋有刻文，原不依『問禮問官』之說，謂：『道固有出於聖人所知之外者，聖人固不得而盡知也。』湖士凡見此文者，皆遵用其說，方山大加稱賞。及至嘉興，出『居敬而行簡』二節……予聆其論，隱然動唐師之想，知此二人同以理學為宗者也。……及薛罷官歸，予造其宅，始知薛公當時高才博學，極有時名，久困場屋不得第。……是日，方山出以示予，予早暮服膺，始知舉業自有的傳。」〔註61〕薛氏曾告誡了凡：「作人作文，皆以求放心為急。心是一身之主，百骸萬應，靡不關焉。此心常在腔子內，則動而應事，必中規矩，下筆為文，定然可觀。」〔註62〕

耿定向（1524～1597），字在倫，號楚侗，又稱天台先生，湖廣黃安（今湖北紅安）人。嘉靖三十五年（1556）進士，官曆行人、御史、學政、大理寺右丞、右副都御史至戶部尚書。隆慶初為大理寺右丞，萬曆年間任福建巡

〔註58〕 同上。

〔註59〕 同上。

〔註60〕 （明）袁黃：《四書刪正》，「凡例」，日本內閣文庫藏明刻本。

〔註61〕 （明）袁黃著，黃強、徐珊珊校訂：《〈遊藝塾文規〉正續編》，武漢：武漢大學出版社，2009年，第9頁。

〔註62〕 （明）袁黃著，黃強、徐珊珊校訂：《〈遊藝塾文規〉正續編》，武漢：武漢大學出版社，2009年，第182頁。

撫。耿氏學宗王守仁，親近泰州學派，以「不容己」爲宗，即「莫致莫爲，原自虛無中來，不容著見」，聖人「使人由之，不使知之」即是此義。關於「良知」，耿氏認爲，良知本爲現成，無人不具，用之於此則此，用之於彼則彼，故其用在欲明明德於天下，則不必別爲制心之功，而未有不仁者。耿氏作爲陽明後學的重要人物，推動了當時的講學運動，注重糾偏救弊，改善社會風俗，其部分思想主張成爲東林學派的先聲。了凡評價耿氏傳播學術、培養人才的業績：「耿天台先生督學南中，專尚德行，獎恬退，抑奔競，講孔孟之正學於流風靡靡之時，而管登之、焦弱侯輩，遂翕然奮起。」〔註63〕又曰：「予從先生遊，見其內介外和，量寬心細，不以氣節沾沾自喜，而以委曲濟時爲中道。每傳坐聽教，覺其精神常貫滿於一堂之中。凡所啓發，不以悟門爲急，而以行門爲先，循循有序，聞著莫不動心有進，眞如春風發物，不知其所以然而然也。若先生者，非所謂成德君子哉？而不肖者被之以無根之謗，猶孔子之遇武叔，孟子之遇臧倉，本無足怪者，而人或信之，則不察之故也。」〔註64〕

　　楊起元（1547～1599），字貞復，號復所，廣東歸善（今廣東惠州）人。其學承自羅汝芳，尊奉羅氏爲「聖人」。楊氏之學具有深刻的陽明心學印跡，更有衝破俗套、自立門戶的見解，表現出泰州學派「非豪傑之士不能」的獨特性格。楊氏本爲了凡丙戌進士之「座師」，但二人志同道合、義兼師友。了凡稱其：「豈曰尋常之座主，實惟衣缽之明師。」〔註65〕楊氏同樣敬重了凡，其《贈袁了凡詩》首四句曰：「自從曉事來，知子海內傑。敢以文字知，屈在弟子列。」〔註66〕他充分肯定了凡之學厚重篤實，曾曰：「每憶了凡向在靈濟宮會中，同志談及『天行健，君子以自強不息』，我了凡徐應之曰──且說『地勢坤，君子以厚德載物』。生時一聞此語，與欲鏤膺刻骨。凡吾人之學，所以不到實際，不及古人，小而不能大、近而不能久者，正坐欠此一著。雖有超脫妙悟，不過添知識、增機智而已。黎文老平日少所許可，至我了凡，則每云『吾無憂矣，吾無憂矣』。」〔註67〕了凡稱推許楊氏之學曰：「復所楊先生

〔註63〕　（明）袁黃著，黃強、徐珊珊校訂：《〈遊藝塾文規〉正續編》，武漢：武漢大學出版社，2009年，第465頁。

〔註64〕　（明）袁黃著，黃強、徐珊珊校訂：《〈遊藝塾文規〉正續編》，武漢：武漢大學出版社，2009年，第466頁。

〔註65〕　《文集》，第1105頁。

〔註66〕　（明）楊起元：《續刻楊復所先生家藏文集》卷八。

〔註67〕　（明）楊起元：《續刻楊復所先生家藏文集》卷六。

祖述堯舜，憲章聖祖，融二氏之教，開百代之迷。其學授之旴江羅公，而廣大精微多所自得。」又贊其文章云：「楊侍郎起元，心同赤子，量比滄溟，講千聖之絕學，起末俗之支離，故其為文，借假談真，直透理窟，如天風環佩，遺響白雲。」〔註68〕又曰：「先生之文，發之於理，出之於雍容自得之中，闡之於言語文字之外，真二百年來絕唱也。不惟可以定舉業之準，抑亦可以正學者之心，而於世道大有所裨矣。」〔註69〕楊氏之學不諱佛禪，曾作《決科要語》提倡陰騭思想。了凡編製《當官功過格》，其序言云：「《道藏》有紫微帝君功過格，吾師復所楊先生刻之感應篇中，余取其有切於官守者增損數條，用以自警。」〔註70〕可見，了凡編製此格受到楊氏啟發。了凡從政名著《寶坻勸農書》，特請楊氏作序；而在楊氏身後刊刻著作的輯刻門人名錄中，了凡往往名列其首。

　　丁賓（1543～1633），字禮原，初號敬宇，晚號改亭，浙江嘉興府嘉善人。隆慶五年（1571）進士，萬曆二年（1574）出任南直隸句容知縣，萬曆八年改授御史，萬曆二十六年起任南京大理寺右寺丞，後歷職於南京光祿寺、太常寺、鴻臚寺、都察院等，天啟元年（1621）以南京工部尚書致仕。後加太子少保，卒諡清惠。嘉靖四十五年（1566），已是舉人的丁賓與尚為諸生的了凡一同拜入王畿之門，二人成為王畿晚年的得意弟子。隆慶五年，了凡與丁賓等十人同赴會試，斷言丁氏必定高中，原因在於「惟謙受福」，他向朋友如是說：「君看十人中，有恂恂款款、不敢先人如敬宇者乎？有恭敬承順、小心謹畏如敬宇者乎？有受辱不答、聞謗不辨如敬宇者乎？人能如此，即天地鬼神猶將祐之。」〔註71〕結果，丁賓果然進士及第。了凡《退丁敬宇書》極言其賢：「足下真實之心，愷悌之行，事不敢為天下先，而舉世讓步，若言訥訥，而能使聽者醉心，以至柔而勝天下之至剛，以無為而勝天下之有為，實當世之偉人，而理學之巨擘也。」〔註72〕

　　馮夢禎（1546～1605），字開之，號具區，又號真實居士，浙江嘉興府秀水人。官至南京國子監祭酒，後罷官，盛負文名。他喜佛好禪，曾禮紫柏真

〔註68〕（明）袁黃著，黃強、徐珊珊校訂：《〈遊藝塾文規〉正續編》，武漢：武漢大學出版社，2009年，第466頁。
〔註69〕同上。
〔註70〕《文集》，第705頁。
〔註71〕《文集》，第895～896頁。
〔註72〕《文集》，第1316頁。

可爲師，與密藏道開、雲溪袾宏、憨山德清等著名僧人交往甚密。馮氏與了凡爲嘉興同鄉，隆慶四年（1570）同科中舉，嘗以學行相砥礪，堪稱一生之摯友。馮氏萬曆丁丑（1577）中進士，《了凡四訓》將其作爲「謙虛利中」的典型加以宣講：「丁丑在京，與馮開之同處，見其虛己斂容，大變少年之習。李霽岩直諒益友，時面攻其非，但見其平懷順受，未嘗有一言相報。予告之曰：『福有福始，禍有禍先。此心果謙，天必相之。兄今年決第矣。』已而果然。」〔註73〕馮氏推崇了凡學問之淵博篤實，其《壽了凡先生七十序》：「所歎天下皆知有先生而先生竟不爲天下用，其仁心惠政僅試於寶坻一邑而已。顏氏之言曰：『夫子之道大，故天下莫能容。雖然，不容何病？不容然後見君子。』余於先生亦云。」〔註74〕又指出了凡匯通三教的學術特色：「漢而下，道術裂而爲三，先生能一之，著書豎義爲後學所宗。蓋天將以萬世木鐸寄之。」〔註75〕又推許其道德實踐：「先生家不富而喜施日甚，行其仁心而非以博福田利益。一歲之間，所捐不下數十百石，飯僧居其七而族屬親友居其三。」〔註76〕馮氏歿後，了凡爲其撰寫祭文，回憶早年情誼云：「憶歲庚午與公同升，有善相助，有過相懲，遊從稍久，德義日增。及丙子諧上公車，修業燕京，談經講藝，一惟予之是憑。畫局丈室，夜對清燈，既搜孔軼，亦證佛乘，掃少年之狂蕩，慕前輩之莊矜，遂變鈎棘之習，而以大雅自繩。」又云：「寂寂實階，人非路圮，知己交情，如君幾人？寢門之悲，慟徹蒼旻。」〔註77〕失去摯友之傷痛，情見乎辭。

　　陳於王（生卒年不詳），號穎亭，浙江嘉興府嘉善縣人。萬曆十四年（1586）進士，曾任福建按察使，爲萬曆中「循卓名臣」。萬曆三十四年朝廷諭令，認爲其「品著清廉，心存忠正」，賜祭勒碑，於嘉善縣建祠。了凡與陳氏爲同鄉，又是同年進士，相交甚篤。其《與陳穎亭論命書》曰：「我輩平日辛勤刻苦，爲子孫創業者，死來皆用不著，所可待以瞑目而釋然無憾者，惟此修德行義之事而已。大抵人受命於天，生來之福有限，積來之福無窮。」〔註78〕又曰：「然從此而遍交天下豪傑聰明智慧者，如麻似粟，並無一個半個

〔註73〕《文集》，第896頁。
〔註74〕（明）馮夢禎：《壽了凡先生七十序》，《快雪堂集》卷六。
〔註75〕同上。
〔註76〕（明）馮夢禎：《壽了凡先生七十序》，《快雪堂集》卷六。
〔註77〕《文集》，第1445頁。
〔註78〕（明）袁黃著，黃強、徐珊珊校訂：《《遊藝塾文規》正續編》，武漢：武漢大

知歸根覆命者，是以世智浮慧愈高，而去本地風光愈遠。縱步步聖賢，早已錯用心矣。弟知世儒學問迷誤已久，不但佛教不行，即孔孟脈絡，居然斷滅，故從來只和光混俗，未嘗敢以眞實本分之事開口告人，而今特舉以告足下，爲愛足下不同眾人也。」〔註79〕了凡贊其子陳龍正（？～1645）「孝思最深，所至不可限量」。

李世達（1534～1599），字子成，號漸庵，晚年又號廓庵，涇陽人。嘉靖三十五年（1556）進士，官授戶部主事，後改吏部，歷考功、文選郎中。萬曆二年任右僉都御史，巡撫山東，又進右副都御史，後改撫浙江。他歷任嘉靖、隆慶、萬曆三朝，政聲顯赫，對朝事多有諷諫，以耿介聞名於世。了凡早年即與李氏相知，二人曾有意一同隱居終南山。據李氏記述：「予家去終南山最近。嘗裹糧深入，遇梅翁於古松澗，與談合變，縱橫無窮，異而訂交焉。了凡袁子下第，謁予，謀隱於終南。時予方廢棄，亦有終焉之志。……明年，予起官赴淮，旋自南轉北，而了凡以會試至，相見歡甚。」〔註80〕他對了凡學識人品推崇備至，曰：「予交了凡二十餘年，見其樂善如饑，好學不倦，日間非靜坐即觀書。雖祁寒盛暑，不令隙虛。其與人交也，胸懷洞然，至情可掬，孳孳欲人同歸於善。聽其教，激勵裁抑，具於片言之中，賢愚皆獲其益。覿其面，如春風發物，鄙吝潛消，未有不爽然心服者。六藝之學久不講，而了凡能以身通之；二氏爲世所大忌，而了凡則篤信而行之。大而天文地理，小而三式六壬之屬，靡不開其關而入其奧。」〔註81〕

管志道（1536～1608），字登之，號東溟，江蘇吳縣人。隆慶五年進士，歷任南京兵、刑二部，萬曆六年，上疏陳事忤張居正，出爲廣東按察司僉事分巡南韶道，尋遭彈劾，降鹽課司提舉，次年以母老乞歸。著有《周易測六龍解》、《孟義訂測》、《從先維俗議》等。黃宗羲稱其「受業於耿天台，著書數十萬言，大抵鳩合儒、釋，浩汗而不可方坳。」〔註82〕管氏也曾問學於羅汝芳，其思想與楊起元近似，認爲楊氏之說與自己「十合八九」，尤其在闡揚

〔註79〕　（明）袁黃著，黃強、徐珊珊校訂：《〈遊藝塾文規〉正續編》，武漢：武漢大學出版社，2009年，第451頁。

〔註80〕　《文集》，第310頁。

〔註81〕　《文集》，第311頁。

〔註82〕　（清）黃宗羲著，沈芝盈點校：《明儒學案》，北京：中華書局，1985年，第467頁。

明太祖朱元璋以儒統三教的理念方面。了凡欽佩管氏文章學術，評價其文曰：「近日諸名家如管僉事志道，資稟高明，聞道最早，守禮之矩，會禪之精，以三教之宗師，爲一方之標榜。」〔註83〕了凡與管氏皆篤信佛教所謂「宿業」，在因果報應思想方面頗爲契合，其《答管東溟書》曰：「世間一切順逆好醜皆係宿業所召，不可脫離，不容欣厭。其遇逆與醜也，反躬自勵，借境進修，不求減輕，不計效驗；其遇順與好也，應緣忖德，不勝慚愧，常恐順境多魔、淫佚日肆。《中庸》所謂『素富貴行乎富貴，素貧賤行乎貧賤』者，豈特隨緣順受已哉？正有一段正己工夫，不怨不尤，始有下落。」〔註84〕

王肯堂（1549～1613），字宇泰，金壇縣人。萬曆十七年（1589）進士，初授翰林院庶吉士，萬曆二十年（1592）因上疏言事及政治事故而辭官回鄉。王氏曾追隨了凡問學，對了凡「福祚」、「陰譴」的觀念印象深刻。有感於當時法律注釋書籍的水平低劣，在其父王樵《讀律私箋》的基礎上，於萬曆四十年（1612）出版《律例箋釋》。其《自序》曰：「余久欲鋟行（《讀律私箋》）於世。聞袁了凡先生言：流傳法律之書，多招陰譴，懼而中止……世之司民命者，倘因余言而有感焉，體聖祖之心，遵聖祖之訓，則刑爲「祥刑」，而皋陶邁種德之一脈，爲不斷矣！福祚且流及子孫，而又何陰譴之有？故余與虞倩來初捐俸流通之，固了凡先生之意也。」了凡針對王氏四十歲尚無子嗣，指點其「養氣之道」──「欲養氣，先要息心，隨緣練習，從粗入細。蓋志爲氣之帥，未有帥不寧爾氣能順者也。又要知蹶趨之類，能擾吾心。行須緩步，語要低聲，百爾動作，安詳徐整，使沖和之氣充於四體，而塞於兩間，我與天地萬物同在一點太和元氣之內，即此便是致中和之實學。蓋以委和之身，觀無生之竅，順吐納之自然，返先天之元化，舉吹萬之眾，皆可由我而育，況生一子哉！」〔註85〕又高度評價王氏之道德文章：「王檢討肯堂，性敦孝友，學紹家庭，謙厚沖抑，不以才高自眩，故其爲文，細密謹嚴，會詞切理，如三代法物，模範秩然。」〔註86〕

周汝登（1547～1629），字繼元，號海門，浙江嵊縣人。萬曆五年（1577）

〔註83〕（明）袁黃著，黃強、徐珊珊校訂：《〈遊藝塾文規〉正續編》，武漢：武漢大學出版社，2009年，第465頁。

〔註84〕《文集》，第317頁。

〔註85〕《文集》，第1344頁。

〔註86〕（明）袁黃著，黃強、徐珊珊校訂：《〈遊藝塾文規〉正續編》，武漢：武漢大學出版社，2009年，第465頁。

進士，累官南京尚寶卿。周氏學宗王畿，屬尊悟一路，主張心體「無善無惡」之說，提倡儒佛匯通。《明史》稱其「欲合儒釋而會通之，輯《聖學宗傳》，盡採先儒語類禪者以入」〔註87〕。周氏贊賞了凡陰騭思想，積極支持刊刻《立命篇》之類善書，曾與友人論及《立命篇》曰：「上士假之遊戲以接眾生，中下援之鈎引而入眞智。啓之入門，誘之明瞭，茲文（了凡《立命篇》）有無限方便存焉。余早年不知是事，有從兄剡山者，乃苦行頭陀，與我談不能入。一日會袁公（了凡）於眞州，一夜之語而我心豁然，始知世間有此正經一大事，皈依自此始。余迄今不能一日忘此公之恩。公於接引人，固有緣也，茲文之行，利益必廣。」〔註88〕由此可見，周氏早年即與了凡相識，其思想之發展亦頗得益於了凡之啓發與引導。

二、叢林中人

雲谷法會（1500～1575），法名「法會」，號「雲谷」，浙江省嘉善縣胥山鎮人，俗姓懷，幼年立志出家，投在本鄉大雲寺一老和尚座下，剃度爲僧。十九歲時，到處參訪善知識。翌年，受三壇大戒。後修習天台止觀法門。恰逢法舟禪師在天寧寺閉關，便去參訪問道。法舟禪師曰：「止觀之要，不依身心氣息，內外脫然。子之所修，流於下乘，豈西來的意耶？學道必以悟心爲主。」雲谷聽後，如甘露灌頂。遂依法舟指示，不分晝夜參究，廢寢忘食。「一日受食，食盡亦不自知，碗忽墮地，猛然有省，恍如夢覺。復請益舟，乃蒙印可。閱《宗鏡錄》，大悟唯心之旨。從此一切經教及諸祖公案，了然如睹家中故物」〔註89〕雲谷禪師對了凡一生影響甚深，其以「立命之學」點撥了凡，詳見《了凡四訓》「立命之學」。此外，了凡之靜坐法門，亦在很大程度上得自云谷禪師。了凡自稱「幼受雲谷老師之教，即知靜坐攝心，或經夕不寐，或經旬不出……」〔註90〕其《靜坐要訣》序亦云：「吾師雲谷大師，靜坐二十餘載，妙得天台遺旨，爲余談之甚備。」〔註91〕

素庵眞節（1519～1593），諱眞節，湖北襄陽人，俗姓鍾。幼習理學，少

〔註87〕（清）張廷玉：《明史》，北京：中華書局，1997年，第2177頁。
〔註88〕（明）周汝登：《東越證學錄》，卷六。
〔註89〕（明）憨山大師著，孔宏點校：《憨山老人夢遊集》，北京：北京圖書出版社，2004年，第548頁。
〔註90〕（明）袁黃著，黃強、徐珊珊校訂：《〈遊藝塾文規〉正續編》，武漢：武漢大學出版社，2009年，第450頁。
〔註91〕《文集》，第33頁。

爲諸生。行年二十五，宿根內萌，即辭親割愛，投南陽留山寺，從泯庵休上人祝髮。繼而飄然一鉢，走伏牛，入五臺，後進京依秀法師精研經論十一年，因學富內外，被諸方推爲教下龍象。嗣後，負錫南下，朝禮普陀，遊歷金陵。金陵名流感其說法直截簡易，爲人春溫日旭，堅請主攝山棲霞寺講席。素庵法師於是誅茅築室，據獅子座，撾大法鼓，暢演《華嚴大鈔》、《法華經》、《楞嚴經》等大乘經論，「眾逾三百，教備五乘。」〔註92〕棲止十年，格頑導愚，道聲大振。慈聖宣文太后欽其德業，特賜金縷僧伽黎衣一襲，以示褒崇。了凡《圓通精舍募田碑記》云：「江之滸，有六朝古刹，曰棲霞寺，雲谷老人嘗棲止其中。余曩就訪之，獲接素庵法師，聆其緒論，豁如也。後遊金陵，必訪師，師道業愈隆，法席愈廣，秋溟殷先生素慎許可，獨重師，命余依止，以求解脫。余壯年闊步，實勃勃有遺世之想，一墮塵網，倏焉廿載。癸巳歲，得師手書，索作長生田記，餘心諾之，未暇也。今秋，其徒如敬不遠千里謁余趙田草堂，求曩所諾文，則素師逝矣。」〔註93〕

　　紫柏眞可（1543～1603），諱眞可，字達觀，晚年自號「紫柏老人」，江蘇吳江人，俗姓沈。與雲溪袾宏、憨山德清、藕益智旭並稱明末四大高僧。紫柏與了凡在早年即相交甚篤，據了凡養子葉紹袁記載，紫柏「少游四方，參契道奧，英氣高情，挺然雲霄而立，與袁司馬公（了凡）心宗密友也。司馬家多藏書，故大師在湖上閉關三年，盡司馬公諸書而去。以此益名聞天下，凡偈頌詩文操筆立就，皆琳琅金石」〔註94〕。紫柏與了凡雖然路途分割，但感情深厚，不時有書信往來。紫柏《寄袁了凡居士水齋》云：「華嶽山人辟穀方，先生獨得已休糧。懸知天上增仙籍，豈戀人間轉燭光。玉液常吞肝肺潤，金丹能轉鬢毛蒼。青山不遠終相見，知己新添一少郎。」〔註95〕了凡在萬曆年，作《紫柏可上人六十》曰：「六月十一是何日？悉達宮中鍾磬鳴。花甲已周嘗世變，苦辛歷盡見人情。新愁黯黯寒煙積，故里蕭蕭春晝晴。我已七旬君六十，莫留燕市滯浮名。」〔註96〕

〔註92〕　（明）幻爲如惺：《大明高僧傳》卷四，見《卐續藏》第 134 冊，第 422 頁。

〔註93〕　（明）袁黃：《圓通精舍募田碑記》。

〔註94〕　吳江汾湖經濟開發區、吳江市檔案局編：《分湖三志》，揚州：廣陵書社，2008年，第 167 頁。

〔註95〕　（明）紫柏眞可：《紫柏大師全集》，上海：上海古籍出版社，2013 年，第 606頁。

〔註96〕　《文集》，第 1284 頁。

　　妙峰真覺（1537～1589），諱真覺，又號「百松」，江蘇崑山人，俗姓王。二十一歲落髮於杭州鍋子山，後往蘇州竹堂寺，從虛白禪師受具足戒。至崇明壽安寺閉關，讀《楞嚴經》，出關後在與虛白禪師論議，「其鋒已不可當矣」〔註97〕。再從湖州月亭明得法師學《法華經》，並閱大藏，得四明尊者《妙宗鈔》，宛如夙契，遂潛心天台一家教觀，深悟一心三觀之旨。嘉靖四十二年（1563），於鍋子山開演《法華經》。翌年，因受天台之請，遂長住天台，相繼開演《楞嚴經》、《法華經》、《妙宗鈔》、《法華玄義》等經疏。橫掃邪教，不惑眾咻，專精天台，力弘一實，重興天台三觀十乘之學。二十六年間，「歲無虛席，遠近風向」。馮夢禎贊其「梵相奇古，身不逾中人，而言論風采如大火輪，不可攖觸。於時，江南有二法師，師與東禪月亭得師。師出東禪之門，東禪不專賢首，而師獨精天台，遂有同異。然其妙辯縱橫，凌屬千眾，俱東南無畏光明幢也」〔註98〕。妙峰法師雖然出自月亭明得之門，但其所傳心印，則與本跡相齊、金口祖承之付囑無異，故被尊為繼四明尊者之後的天台宗第十八祖。妙峰法師是除雲谷禪師之外，對了凡影響最大的禪門之一，了凡《靜坐要訣》有云：「余又交妙峰法師，深信天台遺教，謂禪為淨土要門。」〔註99〕

　　除以上名公巨卿、高僧大德之外，了凡與當時民間大眾的接觸與交遊相當廣泛，包括為數眾多的中下層士子、佛道中人等等，在此無法一一詳述。

第三節　著述考略

　　了凡博學多通，筆耕不輟，他自言平生「紬繹古今，刪述經史，所著書毋慮千卷，而刻行者凡三十餘種」〔註100〕。其門人韓初命作於萬曆十八年（1590）的《刻祈嗣真詮引》云：

> 先生（了凡）登進士，名重於天下，天下士傳誦舉子業如《心鵠》、《備考》、《疏意》等書，令都市紙增價。又作《經世略》三百卷、《通史》一千卷，皆未梓世，莫睹焉。〔註101〕

〔註97〕　（明）馮夢禎：《百松祖師塔銘》，見（明）無盡傳燈：《幽溪別志》卷十二。
〔註98〕　（明）馮夢禎：《百松祖師塔銘》，見（明）無盡傳燈：《幽溪別志》卷十二。
〔註99〕　《文集》，第33頁。
〔註100〕　《文集》，第1317頁。
〔註101〕　《文集》，第67頁。

另一門人楊士範作於萬曆三十三年（1605）的《刻了凡雜著序》云：

> 先生（了凡）又以其餘力發揮古先聖人之書，讀《易》則有《袁氏易傳》三十卷，讀詩則有《毛詩袁箋》二十卷，讀《書》則有《尚書大旨》十二卷，讀《春秋》則有《義例全書》十八卷，讀《禮》則有《禮記略說》、《周禮正經解義》共二十卷，讀《四書》則有《疏意》二十四卷，外古使有《袁氏通史》一千卷，今史有《皇明正史》四百卷，皆未梓行。〔註102〕

葉紹袁《湖隱外史》云：

> 袁司馬先生（了凡），有《圖書解》、《曆法新書》、《屯田馬政治河考》、《農書》、《易說》、《尚書中庸疏意》、《舉業文規》、《心鵠》、《群書備考》、《兩行齋集》。〔註103〕

由此可見，了凡之著述涵蓋經史，旁及經濟實學，內容相當龐雜，數量亦稱豐碩。然而，這些著作或生前並未梓行，或刊行後因年代久遠而亡佚，流傳至今且為人所熟知的僅有《立命篇》、《了凡四訓》、《祈嗣真詮》、《靜坐要訣》等寥寥數種，無疑為全面系統研究了凡思想帶來很大難度。

日本學者酒井忠夫在其《中國善書研究》一書中詳考了凡存世著作，主要包括：

（一）日本內閣文庫、尊經閣文庫收藏：

1、《立命篇》

2、《省身錄》

3、《廣生篇》

4、《祈嗣真詮》

5、《陰騭錄》

6、《四書刪正》

7、《袁先生四書訓兒俗說》

8、《增訂二三場群書備考》

9、《遊藝塾續文規》

10、《袁了凡先生彙選古今文苑舉業精華四集》

〔註102〕《文集》，第1～2頁。

〔註103〕吳江汾湖經濟開發區，吳江市檔案局編：《分湖三志》揚州：廣陵書社，2008年，第253頁。

11、《新刻經世文衡》

12、《兩行齋集》

13、《歷史大方綱鑒定補》

（二）除以上各種外，《四庫全書》收錄了凡著作：

1、《皇都水利》一卷

2、《評注八代文宗》八卷

（三）除以上各種外，《千頃堂書目》錄有：

1、《寶坻政書》二卷

2、《寶坻農書》二卷

3、《袁生懺法》一卷

4、《詩外別傳》一卷

5、《靜坐要訣》一卷

6、《曆法新書》五卷

（四）另外，《袁氏叢書》（內閣文庫藏）收錄的了凡校訂、增訂的其父袁仁的著作：

1、《毛詩或問》

2、《尚書砭蔡編》

3、《春秋針胡編》

4、《一螺集》

5、《紀年類編》

6、《庭帷雜錄》（袁仁夫婦家訓，了凡兄弟承述）〔註104〕

嘉善縣政府歷時四年，上窮碧落下黃泉，系統收集整理了國內現存的了凡著作，於 2006 年委託線裝書局出版了《袁了凡文集》（本文之內簡稱「《文集》」）。《文集》共計 3 函 20 冊，收錄了凡著作共計十七種：

1、《訓兒俗說》

2、《靜坐要訣》

3、《祈嗣真詮》

4、《袁生懺法》

〔註104〕酒井忠夫對了凡著述的梳理，參見氏著，劉岳兵等譯：《中國善書研究（增補版）》，南京：江蘇人民出版社，2010 年，第 303～309 頁。

5、《靜行別品》

6、《河圖洛書解》

7、《勸農書》

8、《皇都水利考》

9、《詩外別傳》

10、《曆法新書》

11、《寶坻政書》

12、《禹貢圖說》

13、《了凡四訓》

14、《攝生三要》

15、《兩行齋集》

16、《增訂二三場群書備考》

17、《史漢定本》

總體來看，線裝書局版《文集》囊括了了凡絕大部分著作，對於研究了凡思想意義重大，但美中不足，《文集》仍有缺漏，例如具有珍貴思想價值的《四書刪正》、《遊藝塾文規》、《遊藝塾續文規》等著作均未能收錄。筆者多方尋覓，終於從海外取得《文集》未能收錄的幾部重要著作，相信對於一窺了凡思想之全貌不無裨益。

第二章　匯通三教的陽明後學

　　提起了凡之名，大多數人自然而然地會想到《了凡四訓》一書。該書作為中國傳統善書〔註1〕經典，明末清初以來借助於佛教寺廟、居士團體等組織的力量，廣泛流傳於民間社會，影響堪稱深遠。事實上，正是由於《了凡四訓》本身的佛教色彩（當然亦有儒、道二家），隨著這一文本的盛行，了凡的思想史形象在數百年之間經歷了一個從「儒者」到「佛教居士」的變遷過程：在同時人殷邁（1512～1577）眼中，了凡乃「博洽淹貫之儒」〔註2〕；晚明劉宗周（1578～1645）亦云，「了凡，學儒者也」〔註3〕；在明末清初的朱鶴齡（1606～1683）看來，他是一位當之無愧的「通儒」〔註4〕；而在成書於清乾隆四十年（1775）的《居士傳》中，在有著居士身份的彭紹升（1740～1796）筆下，了凡儼然成了「真誠懇摯」、「以禍福因果導人」的虔誠佛教居士。〔註5〕

〔註1〕善書，亦稱勸善書，是指以因果報應的說教宣傳倫理道德、勸人從善去惡的通俗教化書籍，民間也將這類書籍稱為「勸世文」或「因果書」。參見陳霞：《道家勸善書研究》，成都：巴蜀書社，1999年，第2頁。

〔註2〕參見《文集》，第877頁。

〔註3〕（明）劉宗周：《劉子全書》卷之一，「人譜自序」。

〔註4〕（明）朱鶴齡：《愚庵小集》卷上「贈尚寶少卿了凡袁公傳」，上海：上海古籍出版社，1979年。

〔註5〕（清）彭紹升著，趙嗣滄點校：《居士傳》，成都：成都古籍書店，2000年，第237～243頁。另外，被彭氏列入《居士傳》中的儒家人物大有人在，如以晚明時期為例，主要包括：趙大洲、管志道、楊起元、陶望齡、王肯堂、焦竑、李贄等人。參氏著，趙嗣滄點校：《居士傳》，成都：成都古籍書店，2000年。

誠然，受家庭和時代的影響，了凡身上的確帶有濃厚的三教匯通色彩，其晚年居家修持，亦確有「了凡居士」〔註6〕之稱；但倘若認真考察他「儒生──儒士──儒吏──鄉紳」的生命軌跡，瞭解他「六應秋試（鄉試）」又「六上春官（會試）」〔註7〕的科舉生涯，知曉他曾以「兵部職方司主事」身份「調護諸軍」出征朝鮮，並「以親兵千餘破倭將清正於咸境，三戰斬馘二百二十五級，俘其先鋒將葉實」〔註8〕的真實歷史，就會感覺民間社會習以為常的「了凡居士」形象並不全面，甚至可以說有失偏頗。居士僅僅是了凡的面相之一，作為王畿的門人、王陽明再傳弟子的他是深得「內聖外王」之學真傳的儒家士大夫，更是「上馬殺賊、下馬著書」的豪傑之士。要深刻、系統地把握了凡思想，就必須對其全部著作詳加研討，甚至不能僅僅滿足於從文本到文本，從語錄到語錄，還需要社會史及生活史方面的必要「補充」。孔子說「聽其言而觀其行」（《論語・公冶長》），孟子提倡不但要「誦其詩」、「讀其書」，更要「知其人」（《孟子・萬章句下》），都為吾人從不同視角進行思想史的研究提供了路徑和依循。

在晚明時代，了凡既屬於陽明後學的一分子，又是三教匯通的代表人物。長期以來，學者往往關注於了凡三教匯通的思想特色（這一點在《了凡四訓》中多有體現），而忽視其作為儒者或陽明後學的身份。我們已在第一章中指出了凡師承王畿、羅汝芳的事實，那麼，到底其思想與二溪之學有何內在傳承？「三教匯通」特色在了凡身上又有著怎樣的呈現？而其對三教的基本觀點又是如何？這是本章將要探討的問題。

第一節 陽明後學 紹述「二溪」

王陽明倡導的心學得以廣泛傳佈，並逐步成為舉國聞名、門徒遍佈各地的新學派，時間大致在王氏主政江西的時期，尤其在平定江西、湖廣、廣東等地叛亂（1517～1518）以及「宸濠之亂」（1519）之後。〔註9〕憑藉天時地

〔註6〕 紫柏真可、密藏道開稱了凡為「了凡居士」，參見（明）紫柏真可：《紫柏大師全集》，上海：上海古籍出版社，2013年，第606頁；（明）密藏法師：《密藏開禪師遺稿》，臺北：新文豐出版公司，1971年，第10頁。

〔註7〕 《文集》，第1337頁。

〔註8〕 《文集》，第1868頁。

〔註9〕 參見呂妙芬：《陽明學士人社群──歷史、思想與實踐》，北京：新星出版社，2006年，第36頁。

利之因緣，了凡父子與陽明學派淵源深厚，其父私淑王陽明〔註 10〕，又與王
艮、王畿交往頻繁，而他自己又是王畿及門弟子，同時自稱羅汝芳門人。總
的看來，了凡思想延續了陽明心學一脈，且得之於王畿者爲多。他追溯早年
從學經過說：

> 初從先師聞陽明之教，約周繼實、蔡復之同做克己工夫，要將
> 好名、好貨、好色等私心盡情拔去，做了月餘日，轉覺心頭迷悶，
> 一毫不得力，方思克己即是勝私，如兩軍相對，必有我兵，然後可
> 以勝敵，豈有不練我兵而專尋外敵之理？勝私復禮，私是有禮方可
> 勝，不然誰去勝也？克，即克明德之克；己者，我也。能我復禮，
> 則爲仁矣。六合功勳，皆爲他事；爲仁工夫，斷然由己不由人。克
> 己、由己總來只是一事。〔註11〕

了凡所云「先師」即王畿；周繼實即周夢秀，蔡復之即蔡養眞，皆爲王
畿弟子〔註12〕。朱熹《四書章句集注》對「克己」的解釋爲：「克，勝也；己，
謂身之私欲也。」〔註13〕朱熹將「己」字訓爲「身之私欲」，而將「爲仁由己」
之「己」訓爲「在我」，本是思想史上一段公案，引起後世儒者的廣泛爭議。
〔註14〕身處陽明後學群體中的了凡，早已深受心學薰陶，他從實際修身經驗
出發，體察到「克去己私」的方法「一毫不得力」，並且疑竇頓生——「如兩
軍相對，必有我兵，然後可以勝敵，豈有不練我兵而專尋外敵之理」，從而認
定價值標準本自具有（「私是有禮方可勝」）。這表明，了凡的修習理學之路與
王陽明、羅汝芳等人多有相似，都始於對朱熹學說的懷疑。訓「克」爲「能」，
顯然受到陽明學派的影響，羅汝芳即持這一看法。〔註15〕從「勝」到「能」
的變化，清楚地呈現了「克己工夫」上由「向外尋求」轉爲「向內用功」的

〔註10〕柳存仁：《和風堂文集》，上海：上海古籍出版社，1995 年，第 836 頁。

〔註11〕（明）袁黃：《四書刪正》，論語，第 12 頁，明刻本，日本內閣文庫藏。

〔註12〕關於周夢秀、蔡養眞師從王畿及問學情況可參《王畿集》卷十五，「天柱山房
會語「以及「冊付養眞收受後語」、「冊付夢秀收受後語」。見（明）王畿著，
吳震編校整理：《王畿集》，南京：鳳凰出版社，2007 年，第 116、438～439
頁。

〔註13〕（宋）朱熹：《四書章句集注》，北京：中華書局，1983 年，第 133 頁。

〔註14〕參看張崑將：《朱子對〈論語・顏淵〉「克己復禮」章的詮釋及其爭議》，《臺
大歷史學報》第 27 期，2001 年 6 月，第 83～124 頁。

〔註15〕羅汝芳曾云：「回之於憲，均稱孔門高弟，亦均意在求仁，但途徑卻分兩樣。
今若要作解釋，則『克』字似當一樣看，皆是『能』也。」見（明）羅汝芳：
《盱壇直詮》，臺北：廣文書局，1956 年，卷上。

方向性轉化；而「克己、由己總來只是一事」更是心學所強調的圓融貫通特色，體現了了凡對朱熹學說的摒棄及對陽明心學的依循。此段內容非常重要，無疑是了凡由相信朱熹之說轉而崇奉陽明心學的心路描繪。

陽明學派在晚明時期盛極一時。王陽明身後，弟子傳其學者，雖皆謂得其本旨，但卻流派分化，異說紛呈。大體而言，各派基本承認「良知」爲本體，但對「良知」本體的具體說法卻十分繁多，主要不外乎兩派：一是認爲「良知」乃現成自有，不待磨練；二是強調「良知」需有一段培養工夫乃可。前者以王畿爲代表，泰州學派的立場大體近似之；後者以鄒守益、聶豹等人爲代表。「天泉證道」是陽明心學的一椿重要公案，「四無」之說因此成爲王畿思想的象徵，學者亦指出「四無論」〔註16〕是王畿思想的一大特色。〔註17〕了凡曾云：「東浙王文成公倡道東南，其門人龍溪先生獨得文成之正傳，天泉橋證悟可考也」〔註18〕。可見，他完全讚同其師「四無論」，認爲王畿一派秉承了陽明心學正脈。

「四無論」在晚明以至清初的學者中引發的爭議主要集中兩個方面：一是認爲「無善無惡」取消了本體的至善，流入了佛教和告子意義上的善惡無定；二是從工夫論的角度出發，認爲這一教法倡頓悟而廢漸修。事實上，王畿一派雖以「良知」爲現成自有，但亦非謂無工夫，而以悟得「良知」爲工夫。能夠悟得此「良知」，便不再於發用處言工夫，此即所謂「在先天心體上立根」（王畿語）。就此而言，王畿與泰州學派皆屬「尊悟」一派。勞思光就此指出：「以『良知』爲『現成』，乃龍溪學說之中心。」〔註19〕所謂「現成」，正是針對「修證」而言。王畿說：

　　　　謂世間無有現成良知，非萬死工夫斷不能生。以此較勘世間虛見附和之輩，未必非對症之藥。若必以現在良知與堯舜不同，必待

〔註16〕根據彭國翔的闡釋，「四無論」的主要內容，是王畿對心、知、意、物的獨特理解，提出「無善無惡之心」、「無善無惡之意」、「無善無惡之知」、「無善無惡之物」的概念，又稱爲「無心之心」、「無意之意」、「無知之知」、「無物之物」。見氏著：《良知學的展開——王龍溪與中晚明的陽明學》，北京：生活・讀書・新知三聯書店，2005年，第182～183頁。

〔註17〕如彭國翔指出，「四無論的確代表了龍溪思想最有特色的一個部分」。見氏著：《良知學的展開——王龍溪與中晚明的陽明學》，北京：生活・讀書・新知三聯書店，2005年，第170頁。

〔註18〕《文集》，第1458頁。

〔註19〕勞思光：《新編中國哲學史》，北京：生活・讀書・新知三聯書店，2015年，第342頁。

工夫修證而後可得，則未免於矯枉之過。曾謂昭昭之天與廣大之天有差別否？〔註20〕

又說：

> 先師（王陽明）提出良知二字，正指現在而言。見現在良知與聖人未嘗不同。所不同者，能致與不能致耳。且如昭昭之天與廣大之天原無差別，但限於所見，故有小大之殊。〔註21〕

於此二處，王畿均強調「良知」本身不待修證，當前自覺之「良知」與最高境界之「良知」完全一樣；常人之「良知」與聖人之「良知」，如同「昭昭之天與廣大之天」，亦無差別。了凡作為王畿門人，其對本體的認識，完全承襲此一脈路，他說：

> 我在學問中，初受龍溪先生之教，始知端倪。後參求七載，僅有所省。今為汝（袁儼）說破——明德不是別物，只是虛靈不昧之心體。此心體，在聖不增，在凡不減；擴之不能大，拘之不能小。從有生以來，不曾生、不曾滅、不曾穢、不曾淨、不曾開、不曾蔽。故曰：明德乃氣稟不能拘，物欲不能蔽，萬古所常明者。〔註22〕

又說：

> 針眼之空與太虛之空，原無二樣。吾人一念之明，與聖人全體之明，亦無二體。若觀聖人作清虛皎潔之相，觀己及凡人作暗昧昏垢之相，便是著相。今立志求道，如不識此本體，便於心上生心，向外求道，著相用功，愈求愈遠。此德本明，汝因而明之，無毫髮可加，亦無修可證，是謂明明德。〔註23〕

以上引自《訓兒俗說》，乃了凡撰於萬曆二十二年（1594）的訓子之作，故可作為其晚年思想的集中體現。了凡稱「明德不是別物，只是虛靈不昧之心體」，是以「明德」代指良知本體，這一說法極有可能來自羅汝芳。羅氏平生講學，注重闡發《大學》宗旨，「日與友生講究無非明德真宗」〔註24〕，

〔註20〕（明）王畿著，吳震編校整理：《王畿集》，南京：鳳凰出版社，2007年，第42頁。
〔註21〕（明）王畿著，吳震編校整理：《王畿集》，南京：鳳凰出版社，2007年，第81頁。
〔註22〕《文集》，第9頁。
〔註23〕同上。
〔註24〕（明）佘永寧：《刻證學編敘》，《太史楊復所先生證學編》卷首。

職是之故，其學被尊述為「明明德」之學，其人身後被私諡為「明德夫子」。羅氏曾云：「明德者，人之所不慮而知，其良知也，孩提之童，無不知愛其親，無不知敬其兄者也。」〔註 25〕可見，羅氏已將「明德」作為「良知」的另一說法。此處，了凡同樣援引《大學》而向其子闡發心學，亦同樣以「明德」作為良知本體。了凡認為，人之「心體」「從有生以來，不曾生、不曾滅、不曾穢、不曾淨、不曾開、不曾蔽」，亦即良知本體人人具有之意。他進一步指出，「此德本明，汝因而明之，無毫髮可加，亦無修可證」，正是王畿良知「當下具足」〔註 26〕之謂。而「良知」心體「在聖不增，在凡不減；擴之不能大，拘之不能小」，亦與王畿「現在良知與聖人未嘗不同」之說完全一致。此處，了凡以「針眼之空與太虛之空」為喻，王畿以「昭昭之天與廣大之天」為喻，用來說明凡、聖之「良知」本體本質相同，真有異曲同工之妙。

在工夫論層面，王畿有「先天」與「後天」之說。「先天」與「後天」之區分，以「心體」與「意」的區別為根據。所謂「意」，指的是經驗生活中意志能力之個別運行，故為「後天」；所謂「心體」，則是對先於個別運行的本體的描述，故稱之為「先天」。他說：

> 吾人一切世情嗜欲，皆從意生。心本至善，動於意始有不善。若能在先天心體上立根，則意所動自無不善，一切世情嗜欲自無所容，致知工夫自然易簡省力；若在後天動意上立根，未免有世情嗜欲之雜，才落牽纏，便費斬斷，致知工夫轉覺繁難。〔註 27〕

既然主張在「先天心體上立根」，也就是在心體上作工夫，那麼具體如何做法？王畿又說：

> 良知不學不慮，終日學，只是復他不學之體；終日慮，只是復他不慮之體。無工夫中真工夫，非有加也。工夫只求日減，不求日增，減得盡，便是聖人。後世學術正是添的勾當，所以終日勤勞，更益其病。果能一念惺惺，泠然自善，窮其用處，了不可得，此便

〔註 25〕 （明）羅汝芳：《盱壇直詮》，臺北：廣文書局，1956 年，卷上。

〔註 26〕 王畿云：「見在良知必待修正而後可與堯舜相對，尚望兄一默體之，蓋不信得當下具足，到底不免有未瑩處。」參見（清）黃宗羲《明儒學案》卷二，「答念庵」。

〔註 27〕 （明）王畿著，吳震編校整理：《王畿集》，南京：鳳凰出版社，2007 年，第 10 頁。

是究竟話。〔註28〕

　　此處尤其值得注意的是，王畿提出「減」的概念。本來，王陽明提出「致知」不離「格物」，而「物」即是「意」之所在所向。換句話說，王陽明的「致知」工夫，落腳點在於具體的「意」上。而王畿則不同，他在工夫方法上主張「在先天之心體上立根」，反對在「後天動意上立根」，有異於王陽明「格物致知」之旨。要之，王畿所謂在「心體」上作工夫，隱含著掃除一切「世情嗜欲」之意，所以要「日減」，並以「減得盡」爲聖人境界，這也是「致知工夫自然易簡省力」之謂。了凡在工夫方法方面，顯然得自王畿之教，他論述爲學之道說：

> 　　如人在外，不行路不能到家，若守路而不捨，終無入門之日。
> 如人覓渡，不登舟不能過河，若守舟而不捨，豈有登岸之期？今立
> 志求道，若守所學而不捨，豈有得道之理？故既知學，須知止。止
> 者，無作之謂。道理本是現成，豈煩做作？豈煩修造？但能無心，
> 便是究竟。……此德明朗，猶如虛空，舉心動念，即乖本體。我親
> 萬民，博濟功德，本自具定，不假修添。遇緣即施，緣息自完。若
> 不決定信此是道，而欲起心做事以求功用，皆是夢中妄爲。〔註29〕

　　兩相對比便可看出，王畿提出一個「減」，他便提出一個「捨」、一個「止」；王畿主張「不學不慮」、「一念惺惺」，他便主張「但能無心，便是究竟」；王畿說「無工夫中眞工夫」，他便說「本自具定，不假修添」。一師一徒，言說如出一轍，議論何等默契！從某種意義上說，這種作工夫的教法，已經背離了道德實踐之義，轉而趨向「自我覺悟」之義。這正是學者認爲王畿之學以「尊悟」爲主的原因所在。了凡所謂「此德明朗，猶如虛空，舉心動念，即乖本體」，秉承王畿此一風格，已然邁向禪宗之主體自由境界。其實，此亦不外乎其師之教，王畿曾云：「聖狂之分無他，只在一念克與罔之間而已。一念明定，便是緝熙之學。一念者，無念也，即念而離念也。故君子之學以無念爲宗。」〔註30〕可見，了凡認爲「舉心動念，即乖本體」，進而以「無心」爲「究竟」正是來自王畿「以無念爲宗」之說。

〔註28〕（明）王畿著，吳震編校整理：《王畿集》，南京：鳳凰出版社，2007年，第145頁。

〔註29〕《文集》，第10頁。

〔註30〕（明）王畿著，吳震編校整理：《王畿集》，南京：鳳凰出版社，2007年，第442頁。

　　總體來看，無論就本體論抑或工夫論進行觀照，了凡可謂深得王畿眞傳，無怪乎老師歿後，他參與編輯整理其師思想之結晶——《龍溪王先生全集》。某些具體方面，如言說方式上以《大學》發揮心學義理，以「明德」指代良知本體，亦可看出了凡受羅汝芳影響之痕跡。要之，「二溪」作爲當時陽明心學推廣的重要人物，深深影響了後輩學者的了凡，將其從思想上納入陽明心學的滾滾洪流之中。

　　縱觀了凡生命歷程，一個顯著的特色令人矚目，就是他畢生都在不遺餘力地推廣、傳播陽明心學。在 23 歲時，了凡所著《四書便蒙》（即《四書刪正》之前身）梓行，表面看來，著書目的是爲「士子孩兒」習讀《四書》提供參考（故亦可看作舉業參考書），實則是「用王學以攻程朱之大膽議論」〔註31〕；爲政寶坻期間，了凡推行「仁政」，「頗得民和」，公務之餘，加強教化，致力於講學，所講內容則是楊起元及「羅先生（羅汝芳）之教」〔註32〕；「壬辰倭亂」期間，以「軍前贊畫」赴朝作戰，有感於朝鮮學界「一尊朱子」的習氣，直言「中國昔時皆宗朱元晦，近來漸不宗朱矣」，「吾輩今日工夫，只學個無求無著便是聖人，至簡至易」，並請求講學，以「揭千古不傳之秘，盡掃宋儒支離之習」〔註33〕；罷官居家後，了凡致力於著書立說，內容主要包括兩類：一爲舉業參考書，一爲「立命篇」等善書，筆者認爲，其舉業之學的實質是援陽明心學入科舉；而其「立命之學」，則可以看作陽明心學在晚明迅速傳佈，促使進一步儒學世俗化、民間化的一種特殊形態。

第二節　匯通三教　身體力行——由了凡的日常修持及著述看其三教匯通的實踐

　　了凡的生命區間跨越嘉靖、隆慶、萬曆三朝，正是三教匯通的高峰時期。學者指出，嘉靖、隆慶之後，隨著陽明心學的勃興，三教匯通儼然成爲時代的潮流，「蓋心學盛行之時，無不講三教歸一者也。」〔註34〕佛教經歷明

〔註31〕柳存仁：《和風堂文集》，上海：上海古籍出版社，1995 年，第 997 頁。

〔註32〕《文集》，第 1315 頁。

〔註33〕此事不見於任何中國文獻，卻載於朝鮮文集之中。可參張崑將：《十六世紀末中韓使節關於陽明學的論辯及其意義——以許篈與袁黃爲中心》，《臺大文史哲學報》第 70 期，第 55～84 頁。

〔註34〕（清）紀昀總纂：《四庫全書總目提要》，卷一百三十二，子部四十二，雜家

代中期的低迷，至晚明而高僧輩出，且都抱有較為開放的胸襟，容受一切佛法，等視各宗各派，禪宗典籍的著述也相當豐碩，步入「中國佛教復興的時代」〔註35〕。道教方面，由於最高統治者的崇奉，導致許多道教中人直接參政，直接左右政治生態，其多神崇拜、內丹修養、行善積功等觀念廣泛滲透至思想文化各個領域並在民間蔓延滋長。柳存仁在其《明儒與道教》中說：「在明代思想史中，道教的影響力的確很大，大到也許比我們大家耳熟能詳的許多新儒家像王陽明、王龍溪、湛甘泉、羅近溪這些人每一個人所能夠個別地給予當時的影響要大得多。」〔註36〕坦率地說，佛道二教之於晚明社會的影響，絕不僅僅存在於精英思想家的言論和著作之中，更體現在世俗民間的方方面面。已有學者指出，晚明時代「理學家談禪、講內丹，佛教徒論正心誠意、治國平天下，道教徒講明心見性、談解脫。這在當時是一種普遍的文化現象，並且還反映到民間秘密宗教結社的教理教義之中、問學作品之中、民眾的思想信仰和行為舉止上」〔註37〕。

　　如第一章所述，了凡父母本為佛教信徒，其父袁仁更是深通儒家《五經》而又「雅徹玄禪之奧」的學者，在家庭氛圍薰染之下，了凡自幼便與佛道二教結下不解之緣。吾人不能否認了凡作為儒家士大夫以及陽明後學的身份，更不能忽視其由科舉而入仕的標準士紳軌跡；但是，必須引起注意的是，日常生活中的了凡帶有濃重的三教匯通色彩，比之同時代的人物可謂有過之而無不及。詳考了凡生平，不難窺見他涉入佛道二教之既廣且深。第一章已經述及了凡與叢林的交往，現從日常修持與主要著述兩個方面，論述其三教匯通的實踐。

一、日常修持

　　就晚明時期的士大夫階層而言，讀書（儒家經典）、業舉、著述、講學等活動往往帶有較為強烈的儒家色彩，在了凡的生命中，這些無疑是不可或缺的。例如，從 17 歲重拾舉業至 54 歲進士及第，他從事舉業的時間長達 38 年之久；其著述則涵蓋經史，涉及天文地理、兵法曆數、水利農政以及佛道二

　　類存目九，石家莊：河北人民出版社，2000 年，第 3378 頁。

〔註35〕聖嚴法師：《明末佛教研究》，北京：宗教文化出版社，2006 年，第 3 頁。

〔註36〕柳存仁：《和風堂文集》，上海：上海古籍出版社，1995 年，第 846 頁。

〔註37〕唐大潮：《明清之際道教三教合一思想論》，北京：宗教文化出版社，2000 年，第 143 頁。

氏；在寶坻期間，定期爲士子講學，甚至在出征朝鮮、戎馬倥傯之時，都熱衷講學活動。然而，在日常修持方面，他卻吸納融攝了諸多佛道二教法門。

（一）靜坐（禪觀）

所謂禪觀，是以靜坐爲形式，而行修習禪定之實。了凡自幼年始即已修習禪觀〔註38〕，後來儘管事務繁忙，都可做到「禪觀誦持，日有定課」〔註39〕。他自言平生得益於靜坐者良多，並援引禪門理論並結合個人經驗與感悟，撰寫《靜坐要訣》一書（詳見第二部分）。在給好友陳穎亭的信中，了凡述及個人修習禪觀的經歷，他說：

> 弟幼受雲谷老師之教，即知靜坐攝心，或經夕不寐，或經旬不出，而人事多魔，不能打成一片。後因出遊有暇，得整座十個月，朝暮未嘗交睫。於禪門工夫，先息粗細二塵，次過欲慧二定，然後備證十六觸而入初禪。大覺大悟，如夢之方醒。然有覺有悟，猶爲幻爲病，離此覺悟，方入第二禪。始知向來爲聰明所迷，覺照所誤，如鳥之出籠，廓然見天地之遠大，而悦不自勝。然悦在猶爲患爲病，離悦而後入第三禪。凡人爲學，惟內無所悦，故外面可喜可慕之事得以動之，到得內有眞悦，則充然自足矣。若三禪則不徒悦，而且樂焉。蓋喜從心生曰悦，喜從外暢曰樂，故二禪之悦以心受，三禪之樂以身受，不但手足舞蹈，薰染順適，覺得一呼而與六合上下同其通，一吸而與六合上下同其復，眞與天地萬物同其和暢者。〔註40〕

了凡將靜坐作爲修禪的手段，而與朱熹、王陽明僅將靜坐當成學者「補小學收放心一段工夫」的做法大異其趣，此亦可見其涉禪之深。

（二）持咒

「準提咒」又稱準提法門，全稱「七俱胝佛母所說準提陀羅尼法門」，在明代被佛教信徒所廣泛修持。其咒文爲：「南無颯哆喃，三藐三菩馱，俱胝喃，怛姪他。唵，折隸，主隸，準提，所哈。」〔註41〕《了凡四訓》載雲谷禪師

〔註38〕 了凡門人楊士範所作《刻了凡雜著序》云：「了凡先生幼習禪觀，已得定慧通明之學。」參見《文集》，第1頁。

〔註39〕（明）馮夢禎：《快雪堂集》卷六，「壽了凡先生七十序」。

〔註40〕（明）袁黃著，黃強、徐珊珊校訂：《〈遊藝塾文規〉正續編》，武漢：武漢大學出版社，2009年，第450～451頁。

〔註41〕 周勳男：《了凡四訓新解》，臺北：老古文化事業股份有限公司，2014年，第

傳授了凡持咒方法云：

> 但能持《準提咒》，無記無數，不令間斷，持得純熟，於持中不
> 持，於不持中持。到得念頭不動，則靈驗矣。〔註42〕

了凡結合自身經驗，稱「持此咒者不問在家出家、飲酒食肉，不揀淨穢，但至心持誦，求男女者便得男女，若求智慧得大智慧，能使短命眾一增壽無量，所求官位，無不稱遂」〔註43〕。

（三）辟穀

辟穀源自道家「不食五穀」的修煉法門，又稱卻穀、去穀、絕穀、絕粒、卻粒、休糧等，肇始於先秦，流行於唐代。關於辟穀最早的記載源自《莊子·逍遙遊》：「藐姑射之山，有神人居焉。肌膚若冰雪，淖約若處子，不食五穀，吸風飲露，乘雲氣，御飛龍，而遊乎四海之外。」《大戴禮記·易本命》亦云：「食肉者勇敢而悍，食穀者智慧而巧，食氣者神明而壽，不食者不死而神。」道教中人承襲此術，修習辟穀者，代不乏人。了凡述其養生之法云：

> 習閉氣而吞之，名曰胎息；嗽舌下泉而咽之，名曰胎食。春食
> 朝霞者，日始出赤氣也。秋食淪漢者，日沒後赤黃氣也。冬食流瀣
> 者，北方夜半氣也。夏食三陽者，南方日中氣也。勤而行之，可以
> 辟穀，余試之良驗。〔註44〕

紫柏眞可《寄袁了凡居士水齋》云：「華嶽山人辟穀方，先生獨得已休糧。懸知天上增仙籍，豈戀人間轉燭光。玉液常吞肝肺潤，金丹能轉鬢毛蒼。青山不遠終相見，知己新添一少郎。」〔註45〕這也是了凡修煉辟穀的具體例證。甚至在出征朝鮮時，他仍將辟穀作為養生護體的方式。其《與吳海舟侍御書》云：「今以四年六月之俸，叨轉郎官，正當優游粉署、養拙藏愚，又被經略疏薦，遠適絕域。緣在縣久斷五穀，今行軍甚便，終日馳驅，不煩行廚。鴨綠江邊，苦無人煙，攜帳為房，藉草為床，歲寒砭肌，呵氣成霜，眾不勝其苦，而弟則處之裕如也。」〔註46〕

---

54 頁。

〔註42〕《文集》，第 879 頁。

〔註43〕《文集》，第 112～113 頁。

〔註44〕《文集》，第 91 頁。

〔註45〕（明）紫柏眞可：《紫柏大師全集》，上海：上海古籍出版社，2013 年，第 606 頁。

〔註46〕《文集》，第 1375 頁。

（四）持齋

了凡在寶坻期間所作《答馬瑞河問靜坐要訣書》云：

> 一切葷牲，人前尚未敢斷，不獨慮人疑謗，亦欲示人易從也。
> 每月十齋日，則不可犯。初一、初八、十四、十五、十八、廿三、
> 廿四、廿八、廿九、三十日也。〔註47〕

《了凡四訓》「積善之方」亦云：

> 凡人之所以為人者，惟此惻隱之心而已；求仁者求此，積德者
> 積此。周禮「孟春之月，犧牲毋用牝」，孟子謂「君子遠庖廚」，所
> 以全吾惻隱之心也。故前輩有四不食之戒，謂聞殺不食、見殺不
> 食、自養者不食、專為我殺者不食。學者未能斷肉，且當從此戒
> 之。〔註48〕

《地藏菩薩本願經》卷上「如來讚歎品」有云：「復次普廣，若未來世眾
生，於月一日、八日、十四日、十五日、十八日、二十三、二十四、二十八、
二十九日乃至三十日，是諸日等諸罪結集定其輕重。南閻浮提眾生舉止動念，
無不是業，無不是罪，何況恣情殺害、竊盜、邪淫、妄語百千罪狀，能於是
十齋日，對佛菩薩、諸賢聖像前讀是經一遍，東西南北百由旬內無諸災難。
當此居家若長若幼，現在未來百千歲中永離惡趣。」可見，「十齋日」源於佛
教，自唐末以來，中國民間社會開始盛行此法。而所謂「四不食之戒」，亦為
佛教廣泛倡導。

（五）布施（包括齋僧）

馮夢禎《壽了凡先生七十序》云：

> 先生（了凡）不富，而喜施日甚，行其仁心，而非以博福田利
> 益。一歲之間，所捐不下數十百石，飯僧居其七，而族屬親友居其
> 三。先生曰：「飯僧以續佛慧命，吾故急焉。」〔註49〕

了凡《與陳穎亭論命書》述其布施情況甚詳：

> 弟田租不多，每歲量除三分之一為行義之資，先將族人之讀書
> 者與貧而不能婚葬者，量助若干，凡二十餘條。次將親友之貧者，
> 存而衣食不能自給，如沈望湖輩；歿而子孫不能自立，如李見亭

〔註47〕《文集》，第1399頁。
〔註48〕《文集》，第891頁。
〔註49〕（明）馮夢禎：《快雪堂集》，卷六。

輩，皆薄有所助。又次將鄉里貧民丐戶，每歲二度放糧，以濟其乏。……在嘉興如楞嚴、三塔，在蘇州如滅渡、接待等處，歲齋僧數千。〔註50〕

布施即施捨，佛教講究「內捨六根，外捨六塵」，又將布施分爲財布施、法布施和無畏布施三種〔註51〕。而以齋僧爲布施，更凸顯了了凡與佛教的親近關係。據《了凡四訓》載，了凡在寶坻期間圓滿完成一萬件善事，「即捐俸銀，令其就五台山齋僧一萬而回向之」〔註52〕。

（六）放生

放生與戒殺相對，本屬佛門修持儀軌。受佛教文化影響，放生習俗在中國延續至今。《了凡四訓》談及了凡中進士及第之前，發願積德，與夫人一同行善「或施食貧人，或買放魚蝦」〔註53〕的經歷。晚年居家的了凡，也將放生作爲尋常善事。其《與陳穎亭論命書》述其「買放魚蝦螺鳥，日逐放生，放得多欣然暢懷，如有所得」〔註54〕。其《寄丁衡嶽書》亦云：

> 僕偃息水鄉，離城稍遠，……見魚鳥則買放生，遇僧道則隨緣布施，共田翁漁父談肺腑眞率語。退而呼童灌園，或復冥心晏坐。
> 〔註55〕

（七）功過格

功過格源於道教。現存最早的功過格，是成書於金「大定辛卯之歲」（1171）的《太微仙君功過格》。據作者稱，「依此行持，遠惡遷善，誠爲眞誠，去仙不遠矣」〔註56〕。宋代以降，有多種功過格行世，了凡在《了凡四訓》中說：「雲谷出功過格示予，令所行之事，逐日札記，善則記數，惡則退除……」〔註57〕此爲了凡奉持功過格的之始，其時年僅37歲。在爲政寶坻期間，他依

〔註50〕（明）袁黃著，黃強、徐珊珊校訂：《〈遊藝塾文規〉正續編》，武漢：武漢大學出版社，2009年，第206頁。

〔註51〕陳義孝居士編，竺摩法師鑒定：《佛學常見詞彙》，臺北：文津出版社，1989年，第148頁。

〔註52〕《文集》，第881頁。

〔註53〕《文集》，第881頁。

〔註54〕《文集》，第881頁。

〔註55〕《文集》，第1368頁。

〔註56〕《道藏》第3冊，第449頁。

〔註57〕《文集》，第879頁。

然保持奉行功過格的習慣，並創制《當官功過格》，他說：

> 予置空格一冊，名曰治心編。晨起坐堂，家人攜付門役，置案
> 桌上，所行善惡，纖毫必記。夜則設桌於庭，效趙閱道焚香告帝。
> 〔註58〕

明末清初功過格的廣泛盛行，與了凡的推廣與提倡大有關係，第五章將作詳細討論。

二、著述方面

《了凡四訓》呈現的濃厚三教匯通特色早已廣為人知。在該書之外，了凡著作尚有《靜坐要訣》、《祈嗣眞詮》面向大眾，廣泛流傳，其中體現的三教匯通色彩也非常突出。

（一）《靜坐要訣》

該書具體撰寫時間不詳，於萬曆十八年（1590）了凡任寶坻縣令期間刊行。了凡認為，靜坐之法「其修也，有從入之階；其證也，有自得之實」〔註59〕，故其寫作目的在於為有志於修煉靜坐者提供方法指導。本來，就明代專主心宗的儒家人士而言，從陳獻章、王陽明直至王畿，對於天台止觀法門，向來都是頗為重視的。〔註60〕了凡長期研習天台止觀，故其書基本理念及方法皆取自佛教，民國性懷和尚所謂「非深通內典、精研性理者不能道也」〔註61〕。內容包括：

1、「辨志篇」。論述靜坐的動機，有取於佛教天台宗觀點。

2、「豫行篇」。論述靜坐之前應當持戒，具體方法來自佛教：一是深達罪源；二是大心持戒；三是不住於戒。

3、「修證篇」。論述靜坐中種種奇特光景，皆須識破，經粗心息、細心住、欲界定、未到地定直至四禪修法及注意事項，最後破無明，如滅受想，獲阿羅漢果。

4、「調息篇」。依次介紹六妙門、十六特勝、通明觀等禪家調息法門。

5、「譴欲篇」。介紹斷絕欲望的方法，以佛教不淨觀、九想、十想以及白

〔註58〕 《文集》，第881頁。

〔註59〕 《文集》，第33頁。

〔註60〕 陳永革：《陽明學派與晚明佛教》，北京：中國人民大學出版社，2009年，第38頁。

〔註61〕 （明）袁黃撰：《靜坐要訣》，上海：上海古籍出版社，1990年，第4頁。

骨觀為主。

6、「廣愛篇」。論述佛教四無量（慈、悲、喜、捨）心的修法。

了凡明言「靜坐之法，原出禪門，吾儒無有也」，這與其師王畿的看法頗為一致。〔註62〕他同時表示，該篇所述靜坐法門主要得於雲谷禪師、妙峰法師二位高僧以及天台宗的靜坐法門〔註63〕。綜觀全篇，誠然以佛教尤其是禪宗靜坐法門為主，但又呈現出儒、釋思想雜糅的特色，特別在言說方式上，往往有以儒解佛的趨向。例如：

其「辨志篇」云：

> 若真正修行，只是「仁」之一字，以天地萬物為一體，而明明德於天下是也。釋迦牟尼，以夏音釋之，即是「能仁」二字。菩者，覺也，度也；薩者，有情也，眾生也。菩薩二字，為覺有情，又為度眾生。……或曰：「如此與墨子兼愛何別？」答曰：「為我、兼愛，皆是好事。兼愛是仁，為我是義，豈非美德？所惡楊墨者，為其執一耳。執為我則不知兼愛而害於仁，執兼愛則不知為我而害於義。故孟子惡之耳。『古之學者為己』，儒者何嘗不為我？『仁者愛人』，儒者何嘗不兼愛？孔門以求仁為學脈，而未嘗廢義。仁義並行而不悖，此所以為中道也。」〔註64〕

此處，了凡以儒家的核心理念「仁」來解釋「釋迦牟尼」，表現出在基本價值趨向方面匯通儒佛的一種態度。了凡所謂「中道」，除了具有「仁義並行」的儒家中庸之道意味，更有破除「執一」之弊而兼容並包的氣度。言外之意，佛教決非「楊墨」，不應視為儒家之「異端」。

其「廣愛篇」云：

> 孔子云：「老者安之，朋友信之，少者懷之。」盡世間只有此三種人。就此三種人中，老者有二：吾之老，人之老。朋友有親者，

〔註62〕 王畿云：「孔門教人之法，見於禮經。其言曰，辨志樂群，親師取友，謂之小成。強立而不反，謂之大成。未嘗有靜坐之說。靜坐之說，起於二氏，學者殆相沿而不自覺耳。」見（明）王畿著，吳震編校整理：《王畿集》，南京：鳳凰出版社，2007年，第83頁。

〔註63〕 了凡云：「吾師雲谷大師，靜坐二十餘載，妙得天台遺旨，為余談之甚備。余又交妙峰法師，深信天台之教，謂禪為淨土要門，大法久廢，思一振之。二師皆往矣，余因述其遺旨，拜考天台遺教，緝為此篇，與有志者共之。」見《文集》，第33頁。

〔註64〕 《文集》，第34～35頁。

有疏者，有始親而終疏者，有恩與仇者。少者亦有二：吾之少，人之少。吾之老少，雖有同室，亦有等殺；人之老少，便包恩仇遠近，種種不齊矣。先從吾之老者，發願貽之以安，飲食起居，悉令得所。學者初修時，取最所親愛，若父母之類，一心緣之。倘有異念，攝之令還，使心想分明，見吾親人老者受安之相，然後及於人之老者，乃至怨仇蠻貊，無不願其安樂。朋友少者，亦皆如是。禪家謂之慈心觀，又謂之四無量心，功德最大。〔註65〕

此段由孔子「老者安之，朋友信之，少者懷之」之語，引申靜坐「攝念」之法，最後闡明佛教「慈心觀」（「四無量心」）理論。了凡之言說邏輯乃是由儒及佛，借儒明佛，尤見其匯通儒佛之一大特色。

（二）《祈嗣真詮》

該書與《靜坐要訣》相同，付梓於萬曆十八年（1590）。寫作目的出於「慮天下之乏嗣者眾，而不獲聞是訣也，因衍為十篇，以風告之。俾嗣續有賴，生齒日繁，而家家獲螽斯之慶」〔註66〕。內容共分十篇：

1、「改過第一」。

2、「積善第二」。

以上二篇內容大致同於《了凡四訓》的「改過之法」、「積善之方」二篇，僅就祈嗣之事再作強調而已。〔註67〕

3、「聚精第三」。論述道教和中醫理論，提出五項聚精之道：寡欲；節勞；息怒；戒酒；慎味。

4、「養氣第四」。介紹儒釋道三教養氣之說。

5、「存神第五」。介紹佛道二家的存神之法。

6、「和室第六」。闡述「夫婦而寄以朋友之義，則衽席之間，可以修省，一唱一和，其樂無涯，豈獨可以生子哉？終身之業，萬化之源，將基之矣」的道理。

7、「知時第七」。引述道教丹經，探討關於受孕的時機。

〔註65〕《文集》，第64頁。

〔註66〕《文集》，第69頁。

〔註67〕此二篇與《了凡四訓》的「改過之法」、「積善之方」二篇相比，內容大體相同，但文字方面有些許出入，大概出於方便流傳的原因，文字上呈現一種簡化的趨勢。

8、「成胎第八」。介紹道教及中醫有關成胎的理論。

9、「治病第九」。介紹道教及中醫有關理論與案例，為求子之人提供診治
　　參考。

10、「祈禱第十」。介紹為求子而祈禱的種種方法。

　　了凡本屬醫學世家，其本人早年更有學醫的經歷。本來，中國古代道家
的養生術與醫學密切相關，古人往往通過修煉道教養生術，進而達到保健身
心的效果。總體來看，《祈嗣真詮》一書所宣揚的主要以道家養生延嗣之術為
主，但是又有明顯的佛教思想痕跡。

　　如「存神第五」從「聚精在於養氣，養氣在於存神」的觀點出發，首先
論述了道教「觀妙觀竅」的存神法門，認為這些方法「總是聚念之方，非存
神之道」〔註68〕，接著引出「禪門止觀」理論：

> 禪門止觀，乃存神要訣。一曰繫緣守境止，如上繫心一處是也；
> 二曰制心止，不復繫心一處，但覺念動，隨而止之，所謂不怕念起，
> 惟怕覺遲者也；三曰體真止，俗緣萬殊，真心不動，一切順逆等境，
> 心不妄緣蓋體，真而住也。觀法多門，華嚴經事法界觀，謂常觀一
> 切染淨諸法，皆如夢幻，此能觀知，亦如夢幻，一切眾生，從無始
> 來，執諸法為實有，致使起惑造業，循環六道。若常想一切名利怨
> 親，三界六道，全體不實，皆如夢幻，則欲惡自然淡泊，悲智自然
> 增明。亦名諸法如夢幻觀。又理法界觀。於中復有三門。一者，常
> 觀遍法界，惟是一味清淨，真如本無差別事相，此能觀智，亦是一
> 味清淨真如。二者，若念起時，但起覺心，即此覺心，便名為觀，
> 此雖覺心，本無起覺之相。三者，擬心即差，動念便乖，但棲心無
> 寄，理自玄會。亦名真如絕相觀。又事理無礙觀，謂常觀一切染淨
> 事法，緣生無性，全是真理，真理全是染淨事法，如觀波全是濕，
> 濕全是波，故起信論云：雖念諸法自性，不生而復，即念因緣和合，
> 善惡之業，苦樂等報，不失不壞，雖念因緣，善惡業而即念性不可
> 得。天台有假、空、中三觀，大率類此。或單修一觀，或漸次全修。
> 或一時齊修，皆可入道。〔註69〕

　　又如「祈禱第十」述及祈禱的具體情況，完全屬於佛門儀軌。他說：

〔註68〕《文集》，第64頁。
〔註69〕《文集》，第94～95頁。

　　每日持誦時，先須金剛正坐，手結大三昧印，澄定身心，方入
淨法界。三昧靜想，自身頂上有一梵書𡷈字。此字偏有光明，猶如
寶珠，或如滿月。想此字已，復以左手結金剛拳印，右手持數珠，
口誦《淨法界眞言》二十一遍……次誦《大明六字眞言》一百八遍……
然後結準提印，當從心上以《準提眞言》與《一字大輪咒》一處同
誦一百八遍，竟於頂上散其手印。〔註70〕

　　在了凡身上，三教匯通的思想特色十分強烈，有時亦表現得饒有趣味。
《嘉興藏》（亦稱《方冊藏》）的刊刻是佛經刊刻流通史上的一件大事，了凡
與僧人幻余、密藏等人同爲最早的刻藏發起人。〔註71〕《居士傳》載其刻藏
發願文曰：

　　黃自無始以來，迷失眞性，枉受輪迴。今幸生人道，誠心懺悔
破戒障道重罪，勤修種種善道。睹諸眾生現溺苦海，不願生天獨受
樂趣；睹諸眾生昏迷顛倒，不願證聲聞緣覺自超三界。但願諸佛憐
我，聖賢助我，即賜神丹，或逢仙草，證五通仙果，住五濁惡世，
救度眾生，力持大法，永不熄滅。又願得六神通，智慧頓開，辯才
無量，一切法門，靡不精進，世間眾藝，高擅古今。使外道闡提，
垂首折伏。作如來之金湯，護正法於無盡。

　　此處，本爲佛前的祈禱，而祈求的對象除了「諸佛」，又包括儒家的偶像
——「聖賢」，其中更雜糅有「神丹」、「仙草」、「仙果」等道教因子，完全成
了一個三教融合的「大雜燴」，足見了凡思想受民間系統三教融合的影響既深
且巨。

　　本來，了凡作爲陽明後學，在思想上傳承「二溪」之學。「二溪」雖爲當
時大儒，其實早已在很大程度上超越了三教畛域分明的立場。關於王畿，當
時就有學者批評其學「近禪」，其講學「每講，雜以禪機」〔註72〕，而讚譽者
又以「三教宗師」稱之〔註73〕。羅汝芳更是「終身與道人和尚輩爲伍，日精

〔註70〕《文集》，第111～112頁。

〔註71〕了凡「刻藏發願文」曰：「萬曆癸酉，余偕幻余禪師習靜於武塘塔院……因與
　　　　幻余私議，謂釋迦雖往，法藏猶存，特以梵笈重大，流傳未廣，誠得易以書
　　　　板，梓而行之，使處處流通，人人誦習，孰邪孰正，人自能辨之，而正法將
　　　　大振矣。」見（明）密藏法師：《密藏開禪師遺稿》，臺北：新文豐出版公司，
　　　　1971年，第10～11頁。

〔註72〕（清）張廷玉：《明史》，北京：中華書局，1997年，第7274頁。

〔註73〕李贄直稱王畿爲「三教宗師」。見氏著：《焚書》，「龍溪先生文錄鈔序」。

日進」〔註74〕，其講學「真得祖師禪之精者」〔註75〕。在二溪的薰陶及社會大環境浸潤之下，了凡焉有不受影響之理？總之，作爲儒家士大夫、陽明後學的了凡，不但在日常修持上兼收並蓄，博採佛道二教法門，而且在其面向大眾的著述中亦採取不諱佛禪的開放態度，出儒入佛，以儒明佛，融會三教之思想言說爲一體，成爲晚明三教匯通的思想潮流中的典型代表。

第三節　三教一心　儒佛互證──了凡的三教觀

　　本來，儒釋道三教的分合關係，牽涉儒家所謂「正統」與「異端」之爭的問題。孔子最早提出「攻乎異端，斯害也已」（《論語・爲政》），但其所稱「異端」之確切意涵已難詳考。孟子則以「楊、墨」爲異端而大辟之，宣稱「楊、墨之道不息，孔子之道不著」（《孟子・滕文公下》）。秦漢以降，楊、墨兩派並無實際傳承，故唐宋儒者口中之異端，一般即指佛道二教。正統儒者出於衛道的考慮，秉承孟子的激烈態度，認爲批判佛道二教乃是儒者責無旁貸的使命。其中，尤其以「闢佛」的思想與行爲表現顯著。但是，無論精英儒者的態度多麼激進，從歷史發展的角度考察，宋代以來的中國民間社會，三教合流的論調越來越得到廣泛的接受與認同。有明一代，由太祖、成祖等人所奠定的官方基調，即明確強調三教合流。酒井忠夫研究指出：「太祖的三教論其實就是以儒教爲中心的儒釋一致論，其出發點就是以儒教爲中心，由儒佛仙三教共助王綱治理天下，並在此基礎上實行三教一致政策。」〔註76〕可見，相較於宋代以來的中國社會，明代「三教合一」思想和行爲具有更加堅實的官方意識形態的支持作爲基礎。

　　陽明心學匯通三教的觀念，濫觴於王陽明關於儒釋道關係「三間廳堂」的比喻。〔註77〕張元沖（1502～1563）與王陽明論佛道二氏，認爲其「有得於性命」，「有功於吾身」，儒家可以「兼取」。王氏則認爲：

　　　　說兼取，便不是。聖人盡性至命，何物不具，何待兼取？二氏

〔註74〕　（明）李贄：《李贄全集注》，第86頁。

〔註75〕　（清）黃宗羲著，沈芝盈點校：《明儒學案》，北京：中華書局，1985年，第762頁。

〔註76〕　（日）酒井忠夫著，劉岳兵等譯：《中國善書研究（增補版）》，南京：江蘇人民出版社，2010年，第207頁。

〔註77〕　參看陳立勝：《王陽明三教之判中的五個向度》，《哲學研究》，2013年第三期。

之用，皆我之用：即吾盡性至命中完養此身謂之仙；即吾盡性至命
中不染世累謂之佛。但後世儒者不見聖學之全，故與二氏成二見耳。
譬之廳堂三間共爲一廳，儒者不知皆吾所用，見佛氏，則割左邊一
間與之；見老氏，則割右邊一間與之；而己則自處中間，皆舉一而
廢百也。聖人與天地民物同體，儒、佛、老、莊皆吾之用，是之謂
大道。二氏自私其身，是之謂小道。〔註78〕

可見，王陽明認爲「二氏之用」本已囊括於聖人之學中，故而「不待兼
取」。此處，他所採取的是一種兼容並包的態度，認爲「儒、佛、老、莊皆吾
之用，是之謂大道」。這反映出王陽明試圖在一個更高的起點上將佛道二教合
理地容納到儒家思想之中。顯而易見，他的言說仍然站在儒者本位的立場上。
王畿作爲他的弟子，繼承了這一精神向度，但對佛道二教的融攝更加自覺與
深入。其《三教堂記》云：

三教之說，其來尚矣。老氏曰虛，聖人之學亦曰虛；佛氏曰寂，
聖人之學亦曰寂，孰從而辨之？世之儒者不揣其本，類以二氏爲異
端，亦未爲通論也。……象山云：「吾儒自有異端，凡不循本緒，欲
藉於外者，皆異端也。」孔子曰：「吾有知乎哉？無知也。」言良知
本無知也。「鄙夫問於我，空空如也。」空空即虛寂之謂。顏子善學
孔子，其曰「庶乎屢空」，蓋深許之也。……良知者，性之靈，以天
地萬物爲一體，範圍三教之樞。……學老佛者苟能以復性爲宗，不
淪於幻妄，是即道釋之儒也；爲吾儒者，自私用智，不能普物而明
宗，則亦儒之異端而已。毫釐之辨，其機甚微。吾儒之學明，二氏
始有所證。須得其髓，非言思可得而測也。〔註79〕

王畿認爲，「虛」與「寂」並非佛道二家之專屬，同時也是儒學的題中應
有之義。此外，眞正的儒家異端，指的並不是佛道二家，而是儒門內部「自
私用智，不能普物而明宗」之徒。依照王畿看法，三教同源，本無畛域之分，
而良知作爲「性之靈」，實乃「範圍三教之樞」。換句話說，王畿認爲良知可
以將佛道二家融攝在內，故而他在與佛道二教互動的過程中採取的是以良知
教融攝、範圍後者的方式。從這個意義上說，王畿的三教一源論仍然是儒家

〔註78〕（明）王陽明：《王陽明全集》，上海：上海古籍出版社，2006 年，第 1299
頁。

〔註79〕（明）王畿著，吳震編校整理：《王畿集》，南京：鳳凰出版社，2007 年，第
486 頁。

本位或良知教立場的。

　　了凡作為王畿弟子，與楊起元、管志道、周汝登、陶望齡等人思想接近，同屬陽明心學的左派。他們與叢林中人密切往來，並在日常修持中實踐三教匯通。同時，將聖賢之教與諸佛大法等量齊觀，以求在基於性命同源的探索中超越三教畛域，開闢一種全新的融通形態。他說：

> 心一耳，教曷何三也？至人迭興、乘時誘世，不別而別也。是故釋迦之慈悲，老聃之清淨，與吾仲尼之仁義，皆盡乎此心之量而已矣。世之各尊其教而相非者，若戈盾冰炭，然皆孟子所謂執一者也。執釋、執老其馳遠矣哉，執儒者寧獨無蔽乎？〔註80〕

　　在了凡看來，儒釋道三教本於「一心」，三教聖人的出現不過是「乘時誘世」而已，本來並無差別。「釋迦之慈悲，老聃之清淨與吾仲尼之仁義」不過是「盡乎此心之量」，同出而異名而已。世俗教派各執己見，互相非難，都犯了「執一」的毛病。此處，了凡以「心」為中心立論，相較於王畿的良知教立場，無疑具有更加廣泛的認受性。此外，雖然了凡仍然稱呼「吾仲尼」，並引用孟子之言進行闡釋，但可以看出，他的視角與言說方式顯然已經超乎某一教派之上。換句話說，相較於王陽明和王畿，了凡的儒家本位立場已然淡化，他是以一種更加開放、平等的態度對三教進行評判。

　　當時，許多陽明後學從歷史社會功能論的角度來提倡三教融合，了凡座師兼好友楊起元即是其中代表。楊氏常常徵引明太祖朱元璋之《三教論》，贊揚太祖三教共濟的理念及成效，肯定佛教羽翼儒教、暗助王綱的巨大成就。〔註81〕同樣，了凡也以社會功能作為立論依據，其《太上感應篇序》云：

> 《太上感應篇》者，神仙之遺言也。其言天人之際相應如響，其所述世人善惡夷險之狀與夫神鬼機禎之故，比之聖賢所訓、書史所載者尤為張皇而懇至憂深哉！其言之也，蓋古今人心不同，有如天之日，三皇以前，為晨出之光，三代以上，為中天之曜，自茲以後，則昃而酺、酺而昏矣。是編為儆昏而設，其不得不然哉！天不能動而言神也，教不能恐而言刑也。閭師黨正之不足而有士師理官也，士師理官之不足而有卜筮巫祝也，豈得已哉？閭巷鄉黨之門苟

〔註80〕《文集》，第 1122 頁。

〔註81〕參見陳椰：《楊復所與晚明思潮研究》，中山大學 2013 級博士研究所論文未刊稿。

得是編，而悚然其動、怵然其懼，翻然而去其狷忿鬥爭恣睢之習，則狴犴可虛、桁楊可棄，三代以前之治亦可復矣。是豈非五物、十有、二教之羽翼而六經、語孟之輿衛乎？〔註82〕

此處，了凡認爲，如果眞正發揮《太上感應篇》所宣揚的善惡報應的教化作用，則「狴犴可虛、桁楊可棄」，甚至「三代以前之治」都能得到恢復。從這個角度觀照，道教的理論無疑是儒家的「羽翼」與「輿衛」，對救治人心、治理社會大有裨益。

在超脫儒家本位的立場上，了凡進一步指出：

> 幽明生死，如佛氏所言，三世因果，十方重重，無盡法界，皆實理也。程朱概目爲荒唐幻妄之談而掃去之。言天則曰即理也，焉有臨汝之上帝也？言鬼神則曰屈伸之義也，焉有受禱之上下神祇也？言人死則曰形銷而神滅也，焉有遊魂爲變也？其見既已疏矣。又如性本無生，故亦無滅，此實十聖同然之眞心；眾生度盡，方如涅槃，此亦千聖同歸之實際；特儒典引而不發，發自釋氏之口耳。程朱概以爲虛無寂滅之教，而力排其說。然則眞心果有生滅乎？聖學果無究竟乎？又戒儒者毋以名利心希孔子，孔子自有出世心法，通乎昆盧法界，則乾元統天之旨是也。參乾元可以不歷僧祇而獲法身矣。亦毋於綱常外求佛行，佛門所重，普賢萬行，俱在儒宗，如禮儀三百、威儀三千之矩皆是也。循孔矩可以越歷三祇而成正覺矣。〔註83〕

從內容看，此段文字主要涵蓋三層意思：一是從古老傳統及儒家經典「臨汝之上帝」「受禱之上下神祇」等觀念出發，指出鬼神的存在以及佛教「三世因果」之說的合理性，認爲程朱理學以「理」釋天、以「屈伸」言鬼神的說法流於疏漏。二是「性本無生，故亦無滅」以及「眾生度盡，方如涅槃」等佛教說法乃是至理名言、眞實狀況，只不過通過佛家之口揭示出儒典未發之覆而已。三是「出世心法」並非佛家專有，儒家《易經》中「乾元統天之旨」即是儒門出世法，儒佛二家在工夫上完全可以互通，殊途同歸，參悟「乾元」能夠「不歷僧祇而獲法身」，依循儒家的綱常（禮儀三百、威儀三千）修行，

〔註82〕 《文集》，第 1109 頁。

〔註83〕 （明）袁黃著，黃強、徐珊珊校訂：《〈遊藝塾文規〉正續編》，武漢：武漢大學出版社，2009 年，第 458 頁。

便可以「越歷三祇而成正覺」。

本來，關於儒佛在工夫修養上是否存在相互「借路」的問題，心學學者各持己見。王畿認為儒禪互不借路，他說：「非惟吾儒不借禪家之路，禪家以不借禪家之路。昔香岩童子問溈山西來意，溈山曰：『我說是我的，不干汝事。』故曰：大丈夫自有衝天志，不向如來行處行。聖人先得我心之同然，印證而已。若從言句承領，門外之寶，終非自己家珍。」〔註84〕王畿強調的是求道者應當具有無所依傍的氣魄，不憑藉文字言教，也不依靠前賢經驗，直從本心出發，最終也依止於本心，故沒有互參的必要。但是，他也承認如能以本心證悟儒學，佛學自會明瞭，「儒學明，佛學益有所證」〔註85〕。了凡之座師兼好友楊起元恰從相反角度提出「佛學明，儒學益有所證」，深信儒佛二家之學默合無間，他說：「竊謂儒學雖失其傳，然有宗門之學，則吾儒之傳為不失。學者雖不求宗門之學，第能真實參究儒者之學，至於無絲毫疑處，未有不默合與宗門者。其不默合於宗門，其於儒猶未也。」〔註86〕可見，楊氏與了凡一樣，都認可儒佛互證，學儒知佛；只不過了凡對儒佛互通、殊途同歸方面思索得更加具體深入，論述工夫修正上也顯得更加細密嚴謹。

此外，了凡的儒佛互通思想有一個顯著特色，就是站在因果報應的立場，堅決排斥儒者「闢佛」的言論與行為。他說：

> 又謂訶佛罵祖，此病莫甚於辭章家，即使前因深厚，不落三途，而導偽導狂，亦損三祇功德，不以退位造殃，亦以分身受報，而證果之期遠矣。此深識因果者。秀才工舉業，久溺於世儒之言，非大豪傑必不能超然深信。然闢佛之果報，恐不止退位分身而已也。崑山魏校，講學修行，素敦厚德。其提學廣東時，曾毀六祖之鉢。既毀，鉢中有「魏禾女鬼木交」六字，眾官傳覽，知先世之讖記不虛。及患病沉重，夢中往見閻王，問及毀鉢之事，魏對：「鉢有舊識，原該毀於我手。」王曰：「汝前世修苦行三十年，福報甚重，今削盡矣。」生當絕嗣，死當如無間獄也。」放之歸，約三日而返。及出門，見其叔以鐵鉤懸於梁上，哀呼求救，魏欲入，門者不許，託之代奏，

〔註84〕（明）王畿著，吳震編校整理：《王畿集》，南京：鳳凰出版社，2007年，第153頁。

〔註85〕（明）王畿著，吳震編校整理：《王畿集》，南京：鳳凰出版社，2007年，第149頁。

〔註86〕（明）楊起元：《太史楊復所先生證學編》，卷三，「知儒篇跋」。

遂傳命得釋。既醒而尋問，則其叔先患背疽，是夜卒。越三日，魏
俎，果無後，嗣子亦夭，何其報之酷也！〔註87〕

魏校（1483～1543）字子才，號莊渠，崑山（今江蘇崑山）人，弘治十
八年（1505）進士，曾任南京刑部主事、廣東提學副使、江西兵備副使，嘉
靖七年（1528）升太常寺少卿，轉大理寺。次年，以太常寺卿掌祭酒事，嘉
靖九年（1530）七月致仕，嘉靖二十二年（1543）卒。魏氏私淑胡居仁主敬
之學，屬於程朱一派學者。應該說，了凡列舉當時「名人」（同時又是儒者官
員）「闢佛」遭到報應的案例，具有相當的震撼性。需要特別指出的是，魏校
的案例，了凡之父袁仁亦曾言及（詳見第一章）。有鑒於此，吾人可以推測了
凡對佛教因果報應的崇信與強調承自家族傳統。

總之，作為陽明後學的了凡出儒入佛，提倡三教一心、儒佛互證的論調，
並在日常修持和著作中融匯佛道二教思想，凡此種種，使其晚年有「了凡居
士」之稱。〔註88〕總的來看，了凡的三教匯通思想完全是一種開放平等的立
場，不但超越了以往儒者三教畛域分明的觀念，甚至也超越了王陽明、王畿
等人「以良知範圍三教的立場」。如何看待這一思想史現象？本來，就儒、佛
二家而言，對現世人間身後道德倫理秩序的態度曾經一度是其隔閡所在，但
在晚明時期，隨著佛教改革運動和居士佛教的空前繁榮，這一隔閡逐漸淡化。
此外，晚明帝國對佛教這樣「遺世獨立」的宗教團體始終具有的高度警惕所
帶來的政府宗教政策與指導思想，也使得儒家式的家庭社會倫理以及國家政
治日趨浸漬深入到佛門思想之中。〔註89〕這在客觀上造成儒家心學勢必難以
與佛教宗門思想劃清界限，於是，袁了凡、楊起元、管志道、周汝登等一批
遊弋於心學與佛教之間的人物就應運而生了。至於了凡因果報應的宣揚，可
以看成是在陽明心學思潮影響下，對程朱代表的理性主義儒學傳統的一種反
動。同時，也是陽明心學與民間社會激蕩互動的過程中，呈現出的一種宗教
化傾向。

〔註87〕 同上。
〔註88〕 尤其是佛教中人，如紫柏真可、密藏道開等都曾以「居士」稱了凡。參見（明）
　　　　紫柏真可：《紫柏大師全集》，上海：上海古籍出版社，2013年；（明）密藏法
　　　　師：《密藏開禪師遺稿》，臺北：新文豐出版公司，1971年。
〔註89〕 參見江燦騰：《晚明佛教改革史》，桂林：廣西師範大學出版社，2006年。

第三章 舉業之學——以《四書刪正》 爲中心的考察

　　探究一位歷史人物的思想，不應僅僅執著於其「身後」，更應當著眼於其「生前」。了凡生前，準確地說在早年已經獲得相當高的社會聲譽，這當然與作於晚年的《立命篇》以及身後才流行的《了凡四訓》無關，令其聞名遐邇的乃是舉業之學。日本學者酒井忠夫研究指出，袁氏思想集中體現在兩個方面：「舉業之學以及諸如《立命篇》之類的善書思想」〔註1〕。縱觀了凡其人其學，即知酒井所言實乃不刊之論。舉業之學實爲了凡思想對於當時社會產生影響的重要方面，亦是其思想的主要特色之一。

　　明代中後期，從事科舉的士子數量呈現激增的態勢，僅就生員一項而言，明太祖洪武時期約 3 萬人，至明宣宗宣德五年（1430）前後約 6 萬人，再至明武宗正德八年（1513）前後約 18 萬人，晚明則增至 50 萬人〔註2〕。另一方面，伴隨著印刷業的迅猛發展，自嘉靖、隆慶時期開始，出現科舉考試用書供銷兩旺、空前繁榮的景象。嘉靖年間的李濂稱：「比歲以來，書坊非舉業不刊，市肆非舉業不售，士子非舉業不覽。」〔註3〕到萬曆年間，科舉考試用書的刊行達到空前高潮，以致於士子「皆以書坊所刊時文競相傳誦，師弟朋友

〔註1〕 （日）酒井忠夫著，劉岳兵等譯：中國善書研究（增補版），南京：江蘇人民出版社，2010 年，第 309 頁。
〔註2〕 （英）崔瑞德、（美）牟復禮編，楊品泉譯：《劍橋中國明代史（1368～1644）》，下卷，北京：中國社會科學出版社，2006 年，第 538 頁。
〔註3〕 （清）黃宗羲：《明文海》，卷 105，紙說，第 1033 頁。

自為捷徑，經傳注疏不復假目。」〔註4〕了凡所著舉業參考書不但受到廣大士子的追捧，而且獲得了出版商的青睞，在當時影響十分巨大。當時的文章名家唐順之推許他說：「適見王龍溪，道吾弟負一方盛名，浙中士子俱視為準的。吾弟之身正，則一方士子俱正，否則一方皆頹靡矣。」〔註5〕了凡在「浙中士子」中的影響，即源於其舉業之學，他在漫長的科舉生涯中成為士子推崇的制藝名家，精於《四書》義理與文章技巧，更有多部為舉業士子編撰的參考書行世。〔註6〕現存清華大學圖書館的《新刻袁了凡先生遊藝塾文規》扉頁上橫排楷書四字云「舉業定衡」，左豎排三行小字云：「了凡先生舊有《談文錄》、《舉業觳率》及《心鵠》等書刊佈海內，久為藝林所傳誦，近杜門教子，復將新科墨卷自破而承而小講、大講，分類評訂，如何而元，如何而魁，如何而中式，一覽了然。凡前所評過者，一字不載。買者須認葉仰山原板。」全書末頁題款云：「萬曆壬寅孟冬月雙峰堂余文臺梓。」〔註7〕據此可知此書刻成於萬曆三十年（1602）冬，是葉仰山原板的覆刻本。「雙峰堂余文臺」，即所謂「建安余氏」，位於福建建寧府，是明代最為著名的坊刻書出版商。〔註8〕了凡所著《遊藝塾文規》，先後有葉仰山原板和余文臺覆刻兩個版本，為其舉業參考書在曾在當時廣泛流行添一確證。

　　了凡所著眾多舉業參考書中，《四書刪正》一書堪稱代表。該書作於了凡早年，當時即已刊印流傳，晚年重新增補付梓，「五十年來遍傳天下」〔註9〕。相較於作者其他舉業著作，該書的重點不在對舉業文章寫作技巧的指導，而是對作為官方意識形態、科舉考試圭臬的「四書」進行新的詮釋。無論就內容、流傳範圍抑或影響程度來看，該書都是展現了凡舉業思想的不二之作。事實上，早有學者注意到該書的思想史意義，柳存仁在其《明儒與道教》中

〔註4〕 （明）王祖嫡：《師竹堂集》，卷22，明天啟刻本。

〔註5〕 （明）袁黃撰，黃強、徐珊珊校訂：《遊藝塾文規》正續編，武漢：武漢大學出版社，2009年，第179頁。

〔註6〕 包括《四書刪正》、《荊川疑難題解》、《袁了凡先生彙選古今文苑舉業精華四集》、《新刻經世文衡》、《談文錄》、《舉業觳率》、《舉業心鵠》、《增訂二三場群書備考》、《遊藝塾文規》、《遊藝塾續文規》等。

〔註7〕 （明）袁黃撰，黃強、徐珊珊校訂：《遊藝塾文規》正續編，武漢：武漢大學出版社，2009年，第2頁。

〔註8〕 參見南炳文、何孝榮：《明代文化研究》，北京：人民出版社，2006年，第381頁。

〔註9〕 （明）袁黃撰，黃強、徐珊珊校訂：《遊藝塾文規》正續編，武漢：武漢大學出版社，2009年，第451頁。

說：「《明史》記載當時有人曾上疏請朝廷銷毀袁黃的《四書刪正》，看似一件小題大做的事，其實不然。這部書僅存的孤本現仍藏日本內閣文庫，我個人曾加寓目。書中有些地方他用眉批說明『從先師聞陽明先生之教』，有的地方說朱子不讀書，其態度是很堅決、很顯明的。」〔註10〕又在附注說：「《四書刪正》一書與袁了凡一派如何援王學入科第仕途，宜作專題研究也。」〔註11〕一直以來，學者對於《了凡四訓》以及了凡的勸善思想多有探究，但礙於資料匱乏，對其舉業思想較少涉及。本章擬通過考察梳理《四書刪正》一書的寫作初衷、流傳狀況及遭禁過程，闡明了凡崇王抑朱、宣揚陰騭的思想特色，籍以揭示原本為科舉考試奉為圭臬的程朱思想在晚明已然面臨陽明心學、乃至陰騭觀念的侵蝕，同時指出舉業參考書亦是陽明心學傳播的一個重要渠道。

第一節　《四書刪正》的寫作、傳播與禁燬

「四書」又稱「四子書」，是《大學》、《中庸》、《論語》、《孟子》的合稱。南宋朱熹抽取《禮記》中的《中庸》、《大學》兩篇單列成書，與記錄孔子言行的《論語》、記錄孟子言行的《孟子》合為「四書」。鑒於《四書》的獨特地位，南宋以來對其進行注釋的著作所在多有，但仍以朱熹《四書章句集注》為經典代表，對中國社會的影響最為深遠巨大。

明代前期，官方尊崇程朱思想，科舉考試「一尊朱注」，意識形態高度統一，在一定程度上鉗制了士人的思想，禁錮了風氣。明代中期以後，陽明心學風行草偃般地傳播開來，影響所及，對程朱理學為代表的官方意識形態造成一定衝擊。反映在四書詮釋方面，一批有別於朱熹《四書章句集注》，援引陽明心學對四書進行詮釋的著作湧現出來，如：孫應鰲（1527～1584）《四書近語》、管志道（1536～1608）《孟義訂測》、焦竑（1541～1620）《焦氏四書講錄》、葛寅亮（生卒年不詳，萬曆二十九年進士）《四書湖南講》、周汝登（1547～1629）《四書宗旨》、鹿善繼（1575～1636）《四書說約》等。了凡《四書刪正》正是這一時代背景下的作品。

〔註10〕柳存仁：《和風堂文集》，上海：上海人民出版社，1992年，第836頁。
〔註11〕同上，第846頁。

一、寫作緣由與基本概況

《四書刪正》為了凡早年所作。作者晚年回顧寫作緣由云：

> 從此而讀《五經》、《四書》，見孔孟之言，句句皆是家常實話，
> 而宋儒訓詁，如舉火焚空，一毫不著。憫正學之榛蕪，開久迷之眼
> 目，《四書》作《便蒙書》，「書經」作《詳節》，大刪朱注而略存其
> 可通者，於嘉靖乙卯年刻行，五十年來遍傳天下。當時並不書弟之
> 名，故家家傳習，並無議論。近有友人改作《刪正》，而列弟名於
> 上。夫不書名，則意在指迷，而可以相忘於物議；一書名，則跡涉
> 賈譽，而遂來眾口之呶呶。蓋世間所忌者正在名，而今適犯其所忌
> 也。〔註12〕

由此可見，了凡所以寫作此書，乃是不滿朱熹為代表的宋儒在四書詮釋
上存在的陳腐、空疏、支離之弊——「如舉火焚空，一毫不著」。而「憫正學
之榛蕪，開久迷之眼目」的願景，也表明作為陽明後學的他對於打破當時舉
業士子一味遵從朱熹《四書章句集注》、拘泥於宋儒訓詁之學的沉悶氣氛的期
待。其具體做法，是「大刪朱注而略存其可通者」，並進行重新詮釋。「嘉靖
乙卯」即嘉靖三十四年（1555），了凡年方 23 歲，據其所言，《四書刪正》底
本「四書便蒙書」當時即已刊行。此處兩個細節尤其值得注意：一、該書
的寫作手法是「大刪朱注而略存其可通者」；二、了凡作「四書便蒙書」並未
署名，直到晚年（萬曆三十二年）方有友人將書名改為「刪正」，並代署了凡
之名。

日本內閣文庫所藏明本《四書刪正》封面正題為「了凡袁先生四書刪正
兼疏意」，上署「袁衙藏版」，旁邊小注曰：

> 國家舉業宗朱傳，年年墨守，超軼而上，勢實艱之，故稍為刪
> 正，以便兒曹習讀。不意四方君子傳慕而爭錄之，因付諸梓，《中庸》
> 及上《論》疏意以刊行，餘尚未梓，今悉附之簡端，一目而書意了
> 然矣。〔註13〕

此處流露出作者對「國家舉業」墨守「朱傳」的憂心與關注。科舉時代，
士子考試作文必須代聖人立言，其基礎則是對儒家義理特別是四書五經的深

〔註12〕 （明）袁黃撰，黃強、徐珊珊校訂：《遊藝塾文規》正續編，武漢：武漢大學
出版社，2009 年，第 451 頁。

〔註13〕 （明）袁黃：《四書刪正》，封面，日本內閣文庫藏明刊本。

入揣摩。南宋以降，元、明、清三朝皆以朱熹《四書章句集注》作爲權威的學官教科書及科舉考試的標準依據。「朱傳」是指朱熹爲首的宋儒對於「四書」的闡釋，尤以《四書章句集注》爲代表。《四書刪正》的寫作初衷是方便「士子兒曹」修習舉業，其作爲舉業參考用書之性質顯露無遺。

所謂「疏意以刊行」、「附之簡端」到底所指爲何？展卷一閱，便知該書的主體是四書（《大學》、《中庸》、《論語》、《孟子》）本文，參照朱熹《四書章句集注》格式，將「朱注」贅於本文之後。當然，了凡已對「朱注」作了大量刪減。與《四書章句集注》的體例不同，該書每頁頁眉（「簡端」）都有對四書本文的詮釋，其中糅雜著對「朱注」的評判，此即所謂「疏意」也。這正體現了了凡「刪其繁冗、正其卑陋」的著書主旨。易言之，「刪」是刪去朱熹《四書章句集注》中「不合理意」的注釋；「正」是以作者「疏意」的形式，對四書進行再詮釋。四書本文、被大量刪減的朱熹注釋、了凡本人的疏意並行一書，構成《四書刪正》的基本體例。通過小注可知，該書最初刊行時僅有「《中庸》及上《論》疏意」，後又增補對其餘本經的「疏意」，並以「了凡袁先生四書刪正兼疏意」的書名再次付梓。據此推測，該書在了凡早年撰成後，於「嘉靖乙卯年」開始刻行，最初僅是對朱熹所注四書的「刪正」以及「《中庸》及上《論》疏意」，名爲「四書便蒙書」，後又補齊「疏意」並再次付梓，最終定名爲「袁了凡先生四書刪正兼疏意」，簡稱「四書刪正」。

既然明代科舉考試以朱熹《四書章句集注》爲標準，而該書又是方便舉業士子參考所作，那麼爲何「大刪朱注」呢？該書《凡例》開篇曰：

> 朱元晦繼程張諸儒之後釋經立言，《離騷》、《韓文》之屬各有論注，意至勤矣。且飭躬勵行，脩儀範俗，踐古人之成跡，振詩禮之門牆，誠儒者之高蹈、吾輩之明師也。但宋時理學初倡，講究未悉，其所論著，容有與經意不合者，《蒙引》、《存疑》等書即有所指陳，而意猶未暢。是編以尊經爲主，以從時爲要，凡傳與經相違者，輒明著其失於簡端，而正注仍依朱說，蓋著其失所以闡孔孟之眞傳，而依其說所以便明時之舉業也。〔註14〕

了凡首先以表彰朱熹「代聖人立言」、振興儒門談開，隨即引出明代儒者尤其是陽明學派的一個典型論點：有宋一代「理學初倡，講究未悉」，所以朱

〔註14〕 （明）袁黃：《四書刪正》，凡例，第 1 頁，日本內閣文庫藏明刊本。

熹的四書詮釋著述，難免「有與經意不合者」。所謂《蒙引》、《存疑》，即明代蔡清（1453～1508）所著《四書蒙引》、林希元（1482～1567）所著《四書存疑》，此二書皆從方便科舉考試的角度，對朱熹《四書章句集注》的詮釋提出質疑和修正。了凡以爲二書對於朱注的糾正仍然不夠（「意猶未暢」），坦承《四書刪正》的寫作原則是「以尊經爲主，以從時爲要」，而其做法則是「凡傳與經相違者，輒明著其失於簡端，而正注仍依朱說」。之所以如此，其意圖在於既要「闡孔孟之眞傳」，又須「便明時之舉業」。

《凡例》又云：

> 是編專主理意，間與朱注不合而有礙於舉業者，一字不敢擅更，程文已刊，墨卷已出，而先輩諸明公有文通行、灼然可從者間爲刪正一二，以便初學。非敢悖朱也，用以彰我朝文運之隆，而不拘拘於宋儒之一說也。荊川先生云：「學者當借傳以明經，不可驅經以從傳；當尊經而略傳，不可信傳而疑經。」卓哉！〔註15〕

了凡宣稱該書「專主理意」，顯然是爲其「崇王抑朱」的思想立場張目。鑒於該書本爲方便士子科舉考試而作，他直言絕不敢擅自更改「與朱注不合而有礙於舉業者」；即便其中稍加「刪正」，也是遵循科舉成功之士的前例（「先輩諸明公有文通行、灼然可從者」）。此處表述尤其值得注意，足見作者對待「朱注」小心翼翼之態度，因程朱思想仍爲當時國家正統之故也。同時，他聲稱該書「非敢悖朱也，用以彰我朝文運之隆，而不拘拘於宋儒之一說也」，自然有爲尊者諱的意味。饒有興味的是，了凡借當時名流唐順之（荊川）之語闡明該書主旨——「學者當借傳以明經，不可驅經以從傳；當尊經而略傳，不可信傳而疑經」。所謂「經」，自然是指四書五經的本文；而此處所稱之「傳」，當就以朱熹《四書章句集注》爲代表的宋儒解經著述而言。唐順之，字應德，號荊川，江蘇武進人，嘉靖八年（1529）會試第一，理學文章爲時人推重。唐氏學問有得於王守仁弟子王畿者頗多，了凡曾向其請教文章之道，深信其說。「借傳明經」、「尊經略傳」應爲當時士人群體中具有一定代表性的觀念，彰顯了明代中後期有識之士尤其是陽明學派士人對科舉考試「一尊朱注」的排斥及「尊經破注」的訴求。

在陽明心學風行草偃般廣泛傳播的晚明時代，作爲陽明學派中人的了凡，在思想主張上（尤其體現在對《四書》詮釋方面）難免與以朱熹爲代表

〔註15〕　（明）袁黃：《四書刪正》，凡例，第 5 頁，日本內閣文庫藏明刊本。

的宋儒多有齟齬，其中涉及陽明心學與程朱理學在核心理念上的衝突與矛盾，問題相當複雜，但就《四書刪正》而論，對於朱熹的批駁尚不止於「義理」，其《凡例》又云：

> 王元美嘗論作文之法，不可踏一毫宋儒訓詁氣。如《大學》首節注云「使之亦有以去其舊染之污也」，如此句法，何等軟弱；又云「必至於是而不遷之意」，何等固執；又云「蓋必其有以盡夫天理之極，而無一毫人欲之私也」，何等滯礙。這樣文法，若落在八識田中，毋論今生難作好文，即來生隔世猶要流出惡文字來。蓋元晦當時只欲發明經旨，原不修飾文詞，而士子傳而習之，頭巾氣味、學究家風早已入其骨髓矣。〔註16〕

該書既然是「專主理意」的四書詮釋著作，原本不側重講解作文技巧，但了凡仍然從舉業文法的角度指謫「朱注」之文辭，認爲士子由朱熹「訓詁」的文風而習染「頭巾氣味、學究家風」，對於作文實在有害無益。「八識田」乃佛教法相宗術語，此處譬喻亦是承襲宋人，〔註17〕凸顯了作者匯通三教的思想特色及該書面向廣大士子的通俗色彩。

二、傳佈與禁燬

如前所述，了凡在其另一部舉業著作《遊藝塾續文規》中稱《四書刪正》「於嘉靖乙卯年刻行，五十年來遍傳天下」、「家家傳習」。據筆者考證，《遊藝塾續文規》撰於萬曆三十二年（1604），其時了凡已是 72 歲的老人，上距「嘉靖乙卯」（1555）該書刻行整整五十年，足以印證該書流傳時間之久。至於了凡稱該書「遍傳天下」，或許稍有溢美之嫌，但並非毫無根據。封面小注所謂「四方君子傳慕而爭錄之」的描述，即表明該書受到追捧的情況。了凡罷官歸家後所作《與薛青雷書》有云：

〔註16〕　（明）袁黃：《四書刪正》，凡例，第 1 頁，日本內閣文庫藏明刊本。
〔註17〕　佛教以眼、耳、鼻、舌、身、意爲前六識，亦名六根；末那爲第七識，意謂執持我見；阿賴耶爲第八識，意爲藏，謂能藏一切法，即所謂神識、性靈。合稱八識。見吳汝鈞：《佛教大辭典》，北京：商務印書館國際有限公司，1995年，第 36 頁。宋唐庚（1069～1120）云：「司馬遷敢亂道卻好，班固不敢亂道卻不好。不亂道又好是《左傳》，亂道又不好是《唐書》。八識田中若有一毫《唐書》，亦爲來生種矣。」參見（宋）強行父：《唐子西文錄一卷》，浙江巡撫採進本。此處，袁氏「八識田」及今生、來世之喻，顯然借鑒於此。

舊作《四書疏意》、《尚書大旨》，皆未脫稿，而坊已災木。〔註18〕

所謂《四書疏意》即《四書刪正》之別稱，此亦為該書廣泛傳佈提供了旁證。其門人韓初命於萬曆十八年（1590）所作《刻祈嗣真詮引》曰：

> 先生（袁黃）登進士第，名重於天下，天下士傳誦舉子業如《心
> 鵠》、《備考》、《疏意》等書，令都市紙增價。〔註19〕

諸如「遍傳天下」、「家家傳習」、「四方君子傳慕而爭錄之」、「未脫稿而坊已災木」、「令都市紙增價」等種種描述，雖稍嫌誇張，然仍可說明該書受歡迎程度之高與傳播之廣泛。事實上，《四書刪正》不僅在當時舉業士子群體中廣受歡迎，其影響亦波及稍晚的四書詮釋著作。明末葛寅亮寫作《四書湖南講》，清初呂留良（1629～1683）寫作《天蓋樓四書語錄》、《四書講義》，都曾引證《四書刪正》的注解並加以評判。不同之處在於，前者仍屬陽明心學背景下的學者，對了凡注解多給予贊許和支持；而後者則受清初程朱之學復興的影響，在明朝滅亡的背景下對陽明心學持反思和批判的態度，因此對了凡注解也以批駁為主。

《四書刪正》一書廣泛傳佈於晚明時期（嘉靖、隆慶、萬曆三朝），當時儒釋道三教高度融合，陽明心學的傳播亦鋒頭正健，思想界已經趨向多元化。然而，朱熹學說作為官方意識形態，其正統地位仍然難以撼動，《四書刪正》因詆毀朱熹之學而受到儒家正統人士的非難並遭禁燬。《明史》關於了凡事跡的唯一記載即涉及該書之禁燬。《明史‧陳幼學傳》載：

> 嘉興人袁黃，妄批削《四書、書經集注》，名曰《刪正》，刊行
> 於時。幼學駁正其書，抗疏論列，疏雖留中，鏤板盡毀。〔註20〕

查繼佐（1601～1676）《罪惟錄》列傳卷之十八「李贄、袁黃」列傳云：

> 袁黃，字了凡，浙江嘉善人，萬曆丙戌進士。有《史論》及《四
> 書》，極詆程朱，至盡竄注解，更以己意。坐非儒見黜，焚其書。
> 〔註21〕

此二則史料雖皆簡短，卻都記載了《四書刪正》遭禁一事。追根溯源，此事起於四川清吏司員外郎陳幼學（1541～1624）之上疏。陳幼學，字志行，

〔註18〕《文集》，第1332頁。

〔註19〕《文集》，第67頁。

〔註20〕（清）張廷玉等撰：《明史》「卷二百八十一」，北京：中華書局，2013年，第7218頁。

〔註21〕（清）查繼佐：《罪惟錄》，杭州：浙江古籍出版社，1986年，第2335頁。

無錫人，萬曆十七年進士。其疏大意云：

> 參《四書刪正》、《書經刪正》二部，如「宋朱熹章句，明袁黃刪正」此十字已足以駭矣！及取其書細加翻閱，則將朱注妄行刪削，甚至並其注而僭改之，中間異說詖辭，又多有與紫陽牴牾者。我二祖表彰六經四子，《四書》一遵朱注，《尚書》一主蔡傳，頒在學宮，列在人寰，諸儒生幼學壯行，迄今無改。而此公公然鏤板，而與之並行。其眞出於袁黃之手，或迂怪之士雜就之而託於黃，俱不可知。即今坊間業已盛傳，若不嚴加禁絕，勢必淆亂王制，決裂聖眞，其爲人心世道之憂不淺等因。〔註22〕

該書能夠引起刑部四川清吏司員外郎陳幼學的注意，也間接證明其影響之既深且廣。陳氏堅持程朱思想爲儒家正統，對他來講，「宋朱熹章句，明袁黃刪正」的表述已經駭人聽聞、難以接受，何況該書還將朱注妄行「刪削」、「僭改」，且其持論多與朱熹之學相牴牾。他進一步闡揚明初皇帝尊奉程朱學派傳注的事實，認爲《四書刪正》等書「淆亂王制，決裂聖眞」，出於「人心世道」考量，必須「嚴加禁絕」。禮部儀制司郎中蔡獻臣依據陳疏，作《燒毀四書、書經刪正等書箚各提學》曰：

> 禮部爲小人肆無忌憚，蔑祖制、毀先師，肯乞聖旨嚴禁，以挽士習。儀制清吏司案呈，奉本部送，據刑部四川清吏司員外郎陳幼學疏，揭爲前事，案查先該本部題爲坊間《火傳意見理解》等書十餘種。總之，皆明背傳注，創爲異說，以惑亂人心等因云云。〔註23〕

根據蔡獻臣《清白堂稿》，該文發佈於萬曆三十一年（1603）。雖是寫給各省教育主官「提學」的，但已透露禮部已經根據陳疏將此事上奏朝廷，並「肯乞聖旨嚴禁」。此箚又云：

> 看得我明頒佈《四書集注》、《尚書集傳》於學宮，著爲功令，家傳戶誦，迄今二百餘年無異學，即袁黃起家進士，非以誦習傳注得之者乎？乃公然敢爲室中之戈，任意刪改，不惟欲與抗衡，且將凌駕之而據其上，相煽相尚，他日且不知朱注、蔡傳爲何物矣！相應嚴行禁絕，爲此合就通行各該提學官，將袁黃《四書書經刪正》同《火傳意見理解》等書原板盡行燒毀，其刊刻鬻賣書賈一併治罪。

〔註22〕　（明）蔡獻臣：《清白堂稿》，廈門：廈門大學出版社，2012年，第75頁。
〔註23〕　（明）蔡獻臣：《清白堂稿》，廈門：廈門大學出版社，2012年，第75頁。

仍嚴諭生童不得爲其所惑，藏留傳誦，以乾明禁。〔註24〕

由此可知，禮部作爲意識形態主管部門，在當時的形勢下，仍然採取保守的方式處理這一事件。在正統儒者看來，《四書刪正》一書足以說明了凡之於朱熹，「不惟欲與抗衡，且將凌駕之而據其上」，這是他們絕對不能忍受的。這也說明，袁氏此書在批駁朱熹方面的激進程度，已經難容於正統意識。鑒於該書在「坊間業已盛傳」，作爲禮部主官的蔡氏給出的處理意見是「原板盡行燒毀，其刊刻鬻賣書賈一併治罪」，此外，「嚴諭生童不得爲其所惑，藏留傳誦」。這就是《明史》與《罪惟錄》所謂「鏤板盡毀」、「焚其書」的由來。需要指出的是，雖然地方教育主官已經執行了禁令，但朝廷方面對蔡氏奏疏的反應卻是「留中不發」，其原因無法考察，大概與萬曆晚期的朝政廢弛有一定關係。

當時民間商業出版繁榮，私刻、坊刻都十分發達，很多書籍雖列爲禁書，卻難以禁絕。了凡門人楊士範「萬曆乙巳孟夏」（1605 年，了凡 73 歲）所作《刻了凡雜著序》云：

先梓《四書、書經刪正》，已被指謫，然禁之愈嚴，而四方學者趨之愈眾。意者楚璞果良，愈琢磨而其光愈顯；南金果精，遇猛火百鍊而益粹然足色乎！〔註25〕

這表明，該書並未因爲「鏤板盡毀」而銷聲匿跡，反而因此聲名鵲起，乃至「四方學者趨之愈眾」。當然，在一說法不排除有溢美的成分在內，但是該書在遭禁後依然流通則應屬事實。時至今日，這一研究了凡思想的重要文獻已不復見於神州，其孤本現藏於日本內閣文庫。〔註26〕

第二節　崇王抑朱　暗倡陰騭

朱熹《四書章句集注》以「理」爲中心，並以此界定儒家經典範疇體系中的重要概念，如天、人、性、道、心等，從而實現「天人合一」、「性理合一」、「心性合一」，達到貫通「四書」基本原理的目的。這爲朱熹學說奠定了

〔註24〕（明）蔡獻臣：《清白堂稿》，廈門：廈門大學出版社，2012 年，第 75 頁。
〔註25〕《文集》，第 2 頁。
〔註26〕爲方便論文研究，一窺了凡舉業思想之究竟，筆者經過努力，最終取得該書的複印件。故本章討論所依據之《四書刪正》版本，爲日本內閣文庫藏明刊本。

重要的理論基礎，也在某種程度上反映出其思維模式的整體性和系統性。從某種意義上說，朱熹在更爲寬廣的範圍上重新建構了儒學體系。陳榮捷指出，經由朱熹對「四書」之注疏，使得新儒學剷除了前此新儒家所受釋老兩家的影響，成爲粹然儒者。〔註 27〕通觀《四書刪正》一書，不難感受到了凡在批駁朱熹的同時，極力表彰並援引、闡發陽明心學。如《大學》第一章：「知止而後有定，定而後能靜，靜而後能安，安而後能慮，慮而後能得。」朱熹《章句集注》云：「止者，所當止之地，即至善之所在也。知之，則志有定向。靜，謂心不妄動。安，謂所處而安。慮，謂處事精詳。得，謂得其所止。」了凡「疏意」則曰：

> 「志有定向」，乃初學擇術時，非知止以後事也。「心不妄動」，特「不妄」耳，尚「動」也。「所處而安」，心開——處耶？身處耶？
> 「處事精詳」，一發在外面應酬上，非心學矣。〔註 28〕

在此，了凡直言朱熹之學的弊端在於「在外面應酬」，完全與陽明心學的內向性趨向格格不入。又如《論語・里仁》：「子曰：『苟志於仁，無惡也。』」朱熹《章句集注》云：「苟，誠也。志者，心之所之也。其心誠在於仁，則必無爲惡之事矣。」了凡完全刪去該注。楊氏所謂「苟志於仁，未必無過舉也，然而爲惡則無矣」，亦被刪去。其「疏意」云：

> 「志仁無惡」，就心上說。朱子分「志仁」爲心，「無惡」爲事，未然。「苟」訓爲「誠」，亦漢儒舊注。然「苟」是起頭說話，猶言「誠能志仁」云耳，此處要說得輕，不要說得重，言一念志仁便無惡，所以見心學之妙。〔註 29〕

此處，了凡認爲「志仁無惡」完全是「就心上說」，朱熹將「心」與「事」截然分開，重蹈「支離」之弊。王守仁《南贛鄉約》有云：「彼一念而善，即善人矣，毋自恃爲良民而不修其身；爾一念之惡，即惡人矣。人之善惡，由於一念之間。」〔註 30〕了凡此處以「一念志仁便無惡」詮釋孔子「苟志於仁，無惡也」，完全沿襲了陽明心學的路數。

如上所述，了凡批駁朱熹、稱賞心學的實例在書中所在多有，尤其在涉

〔註 27〕 陳榮捷編著，楊儒賓等譯：《中國哲學文獻選編》，南京：江蘇教育出版社，2006 年，第 499 頁。

〔註 28〕 （明）袁黃：《四書刪正》，大學，明刻本，日本內閣文庫藏，第 1 頁。

〔註 29〕 （明）袁黃：《四書刪正》，論語，明刻本，日本內閣文庫藏，第 17 頁。

〔註 30〕 （明）王守仁：《王陽明全集》，上海：上海古籍出版社，2006 年，第 665 頁。

及朱熹之學與陽明心學牴牾的核心問題上，往往能夠看到了凡鮮明的陽明心學立場。以下僅從崇王抑朱、提倡陰騭兩個方面展開討論，展現該書作為舉業參考用書與四書詮釋著作的雙重性質與特色。

一、崇王抑朱

（一）「明德」與「求仁」

《大學》第一章：「大學之道，在明明德，在親民，在止於至善。」朱熹《章句集注》云：「明德者，人之所得乎天，而虛靈不昧，以具眾理而應萬事者也。但為氣稟所拘，人欲所蔽，則有時而昏；然其本體之明，則有未嘗息者。故學者當因其所發而遂明之，以復其初也。新者，革其舊之謂也，言既自明其明德，又當推以及人，使之亦有以去其舊染之污也。」

了凡「疏意」曰：

> 「虛靈不昧」四字極好。道點靈覺一些子瞞昧他不得，乃氣稟所不能拘，人欲所不能蔽者，故曰：明德如浮雲掩日，而日之明魄絲毫無損。今曰「有時而昏」，是不信此德之常明矣。又曰「因其所發而遂明之」，則未發之時豈便無功可用耶？民吾同胞，吾視之真如自家兒子一般，方是「如保赤子」真景象，方不愧於民之父母。「親」字是大學本旨，恐不便作文，姑依舊解。不學而能者，性也；學則乖自然之性。不學又無入道之門，故學以復性，然執學而不捨，永無入道之期。如人在外面，非行路不能到家，然守路而不捨，永無入門之日。〔註31〕

在「明德親民」問題上，了凡少見地稱許朱熹「虛靈不昧」之訓，實際是為了引出他對明德的解釋——「……氣稟所不能拘，人欲所不能蔽者，故曰明德。如浮雲掩日，而日之明魄絲毫無損。」這一解釋，如同了凡在其《訓兒俗說》中的論述，顯然是以「明德」指代「良知」，〔註32〕饒富陽明心學意味。同時，了凡認為「『親』字是大學本旨」，無疑承襲了王守仁的觀點。〔註33〕

〔註31〕 （明）袁黃：《四書刪正》，大學，明刻本，日本內閣文庫藏，第 1 頁。

〔註32〕 參見第二章第一節。

〔註33〕 王守仁曾與弟子徐愛探討這一問題。愛問：「『在親民』，朱子謂當作『新民』，後章『作新民』之文似亦有據。先生以為宜從舊本作『親民』，亦有所據否？」先生曰：「『作新民』之『新』是自新之民，與『在新民』之『新』不同，此

　　《大學》第一章：「物有本末，事有終始，知所先後，則近道矣。」朱熹《章句集注》云：「明德爲本，新民爲末。知止爲始，能得爲終。本始所先，末終所後。」

　　了凡「疏意」曰：

　　　　以「明德」對「親民」，則「明德」誠爲「本」矣，就其中而細校之：「平天下」先「治國」，則國乃天下之「本」也；「治國」先於「家」，則「家」又「國」之「本」也。「本」無定在，觸處宜先。恐不便作文，姑依舊注。〔註34〕

　　《孟子・盡心上》：「孟子曰：『人之所不學而能者，其良能也；所不慮而知者，其良知也。孩提之童，無不知愛其親者；及其長也，無不知敬其兄也。親親，仁也；敬長，義也。無他，達之天下也。』」朱熹《章句集注》云：「良者，本然之善也。程子曰：『良知良能，皆無所由；乃出於天，不繫於人。』愛親敬長，所謂良知良能者也。言親親敬長，雖一人之私，然達之天下無不同者，所以爲仁義也。」

　　了凡「疏意」曰：

　　　　首節指性善之本體。人之行動，一落依傍，一涉擬議，便非良能；情實一開，思維一起，便非良知。此是千古入聖眞脈路，孩提即學個證佐。曰「無不知」，便說天下孩提無不知愛敬矣。末即「達」字，是言由其愛，達之於其所不愛，通之天下無不在其一體之中，豈不是仁；由其所敬，達之於其所不敬，通之天下無不在其合宜之內，豈不是義？〔註35〕

　　《孟子・盡心上》：「孟子曰：『無爲其所不爲，無欲其所不欲，如此而已矣。』」朱熹《章句集注》云：「李氏曰：『有所不爲不欲，人皆有是心也。至

豈足爲據？『作』字卻與『親』字相對，然非『親』字義。下面『治國平天下』處，皆於『新』字無發明，如云『君子賢其賢而親其親，小人樂其樂而利其利』，『如保赤子』；『民之所好好之，民之所惡惡之，此之謂民之父母之類』，皆是『親』字意。『親民』猶孟子『親親仁民』之謂，親之即仁之也。百姓不親，舜使契爲司徒，敬敷五教，所以親之也。堯典『克明峻德』便是『明明德』；以『親九族』至『平章』、『協和』，便是『親民』，便是『明明德於天下』。又如孔子言『修己以安百姓』，『修己』便是『明明德』；『安百姓』便是『親民』。說『親民』便是兼教養意，說『新民』便覺偏了。」見《傳習錄上》。

〔註34〕　（明）袁黃：《四書刪正》，大學，明刻本，日本內閣文庫藏，第1頁。
〔註35〕　（明）袁黃：《四書刪正》，孟子，明刻本，日本內閣文庫藏，第62頁。

於私意一萌，而不能以禮義制之，則爲所不爲、欲所不欲者多矣。能反是心，則所謂擴充其羞惡之心者，而義不可勝用矣，故曰如此而已矣。』」

了凡「疏意」曰：

> 不可分「不爲」爲事、「不欲」爲心。不爲、不欲是人之眞心，無爲亦是心裏不去爲。吾不瞞昧此眞心，不可爲者便不爲，不可欲者便不欲。掃除蕩滌，不流一毫污穢於胸中，千古作聖之本盡在這裡，此外更無別事，故曰「如此而已矣」者。「而已矣」者，竭盡無餘之詞，注中充義之說大非。

了凡思想與羅汝芳、楊起元十分接近，他十分注重「明德」這一核心觀念，強調「明德不是別物，只是虛靈不昧之心體。此心體，在聖不增，在凡不減；擴之不能大，拘之不能小。從有生以來，不曾生、不曾滅、不曾穢、不曾淨、不曾開、不曾蔽」。也稱訓教其子：「汝心中有知是知非處，便是汝之明德。但不昧了此心，便是明明德。」

《論語・學而第一》——「君子務本，本立而道生。孝悌也者，其爲仁之本與！」朱熹《章句集注》云：「言君子凡事專用力於根本，根本既立，則其道自生。若上文所謂孝悌，乃是爲仁之本，學者務此，則仁道自此而生也。」

了凡「疏意」批駁之曰：

> 又言：「凡事專用力於根本。」夫事有萬殊，本惟一致，豈有一事即有一本耶？又豈有事時有本，而無事時即無本可務耶？又言：「學者務此，則仁道自此而生。」然則孝悌爲根本，而仁反爲枝葉矣。要知道原在本先，惟本立而道生，則在未萌芽處做工夫，乃是眞務本；仁原在孝悌之先，但從一念眞心處保任，則仁民愛物總在孩提一念中，乃收末而歸之於本，非推本而散之於末也。

「良知」一語發端於孟子，是指一種不經後天學習的先驗是非標準和道德規範。陽明則將「良知」作爲融和本體論、工夫論、人性論和道德淪爲一的範疇，認爲「良知」是「心之本體」，是「造化的精靈」，「良知」即是「天理」，良知無善無惡，實爲至善。了凡在批判朱熹之學的基礎上，認爲「一念眞心」乃是本體，「仁民愛物總在孩提一念中」，無疑受到羅汝芳所講的「赤子之心」的影響。羅氏所說的赤子之心是指不思而知、不慮而能的直覺與本能，了凡則說「人之行動，一落依傍，一涉擬議，便非良能；情實一開，思維一起，便非良知。此是千古入聖眞脈路，孩提即學個證佐」，可見二人思想

高度一致。

《論語‧憲問》:「克、伐、怨、欲不行焉,可以爲仁矣?」子曰:「可以爲難矣,仁則吾不知也。」

朱熹集注云:

> 克,好勝。伐,自矜。怨,忿恨。欲,貪欲。有是四者而能制之,使不得行,可謂難矣。仁則天理渾然,自無四者之累,不行不足以言之也。程子曰:「人而無克、伐、怨、欲,惟仁者能之。有之而能制其情使不行,斯亦難能也。謂之仁則未也。此聖人開示之深,惜乎憲之不能再問也。」或曰:「四者不行,固不得爲仁矣。然亦豈非所謂克己之事,求仁之方乎?」曰:「克去己私以復乎禮,則私欲不留,而天理之本然者得矣。若但制而不行,則是未有拔去病根之意,而容其潛藏隱伏於胸中也。豈克己求仁之謂哉?學者察於二者之間,則其所以求仁之功,益親切而無滲漏矣。」

了凡將其大部刪去,僅僅保留「有是四者而能制之,使不得行,可謂難矣。仁則天理渾然,自無四者之累,不行不足言也。」其疏意云:

> 原憲爲實好學,以不是不行於外,而心中猶有伏藏,亦不是強制不行,尚留根抵。他止要一力掃除,所以不得爲仁者,不知主體耳。人以道心爲時時現前,人心自然污染不上。如太陽當空,魍魎潛消,不離人心而證道心,此是虞廷所謂一也,乃聖門求仁真脈路。而憲卻只管在人心上盤桓,自家走了難路,聖人之學易簡,不做難事,《注》「制之不行,可謂難矣」,皆誤。「難」不是許之,乃教之也。程子惜其不能再問,甚是。〔註36〕

由此觀之,在原憲求仁問題上,朱熹認同「克去己私以復乎禮」的修養之道,而了凡則認爲原憲「止要一力掃除,所以不得爲仁者,不知主體耳」,隨即拈出「太陽當空,魍魎潛消」這一陽明心學常用話語。依陽明學派看來,「太陽」即指「良知」本體,「魍魎」即指人心之私欲。此處完全可見了凡對陽明心學之認同,堅信只要發揮人心本具之「良知」,「私欲」自然不掃自消,故曰「人以道心爲時時現前,人心自然污染不上」。這樣來看,孔子所謂「難」,「不是許之,乃教之也」,與朱熹的截然相反。事實上,了凡之師、泰州學派巨擘羅汝芳早已否定朱熹對於「克己」的解釋,而將「克、伐、怨、

〔註36〕　(明)袁黃:《四書刪正》,論語,明刻本,日本內閣文庫藏,第15頁。

欲」之「克」與「克己復禮」之「克」皆訓爲「能」。〔註37〕

（二）「理」與「欲」

「理」是朱熹哲學的出發點和歸宿，在其哲學中居於核心地位。朱熹認爲，一切事物都有理，理雖然沒有行跡，但其中已經包含了事物的本質和事物發展的可能性，也就是程頤所謂「體用一源，顯微無間」。理學中的「理」，最爲重要的涵義無非二者：一是萬事萬物的規律；一是普遍的道德準則。在朱熹看來，這兩者本質上是一致的，道德原則不過是宇宙普遍法則在人類社會的特殊表現而已。同時，朱熹又認爲統一的道德原則表現爲不同的具體行爲規範，各種道德行爲中又包含統一的原則，這就是所謂「理一分殊」的意義。故而，朱熹把「修身」、「事親」、「尊賢」、「知人」都歸爲天理，「禮」與「理」並無本質不同。

《中庸》第二十章：「故爲政在人，取人以身，修身以道，修道以仁。仁者人也，親親爲大；義者宜也，尊賢爲大。親親之殺，尊賢之等，禮所生也。在下位不獲乎上，民不可得而治矣！故君子不可以不修身；思修身，不可以不事親；思事親，不可以不知人；思知人，不可以不知天。」

朱熹《章句集注》云：「爲政在人，取人以身，故不可以不修身。修身以道，修道以仁，故思修身不可以不事親。欲盡親親之仁，必由尊賢之義，故又當知人。親親之殺，尊賢之等，皆天理也，故又當知天。」〔註38〕

了凡「疏意」曰：

> 「事親」、「知人」、「知天」，《章句》俱承上文而言。按此處「事親」單說事父母，與下「順親」相應，上文「親親」、「九族」之親俱在，故用「殺」字。「知人」亦與「尊賢」不同。至改「禮」字爲「天理」，而謂「知天」即知此天理，一發牽強。若依其說，須先有禮，然後有義；有義，然後有仁。悖戾甚矣！〔註39〕

〔註37〕問：「克己復禮」，以「克」爲「能」，不識「克伐怨欲」「克」字，如何又專作「勝」也？子（注：羅汝芳）曰：回之於憲，均稱孔門高弟，亦均意在求仁，但途徑卻分兩樣。今若要作解釋，則「克」字似當一樣看，皆是「能」也。孟子曰：「仁，人心也。」心之在人，體與天通，而用與物雜，總是生之而不容己，混之而不可二者也。故善觀者，生不可已，心即是天，而神靈不測，可愛莫甚焉；不善觀者，生不可二，心即是物，而紛擾不勝，可厭莫甚焉。參見《盱壇直詮》卷上。

〔註38〕（宋）朱熹：《四書章句集注》，北京：中華書局，2012年，第29頁。

〔註39〕（明）袁黃：《四書刪正》，凡例，明刻本，日本內閣文庫藏，第9頁。

　　了凡認爲經文中「事親」之「親」與「親親」之「親」不同，「知人」與「尊賢」也不一樣，間接指出朱熹的注解只求混融而未加細辨。了凡尤其反對將「知天」訓爲「知此天理」，認爲這一解釋過於牽強，且有本末倒置之嫌。其實，訓「禮」爲「天理」是朱熹泛「理」論的一種體現。朱熹繼承了程頤「理一分殊」的思想，認爲個人在宇宙中皆位於一定關係之內，根據關係地位的不同，個人對他人承擔的義務也有所差別。雖然仁愛的原則在實踐上體現出差別，即「殺」與「等」，但其間體現的道德原則在本質上是一致的。所以他說，「所居之位不同，則其理之用不一。如爲君須仁，爲臣須敬，爲子須孝，爲父須慈，物物各具此理，而物物各異其用，然莫非一理之流行也。」〔註40〕陽明心學的基本命題是「心即理」，陽明指出：「『禮』字即是『理』字。……『約禮』只是要此心純是一個天理。」〔註41〕又說：「『博文』即是『惟精』，『約禮』即是『惟一』。」〔註42〕依照心學的立場來看，「禮」與「理」一樣，都是「心」這一道德本質的外在表現而已。而朱熹注疏的內在邏輯是，先要瞭解「親親之殺，尊賢之等」這個「禮」，然後通過「知人」達到「尊賢之義」，然後才能「盡親親之仁」。以心學的觀點看，這一解釋無疑是「支離」而荒謬的，故了凡認爲其「悖戾甚矣」。

　　在「道心」、「人心」問題上，朱熹繼承了二程的思想，認爲合於道德原則的意識是「道心」，專以個體情慾爲內容的意識是「人心」。在此基礎上，他認爲「人之一心，天理存，則人欲亡。人欲勝，則天理滅」〔註43〕，強調「存天理，去人欲」。陽明心學則認爲「人人良知本具」，天理即在人心之內，道也應該是「不離日用常行外，直造先天未化前」，因此，「存天理」與「遏人欲」本爲一回事，不可分割開來。

　　《中庸》第一章：「道也者，不可須臾離也，可離非道也。是故君子戒愼乎其所不睹，恐懼乎其所不聞。莫見乎隱，莫顯乎微，故君子愼其獨也。」朱熹《章句集注》云：「是以君子之心常存敬畏，雖不見聞，亦不敢忽，所以

〔註40〕（宋）朱熹：《朱子語類》，卷六，第398頁。

〔註41〕（明）王陽明撰，鄧艾民注：《傳習錄注疏》，上海：上海古籍出版社，2012年，第16頁。

〔註42〕（明）王陽明撰，鄧艾民注：《傳習錄注疏》，上海：上海古籍出版社，2012年，第16頁。

〔註43〕（宋）黎靖德編，王星賢點校：《朱子語類》，卷13，北京：中華書局，1986年，第224頁。

存天理之本然，而不使離於須臾之頃也。」〔註44〕又云：「言幽暗之中，細微之事，跡雖未形而幾則已動，人雖不知而己獨知之，則是天下之事無有著見明顯而過於此者。是以君子既常戒懼，而於此尤加謹焉，所以遏人欲於將萌，而不使其滋長於隱微之中，以至離道之遠也。」〔註45〕

了凡「疏意」曰：

　　《章句》雖字亦字，全與本文相違。其意謂見聞時常敬畏矣，雖不見聞，亦不敢忽也。本文曷嘗有此意哉？君子著書，當字字從身體貼，若實反之於身，從朝至暮，那有不見聞之時？有物見物，無物見空。故眼前不見物時，只可謂之無形，不可謂之不睹，除非是熟睡時，始無見聞耳。蓋天之所命，本無聲臭，豈有睹聞？於此戒慎恐懼，是就聰明所不及、聲色所不到處默默檢點，此是聖門第一路工夫。本文明白「可離非道」，而朱言「不使離道於須臾」，是又認道為可離矣。其所認之道與子思所見之道何啻天淵！至以此節為「存天理」，下節為「遏人欲」，一發支離。〔註46〕

　　由此可見，了凡的修養工夫強調「從身體貼」、「反之於身」，帶有強烈的內向性。同時，他認為，儒家強調的「戒慎恐懼」，應當「就聰明所不及、聲色所不到處默默檢點」，這才是「聖門第一路工夫」。陽明《詠良知四首示諸生》詩其一云：「無聲無臭獨知時，此是乾坤萬有基。拋卻自家無盡藏，沿門持缽效貧兒。」〔註47〕描寫的即是人人具有的「良知」或「本心」的一種狀態，反觀了凡提倡「就聰明所不及、聲色所不到處默默檢點」，真有異曲同工之妙。了凡批評朱熹「不使離道於須臾」，其實是自相矛盾，與子思「所見之道」相去甚遠。中庸所謂「道」，自然指理而言，由於朱熹堅信「理在事先」、「理在事上」，理與事終究是兩回事，人的修養必須「常存敬畏，雖不見聞，亦不敢忽」，才能「存天理」、「遏人欲」。而了凡顯然堅持陽明心學立場，認為「可離非道」的真正含義就是道本在人心之內，反對朱熹強調的向外求道或通過「戒慎」工夫達到「不使離道於須臾」的狀態。在了凡看來，朱熹的修養方式無疑是支離決裂的。值得一提的是，羅汝芳年輕時曾向顏

〔註44〕（宋）朱熹：《四書章句集注》，北京：中華書局，2012年，第17頁。

〔註45〕同上，第29頁。

〔註46〕（明）袁黃：《四書刪正》，中庸，明刻本，日本內閣文庫藏，第10頁。

〔註47〕（明）王守仁撰，吳光等編校：《王陽明全集》，上海：上海古籍出版社，2014年，第870頁。

鈞問學，顏氏批評其修養方法「乃制欲，非體仁也」〔註48〕，即表明陽明心學的修養工夫是反對將「制欲」（「遏人欲」）與「體仁」（「存天理」）截然分開的。

（三）「格物」與「致知」

《大學》中有兩個概念爲宋代理學家所重視，即「格物」與「致知」，並以此爲基礎推衍出一套新的儒家認識論和方法論。在朱熹看來，格物的基本意義是窮理，而窮理又必須要到具體事物上去窮，而致知「便只是窮得物理盡後我之知識亦無不盡處，若推此知識而致之也。」〔註49〕在格物窮理的基礎上，久而久之，就能「豁然貫通」，達到對「理」的體認。陽明對「格物致知」的解釋與朱熹不同，他說：「若鄙人所謂致知格物者，致吾心之良知於事事物物也。吾心之良知，即所謂天理也。」〔註50〕也就是說，朱熹的「即物窮理」是就事事物物上求所謂「理」，即從心外之物中體認作爲本體的「理」；而陽明則認爲「吾性自足」，無須求「理」於事事物物，只要推至「吾心良知」於事事物物，就能使「事事物物皆得其理」，亦即由心體而推致事物，是由內到外的一個過程。這是朱熹與陽明思想的一個重要差別。

《大學》第一章：「古之欲明明德於天下者，先治其國；欲治其國者，先齊其家；欲齊其家者，先修其身；欲修其身者，先正其心；欲正其心者，先誠其意；欲誠其意者，先致其知；致知在格物。」

朱熹《章句集注》云：「致，推極也。知，猶識也。推極吾之知識，欲其所知無不盡也。格，至也。物，猶事也。窮至事物之理，欲其極處無不到也。」〔註51〕在《章句集注》中，朱熹對於「『格物』、『致知』之義」加以新的論證，所謂「閒嘗竊取程子之意以補之」〔註52〕，這一詮釋被認爲集中體現了他的思想特色。他說：

> 所謂致知在格物者，言欲致吾之知，在即物而窮其理也。蓋人心之靈莫不有知，而天下之物莫不有理，惟於理有未窮，故其知有

〔註48〕　（明）顏鈞，黃宣民點校：《顏鈞集》，北京：中國社會科學出版社，1996年，第82頁。

〔註49〕　（宋）朱熹：《朱文公文集》，卷51。

〔註50〕　（明）王守仁撰，吳光等編校：《王陽明全集》，上海：上海古籍出版社，2014年，第51頁。

〔註51〕　（宋）朱熹：《四書章句集注》，北京：中華書局，2012年，第4頁。

〔註52〕　同上，第7頁。

不盡也。是以大學始教，必使學者即凡天下之物，莫不因其已知之理而益窮之，以求至乎其極。至於用力之久，而一旦豁然貫通焉，則眾物之表裏精粗無不到，而吾心之全體大用無不明矣。此謂物格，此謂知之至也。〔註53〕

在《四書刪正》中，了凡將這一詮釋全部刪去。其「疏意」曰：

「格物」、「致知」綽有精義，今皆不敢從，但以「知」為「識」，則認「意見」為「眞明」，為害不淺，故去之。「致」即孫子「善戰者致人而不致於人」之「致」，看得「致」字明白，不必言良而「知」自無不良矣。〔註54〕

眾所周知，朱熹認為《大學》中沒有出現對格物致知的解釋是「闕文」造成的，於是才在《章句集注》中「補格物致知傳」。而陽明反對朱熹的做法，認為「《大學》古本乃孔門相傳舊本耳，朱子疑其有所脫誤而改正補緝之，在某則謂其本無脫誤，悉從其舊而已矣。」〔註55〕在「心即理」的基本命題下，陽明把「格」訓為「正」，即把不正糾正為正；「物」則定義為「意之所在」。因而，「格物」就是糾正意之所在，進一步說，「格物」就是格心。在此解釋下，朱熹「格物」中的認識功能被取消，代之以簡易直截的方式糾正克服非道德意識，轉化為一種向內的趨向。此外，陽明認為「致知」之「知」就是孟子所講的「良知」，並進一步把致知發揮為「致良知」之學。他說：「心自然會知，見父自然知孝，見兄自然知弟，見孺子入井自然知惻隱，此便是良知，不假外求。」〔註56〕「自然」說明良知具有先驗性與直覺性，並非得自外界，而是主體本身具有的。了凡認為「不必言良而『知』自無不良」，即是陽明「心自然會知」、「不假外求」的之意，所以指出朱熹把「知」當作「識」，會導致「意見」與「眞明」混淆的嚴重危害。「致人而不致於人」出自《孫子兵法‧虛實篇》，其「致」字有調動之意。如此解釋「致」字，就完全化被動為主動，凸顯了本體的能動性，亦彰顯了萬物皆備於我之意。

（四）「知」與「行」

〔註53〕（宋）朱熹：《四書章句集注》，北京：中華書局，2012年，第7頁。

〔註54〕（明）袁黃：《四書刪正》，大學，明刻本，日本內閣文庫藏，第2頁。

〔註55〕（明）王守仁撰，吳光等編校：《王陽明全集》，上海：上海古籍出版社，2014年，第85頁。

〔註56〕（明）王陽明撰，鄧艾民注：《傳習錄注疏》，上海：上海古籍出版社，2012年，第15頁。

在儒家思想體系中，知行問題主要涉及到道德知識與道德踐履的關係問題。朱熹論知行說「致知力行，用功不可偏廢」，又說「論先後，知爲先；論輕重，行爲重」〔註57〕。朱熹所說的「行」不是泛指一切行爲，而是指對既有知識的實行；「知」即知識，又指求之。陽明在「龍場悟道」後，就極力提倡「知行合一」，他認爲，朱熹學說之弊在於分「心」與「理」爲二，因而導致「知」、「行」爲二，因此「外心以求理」抑或「求理於吾心」，便是「知行二分」與「知行合一」的理論根據。

《中庸》第四章：「道之不行也，我知之矣，知者過之，愚者不及也；道之不明也，我知之矣，賢者過之，不肖者不及也。」

朱熹《章句集注》云：「道者，天理之當然，中而已矣。知愚賢不肖之過不及，則生稟之異而失其中也。知者知之過，既以道爲不足行；愚者不及知，又不知所以行，此道之所以常不行也。賢者行之過，既以道爲不足知；不肖者不及行，又不求所以知，此道之所以常不明也。」〔註58〕

了凡將其全部刪去，改注曰：

> 道必心融而後行，故不行之弊在知愚；亦必躬踐而後明，故不明之弊在賢不肖。增不得一毫，故不可「過」；減不得一毫，故不可「不及」。〔註59〕

其「疏意」云：

> 道不行由於知愚，則心力貫徹處即行也，非知外有行也；道不明由於賢不肖，則踐履光輝處即明也，非行外有知也。此節全重知行合一，而《章句》不及，故補潤之。〔註60〕

《中庸》第八章：「子曰：『回之爲人也，擇乎中庸，得一善，則拳拳服膺而弗失之矣。』」

朱熹《章句集注》云：「奉持而著之心胸之間，言能守也。顏子蓋眞知之，故能擇能守如此，此行之所以無過不及，而道之所以明也。」〔註61〕

了凡「疏意」曰：

〔註57〕（宋）朱熹：《朱子語類》，卷九，第148頁。
〔註58〕（宋）朱熹：《四書章句集注》，北京：中華書局，2012年，第19頁。
〔註59〕（明）袁黃：《四書刪正》，中庸，明刻本，日本內閣文庫藏，第11頁。
〔註60〕同上。
〔註61〕（宋）朱熹：《四書章句集注》，北京：中華書局，2012年，第20頁。

此重「行」不重「知」，《章句》謬！〔註62〕

在陽明學派看來，程朱的「知先行後」論導致的流弊是知行脫節、言行不一、言而不行，因此提倡「知行合一」以端正人的思想動機，使其注重道德踐履工夫。陽明認為，知包含著行，行包含著知，知即有行在，行即有知在，知行不能分離。他說：「知是行的主意，行是知的工夫。知是行之始，行是知之成。」（《傳習錄下》）了凡改注所謂「道必心融而後行」，「亦必躬踐而後明」，即是知行二者相互包含、不可或缺之意，與陽明「知行合一」之說一脈相承。此外，了凡指出，道原本「增不得一毫」，「減不得一毫」，談不上「過」與「不及」，「不行」、「不明」的根源在於「知愚賢不肖」本身，否認朱熹「知者知之過」、「愚者不及知」的看法。同時，他強調「心力貫徹處即行也，非知外有行也」，「踐履光輝處即明也，非行外有知也」，也與陽明「知之真切篤行處，即是行；行之明覺精察處，即是知」〔註63〕的觀點如出一轍。

（五）考證與訓詁

除義理外，了凡對於朱熹的考證與訓詁多有指謫。例如：

《論語・學而第一》：「有朋自遠方來，不亦樂乎？」

朱熹《章句集注》云：「朋，同類也。」〔註64〕

了凡「疏意」曰：

> 同門為朋，出自《爾雅》；同志為朋，出自《易・大傳》。自古無以同類為朋者。不然，聖人之於民亦類也，豈皆朋乎？〔註65〕

《論語・為政第二》：「子游問孝。子曰：『今之孝者，是謂能養。至於犬馬，皆能有養；不敬，何以別乎？』」

朱熹《集注》云：「犬馬待人而食，亦若養然。言人畜犬馬，皆能有以養之，若能養其親而敬不至，則與養犬馬者何異。甚言不敬之罪，所以深警之也。」〔註66〕

了凡「疏意」曰：

> 古者奉親有六珍之禮。下三珍犬豕雞，以犬為重；上三珍馬牛

〔註62〕 （明）袁黃：《四書刪正》，中庸，明刻本，日本內閣文庫藏，第12頁。
〔註63〕 （明）王守仁撰，吳光等編校：《王陽明全集》，上海：上海古籍出版社，2014年，第47頁。
〔註64〕 （宋）朱熹：《四書章句集注》，北京：中華書局，2012年，第47頁。
〔註65〕 （明）袁黃：《四書刪正》，論語，明刻本，日本內閣文庫藏，第1頁。
〔註66〕 （宋）朱熹：《四書章句集注》，北京：中華書局，2012年，第55頁。

羊，以馬爲重。人之有力者，皆能有以備之以養其親矣。不敬，何
以自別於今之孝者乎？以犬馬比親，恐未然。〔註67〕

　　持論如此，在朱熹之學仍爲官方意識形態的明代，其書遭到禁燬也就是
勢有必至的了。由於《四書刪正》一書具有舉業參考與四書詮釋的雙重性質，
所以了凡的思想傾向不能僅僅看作個人觀點的一種表達，更具有挑戰官方意
識並向當時廣大的舉業士子宣講、推廣陽明心學的意味。

二、暗倡陰騭

　　了凡在其《了凡四訓》中結合個人經歷，融匯佛道思想以宣揚因果報應
的勸善說教早已爲人熟知。令人出乎意料的是，在《四書刪正》這一詮釋儒
家經典的著作中，他仍然借機宣揚陰騭思想。

　　《論語·學而》：「子曰：『天生德於予，桓魋其如予何？』」朱熹《章句
集注》云：「魋欲害孔子，孔子言天既賦我以如是之德，則桓魋其奈我何？言
必不能違天害己。」

　　了凡「疏意」曰：

　　　　「惠迪吉，從逆凶。」德、不德而禍福分焉。天下之人之德莫
　　　非天之所生，但人不修德，自絕於天。夫子未嘗悖理，則天生之德
　　　在予矣，可以信命而自安矣。命不當死，桓魋固無奈我何；即不幸
　　　遇害，亦命實爲之，非桓魋能害我也。此「桓魋其如予何」之說也。
　　　此是聖人立命之學，非夫子自謂此身爲上天獨厚之身也，亦非恃天
　　　之福而必桓魋之不能違天害己也。〔註68〕

　　《孟子·盡心上》：「存其心，養其性，所以事天也。殀壽不貳，修身以
俟之，所以立命也。」朱熹《章句集注》云：「殀壽，命之短長也。貳，疑也。
不貳者，知天之至，修身以俟死，則事天以終身也。立命，謂全其天之所付，
不以人爲害之。」

　　了凡「疏意」曰：

　　　　立命之學與事天不同。事天者，後天而奉天時；立命者，先天
　　　而天不違也。莫之致而至者，命也。欲立命，須掃除機智，翻空情
　　　實，言思莫及，意想俱空，然後與莫致而至者相合。天與壽，原

〔註67〕　（明）袁黃：《四書刪正》，論語，明刻本，日本內閣文庫藏，第4頁。
〔註68〕　（明）袁黃：《四書刪正》，論語，明刻本，日本內閣文庫藏，第23頁。

是二途，當不起念之時，何者爲夭，何者爲壽，冥然一轍，此是不貳之眞境。修身以俟，乃是祈天永命之功。曰「修」，則治而去之，不使此身有纖毫污染；曰「俟」，則順以待之，不可萌一毫覬覦念頭。〔註69〕

《孟子·盡心上》：「孟子曰：『求則得之，舍則失之，是求有益於得也，求在我者也。求之有道，得之有命，是求無益於得也，求在外者也。』」朱熹《章句集注》云：「在我者，謂仁義禮智，凡性之所有者。有道，言不可妄求。有命，則不可必得。在外者，謂富貴利達，凡外物皆是。趙氏曰：『言爲仁由己，富貴在天，如不可求，從吾所好。』」

了凡「疏意」曰：

以「在我」、「在外」爲眼目，意卻不平。欲人掃除外念，而專求之我也。……不必用仁義禮智，只要發揮得「我」字透。仁義禮智，固在寸衷，行道濟時，亦由心造。元命固自我作，多福亦自己求。子張學干祿是求之外，夫子教以「祿在其中」，是求在我。若不求之我，而向外馳求，則求有道，而得有命矣，內外兩失。〔註70〕

倘若從思想史的角度考察，所有陰騭思想都隱含著一種問題意識，即道德與福祉之間的一致或者圓滿如何可能？這既是一個哲學問題，同時也是一個現實問題。在這一問題的解答上，了凡把眼光投向儒家早期經典，「惠迪吉，從逆凶」即出自《尚書·大禹謨》。此處「欲立命，須掃除機智，翻空情實，言思莫及，意想俱空，然後與莫致而至者相合」也就是所謂「不起念」，很有可能受到羅汝芳「當下即是」的影響，與禪宗的觀念也頗爲一致。而其「行道濟時，亦由心造」的觀念，既出自禪宗的教誨，同時也可以看作陽明心學「致良知」之說的一種異化。

第三節　《四書刪正》的思想史意蘊

新加坡學者魏月萍會議論文《袁黃〈四書刪正〉與晚明「尊朱注」的爭議》以《四書刪正》一書爲考察對象，探討了凡的舉業思想以及晚明「尊朱注」思潮，其主要論點見於摘要：

〔註69〕（明）袁黃：《四書刪正》，孟子，明刻本，日本內閣文庫藏，第60頁。
〔註70〕（明）袁黃：《四書刪正》，孟子，明刻本，日本內閣文庫藏，第60頁。

　　晚明學者袁黃以爲朱熹注釋四書，旨在「以尊經爲主，以從時爲要」，其欲發明經旨，原不修飾文辭，後來士人習之，卻染學究味道。然舉業之書，不可不讀，宋儒之意，亦未能棄之，故袁黃審定四書，「刪其繁冗，正其卑陋」，定名爲《四書刪正》。此書可謂舉業書中之「清簡本」，對時下「以尊朱爲名，而盡非眾說」有所批評，亦不主張拘於宋儒之一說。然袁黃礙於時勢，仍得表明此書乃本諸公之說，刪正一二，以便初學，實「非敢悖朱也」。值得注意的是，《四書刪正》付梓刊行，曾遭陳幼學「駁正其書，抗疏論列」，後來「疏雖留中，鏤板盡毀」。今閱《四書刪正》所附袁黃之疏意，可察其對「朱注」間有批評，但如上述所言，與朱注不合而有礙於舉業者，卻是一字不敢擅更，表現得極爲謹慎。

　　魏月萍對《四書刪正》一書的舉業參考性質有清醒的把握，無疑是正確的。但對其某些論點，筆者並不完全讚同。第一，魏氏認爲，了凡以爲朱熹注釋四書，旨在「以尊經爲主，以從時爲要」。但考《四書刪正》凡例首條稱：

　　　朱元晦繼程張諸儒之後，釋經立言，離騷韓文之屬，各有論注，意至勤矣。且飭躬勵行，脩儀範俗，踐古人之成跡，振詩禮之門牆，誠儒者之高蹈、吾輩之明師也。但宋時理學初倡，講究未悉，其所論著，容有與經意不合者，《蒙引》《存疑》等書即有所指陳，而意猶未暢。是編以尊經爲主，以從時爲要，凡傳與經相違者，輒明著其失於簡端。〔註71〕

　　由此可見，所謂「是編」即指「《四書刪正》」，「以尊經爲主，以從時爲要」乃是了凡自言其書，而並非如魏氏所言，是了凡「以爲朱熹注釋四書」的宗旨。

　　第二，魏氏認爲《四書刪正》可謂舉業書中之「清簡本」，對時下「以尊朱爲名，而盡非眾說」有所批評，亦不主張拘於宋儒之一說。但礙於時勢，仍表明此書乃本諸公之說，刪正一二，以便初學，實「非敢悖朱也」。而據筆者之見，「非敢悖朱」僅是了凡在當時環境下「爲尊者晦」的一種說法而已；其書固然批評「以尊朱爲名，而盡非眾說」，亦反對「拘於宋儒之一說」，但這一觀點與姿態的背後，則是陽明心學的思想立場。換言之，了凡雖然不願

_____

〔註71〕　（明）袁黃：《四書刪正·凡例》，第1頁，日本內閣文庫藏明刊本。

承擔「悖朱」之名，卻已暗行「悖朱」之實。

第三，魏氏翻閱該書「疏意」，指出了凡雖對「朱注」間有批評，但與朱注不合而有礙於舉業者，卻是一字不敢擅更，表現得極為謹慎。誠然，《四書刪正》一書的舉業參考性質決定其輔助士子科舉中試的導向，而在當時朱熹《四書章句集注》仍是官方欽定的舉業教科書，援引陽明心學闡釋《四書》的了凡自然非常謹慎；但所謂「與朱注不合而有礙於舉業者，一字不敢擅更」之說其實源於了凡本人，而《四書刪正》一書的「刪」正是對朱注的大肆刪減，「正」則是在陽明心學立場上對朱熹理學的嚴厲批駁。時人李樂（1532～1618）稱其書「全不用朱夫子注，又見塗抹《四書》，凡圈外注全塗抹，其正注《學》《庸》十塗一二、《論》《孟》十塗四五」，〔註72〕既然如此，何可奢談「一字不敢擅更」？

總而言之，《四書刪正》一書兼具四書詮釋著作與舉業參考用書的雙重性質，呈現站在陽明心學立場闡釋《四書》、援陽明心學而入科舉考試，以及批駁朱熹、提倡陰騭的思想特色，其傳播與禁燬成為晚明歷史上的獨特現象。結合晚明歷史背景，不難窺見該書豐富而獨特的思想史意蘊。

一、關於了凡的思想史身份

倘若僅把了凡當成一位佛教居士，無疑是不夠全面的；但僅僅將其視為佛、道二教色彩濃厚的儒家士紳，筆者認為尚不足以盡其底蘊。事實上，了凡既與陽明高弟王畿、泰州學派中堅羅汝芳有師承關係，又與羅汝芳弟子楊起元（1547～1599）思想接近。此外，他還與唐順之、薛應旂（1500～1575）、耿定向（1524～1597）、丁賓（隆慶五年 1571 進士）、管治道（1536～1608）等陽明後學多有往來。如果說《了凡四訓》呈現給世人的主要是了凡出儒入佛、匯通三教的思想特色的話，那麼，《四書刪正》一書無疑更為深刻地展示了了凡深受陽明心學薰習浸潤的一面。另一方面，明末清初，多有將了凡與「異端」李贄（1527～1602）相提並論者。查繼佐稱了凡「有史論及四書，極詆程朱，至盡竄注解，更以己意」〔註73〕。張履祥（1611～1674）亦云：「本朝至隆萬以後，陽明之學滋弊而人心陷溺極矣。卑者冥冥於富貴利達，既惟流俗之歸，而高者率蠱惑於李贄、袁黃狷狂無忌之說，學術於是乎

〔註72〕 （明）李樂：《見聞雜記》「卷之七」，上海：上海古籍出版社，1986 年。
〔註73〕 （清）查繼佐：《罪惟錄》，列傳，卷十八。

大裂。」〔註74〕在他們眼中，了凡與李贄一樣，都屬於陽明心學末流，並且是以異端邪說挑戰正統儒家尤其是程朱理學的儒門叛逆。筆者詳考了凡書牘，發現其於李贄下獄後作《與吳曲羅書》云：「近聞李卓吾已罹法網，未審果否。夫削髮而拖朱，誠非中道，然世之縉紳干名犯義、殃民敗俗者何限，乃不彼議而獨此之求？百懟不錄，一眚見疑，乾坤不得爲廣大矣。老丈素有惜才好德之心，肯舉手一援之否？僕與卓吾素不相識，亦未知其中所得若何，但豪傑處世，志與時違，小小作出格事以渺抹世界、消磨壯心，恐未可以大奸極惡目之，而使嚮隅獨泣也。」〔註75〕由此可知，了凡將李贄當成「志於時違」的「豪傑」，不僅爲其大鳴不平，且呼籲當道者對入獄的李氏施以援手、予以解救。據此判斷，同在晚明時代背景下的了凡與李氏在立身處世方面確有惺惺相惜、聲氣相通之處。《四書刪正》一書的思想立場使其成爲招人詬病的焦點之一，爲晚明以來儒家正統人士將了凡與「李贄」並列，並歸之於「異端」提供了更爲全面的解釋。

二、朱熹思想在晚明受到挑戰，科舉考試思想趨向多元

　　關於明代科舉制度這一國家建制，以往學者大都籠統地認爲其以程朱理學爲主導思想，尤其是朱熹《四書章句集注》被奉爲圭臬。事實上，有明一代，自洪武以迄弘治，思想控制比較嚴格，程朱學說作爲舉業正宗的地位不可動搖，士子恪遵傳注，不敢有絲毫非分之想。久而久之，朱熹思想日趨淪爲僵化的教條，士子心生厭薄。正德末年，陽明心學興起，令人別開生面、耳目一新，大批舉業士子由謹遵「朱注」轉而依附陽明，心學逐漸滲入八股制藝之中。呂妙芬指出，陽明心學對於作爲科舉取士標準的程朱理學存在既依賴又排拒的曖昧態度，「一方面，程朱學曾是王陽明最認眞學習的課題，規範著王陽明學說的重要內涵與進程，程朱之作聖精神也是王陽明仰慕學習的榜樣；另一方面，程朱學又被王陽明批評爲違離聖人之教、不契入道之方，也是陽明學說主要欲予糾正的內容，而程朱官學主導的科舉士習更是王陽明主要攻擊與糾正的對象」。〔註76〕正德十三年七月，《古本大學》刻行，成爲王陽明「首次公開而正式地反對朱子的學說」，「象徵一個對立於程朱官學之

〔註74〕　（清）張履祥：《楊園先生全集》，北京：中華書局，2002 年，第 97 頁。

〔註75〕　《文集》，第 1371 頁。

〔註76〕　呂妙芬：《陽明學士人社群——歷史、思想與實踐》，北京：新星出版社，2006 年，第 33 頁。

陽明學派的成立」。〔註77〕雖然陽明心學不能為官方政治容納，但就攻讀舉業的廣大士子而言，已然徘徊於陽明心學與程朱傳注之間，「正德末，異說者起，以利誘後生，使其從學，毀儒先，詆傳注，殆不啻弁髦矣。由是學者為悵悵然莫知所從，欲從其舊說，則恐或主新說，從其新說，則又不忍遽棄傳注也」。〔註78〕而陽明弟子更在學禁方嚴之時敢於冒天下之大不韙，「正德十一年，湖廣鄉試，有司以「格物致知」發策，先生（冀元亨）不從朱注，以所聞於陽明者為對，主司奇而錄之」。〔註79〕「嘉靖二年癸未廷試，策問陰詆守仁。歐陽德，王氏弟子也，與同年魏良弼、黃直，直發師訓無所阿附，竟登第。與探花徐階善，共講王學焉。」〔註80〕由此可見，陽明後學已將心學思想引入舉業，且不妨礙其登第。嘉靖後期，身居政治高位的陽明弟子如李春芳、徐階等公開崇奉、推揚陽明學說，上有所好，下必甚之，心學之於科舉考試的影響也就愈發普遍。

　　明代中期尤其是隆慶、萬曆以降，士子作文句法文辭更有由《四書五經》而及於諸子百家、佛道二教的趨勢。顧炎武《日知錄》卷十八「科場禁約」載沈鯉（1531～1615）在萬曆十五年的一篇奏疏中談到：「國初舉業有用六經語者，臣等初習舉業，見有用六經語者，其後以六經為濫套，而引用《左傳》、《國語》矣。《史》、《漢》窮而用六子；六子窮而用百家，甚至取佛經、道藏，摘其句法口語而用之，鑿樸散淳，離經叛道……」〔註81〕萬曆十五年禮部奏稱：「近日士子為文，不用六經，甚取佛經道藏，摘其句法口語為之，敝至此極，今揭曉之後，即將中式朱卷，盡解參閱，有犯前項禁約，即指名查處。」〔註82〕萬曆年間，士子科場考試，竟捨六經而取「佛經道藏」，以致禮部提議須訂禁約加以懲處，佛道二教滋蔓程度可見一斑。

　　這一背景下，吾人就更加容易理解《四書刪正》一書受到士子追捧的深

〔註77〕呂妙芬：《陽明學士人社群——歷史、思想與實踐》，北京：新星出版社，2006年，第43頁。

〔註78〕陳文新、何坤翁、趙伯陶主撰：《明代科舉與文學編年》，武漢大學出版社，2009年，第1498頁。

〔註79〕（清）黃宗羲著，沈芝盈點校：《明儒學案》，北京：中華書局，1985年，第634頁。

〔註80〕陳文新、何坤翁、趙伯陶主撰：《明代科舉與文學編年》，武漢大學出版社，2009年，第1548頁。

〔註81〕（清）顧炎武：《日知錄》，卷十八。

〔註82〕《明神宗實錄》，卷183。

層原因了。相較於趨於僵化的程朱傳注教條，陽明心學簡易直截的特色，使其更能深入人心。而佛老思想之所以廣受歡迎，則因士人在朝政腐敗、內憂外患的紛亂時勢下，可以借助二教對心性的探討及對於宇宙人生的闡釋，使得生命有所寄託、心靈得到安寧。總之，隨著陽明心學的傳播和思想日趨多元，作爲科舉考試主導的朱熹思想在晚明受到多元思想的滲透，逐漸喪失獨尊地位。

三、科舉考試用書是陽明心學傳播的一條重要渠道

陽明學派的構建與陽明心學的傳播始於王陽明本人的講學和著述。在王陽明主政江西時期，他通過講學活動網羅了一大批俊彥學人，而在正德十三年（1518）前後，其著作《古本大學》、《朱子晚年定論》、《傳習錄》陸續付梓刊行。此後，在弟子門生的推揚之下，陽明心學逐漸廣爲人知。陽明身後數十百年之間，爲數眾多的陽明後學王艮、王畿、羅汝芳等通過開展講學活動，逐步將陽明學說擴張開來。陽明心學的產生與發展，本身是對於程朱理學的反動，在面向社會全面的宣教過程中，中下層士子甚至社會草根階層都擁有大量信徒。以歷史的角度觀照，王陽明本人作爲一位政治精英與文化精英創立心學，其學說的受眾則絕不局限於精英群體，而是涵蓋了廣泛的庶民大眾，其門人王艮甚至面向樵夫、瓦匠推廣心學，亦可見其「小人之學」的特質。王汎森早已指出，「王學的傳播，不只是靠《明儒學案》或其他書中所出現的那些精英，事實上，有一大群散在各地的中下層知識分子起了相當大的作用。」〔註83〕毋庸置疑，心學學說的傳佈是一個自上而下的取向。

另一方面，在陽明心學發展傳播的過程中，其傳播方式也逐步趨向多樣化。除了興書院、開講會、著書立說等傳統方式，編印科舉考試用書亦是陽明心學面向舉業士子滲透的有效方式。《四書刪正》一書本爲陽明心學影響下的四書詮釋、舉業參考著作，其流佈又反過來促進了陽明心學的傳播。呂妙芬注意到，「當時地方社會擁有這樣一批有閒無職、具有活力、足以吸收新知的智識群體，對於社會活動則具有相當衝擊」。「陽明學在挑戰程朱理學，糾正科舉士習、恢復聖學精神的旗幟下，主要爭取的聽眾就是這批具政治潛力的生員，而實際在各地參與陽明講會的人士，也以當地的生員爲主。」〔註84〕

〔註83〕 王汎森：《晚明清初思想十論》，上海：復旦大學出版社，2004 年，第 4～5 頁。

〔註84〕 呂妙芬：《陽明學士人社群——歷史、思想與實踐》，北京：新星出版社，2006

這說明，在晚明時期科舉士子數量激增的態勢之下，陽明心學借助科舉考試這一國家建制，以科舉考試書爲渠道，進行廣泛傳播。了凡作爲從事科舉、精於制義並由科舉而入仕的社會精英，其創作舉業參考書《四書刪正》，站在陽明心學立場闡釋《四書》義理，面向廣大中下層士子宣揚陽明心學，無疑體現了儒家「大傳統」與「小傳統」之間的互動，亦可佐證陽明心學從精英到民間的傳播歷程。

年，第 35 頁。

第四章　「立命之學」

　　酒井忠夫指出，「袁了凡的思想特徵表現在兩個方面，一方面是舉業之學，而另一方面則表現爲儒佛道三教一致的善書思想。了凡的善書思想，通過《立命篇》、《祈嗣眞詮》可見一斑。」〔註1〕酒井所謂「善書」，中國亦稱「勸善書」，是以傳統社會中的報應觀念爲基礎，宣揚倫理道德，勸人棄惡從善的通俗教化書籍，民間也將此類書籍稱爲「勸世文」或「因果書」。誠如其言，《立命篇》（即《了凡四訓》首篇「立命之學」）、《祈嗣眞詮》都具有善書的性質；但倘若從流傳的廣泛程度以及對後世的影響來看，了凡的「善書思想」無疑更爲集中、全面地體現在《了凡四訓》一書中。該書一經問世，受到廣泛歡迎，成爲中國善書的典範之作，爲明末清初興起的勸善運動注入力量，並對中國社會的道德倫理變遷產生重大影響。

　　當然，酒井忠夫把所謂「善書思想」作爲了凡思想的重要方面，僅僅就其宣揚倫理道德、勸人爲善去惡的性質而論，因爲無論《立命篇》還是《了凡四訓》，均非常明顯地呈現「勸善」的傾向。另一方面，酒井氏特別指出了凡「善書思想」具有「儒釋道三教一致」的基本特徵。這一觀點，亦早爲學者所認可。然而，如果吾人以更加廣大的視角來看問題，以思想史的視野觀照了凡思想，便可發現「立命之學」實際上與作者其人其學及三教匯通、陽明心學等晚明思想史現象有著相當緊密的聯繫。要之，了凡「立命之學」（或《了凡四訓》）爲研究晚明三教融合大背景下儒家教化的世俗化、民間化、宗教化提供了一個活生生的樣板。胡適就此指出，《了凡四訓》是研究中國中古

〔註1〕　（日）酒井忠夫著，劉岳兵等譯：中國善書研究（增補版），南京：江蘇人民出版社，2010 年，第 315 頁。

思想史的一部重要代表作。〔註2〕以往學者（包括酒井忠夫在內）大多關注於了凡以儒者身份撰寫通俗善書的獨特現象以及《了凡四訓》匯通三教的思想特色，較少從思想史的角度對「立命之學」本質意涵加以探究。本章將指出，「立命之學」實爲陽明心學思潮下，了凡借鑒中國傳統民間信仰以及佛道二教思想資源，將儒家倫理推向世俗民間的一種嘗試。

第一節　《了凡四訓》與「立命之學」

　　《了凡四訓》以現身說法的方式，融匯儒釋道思想，闡述「立命之學」，被後世奉爲積德行善、改造命運的典範。所謂「立命之學」，本是《了凡四訓》的首篇，亦是全書之核心，因此，吾人將《了凡四訓》所宣揚的主要思想內容，概稱爲了凡「立命之學」。換句話說，本文將《了凡四訓》作爲「立命之學」的文本載體，而將「立命之學」視爲《了凡四訓》的思想實質。

一、《了凡四訓》的由來

　　了凡生前，並無所謂《了凡四訓》行世。據酒井忠夫考證，「了凡四訓」之名始見於清初《丹桂籍》。〔註3〕《丹桂籍》中的《袁了凡先生四訓》包括「立命之學」、「積善之方」、「改過之法」、「謙德之效」四篇，與現今流行的《四訓》版本大致相同。以往研究者未加注意的是，《丹桂籍》所載《袁了凡先生四訓》第二篇「積善之方」，並不包括「楊少師榮」、「鄞人楊自懲」、「布政司謝都事」、「莆田林氏」、「馮琢庵太史之父」、「台州應尙書」等十個爲善獲福的案例，這一部分源於了凡所著《遊藝塾文規》中的「科第全憑陰德」一篇，該篇與「立命之學」、「謙虛利中」並列，所舉的爲善案例既多且詳。這些案例經過精簡後，被納入《了凡四訓》的「積善之方」一篇中，成爲現代版《四訓》中「古德十人」的面貌，其具體納入的時間已難詳考，當爲《丹

〔註2〕胡適：《〈精本袁了凡先生四訓〉封面題記》，見樓宇烈編錄《胡適讀禪籍題記、眉批選》，耿雲志主編《胡適研究叢刊》（第一輯），第296頁，北京大學出版社，1995年5月。

〔註3〕酒井忠夫考證，萬曆三十五年（1607年），《立命篇》、《積善》、《謙虛利中》三文合成一本出版。明末《陰騭錄》收錄了《立命之學》、《謙虛利中》、《積善》、《改過》四篇，在清初《丹桂籍》中，改四篇被稱爲「袁了凡先生四訓」。見氏著、劉岳兵等譯：中國善書研究（增補版），南京：江蘇人民出版社，2010年，第309頁。

桂籍》版「四訓」普遍流傳之後的事。

　　準確地說，《了凡四訓》的四篇文本皆由了凡創作，最初僅散落於作者刊刻的幾部著作中，直至了凡歿後，才有人將其編輯並以「了凡四訓」之名流傳於世，四篇文章的題目除首篇「立命之學」外皆出自後人之手。據筆者考證，《丹桂籍》版《袁了凡先生四訓》第一篇「立命之學」在四篇文字中的寫作時間最遲，作於萬曆二十九年（1601）了凡 69 歲時，隨即於萬曆三十年（1602）在所著舉業參考用書《遊藝塾文規》中刊行，當時即名爲「立命之學」，此後又曾被出版商以「立命篇」、「立命文」、「訓子言」、「陰騭錄」等名單獨刻行，版本頗多；第二篇「積善之方」與第三篇「改過之法」的具體寫作時間已難詳考，但與萬曆十八年（1590，了凡 58 歲）夏付梓的了凡所著《祈嗣眞詮》中的「改過第一」、「積善第二」二篇內容大致相同（無論「積善之方」抑或「積善第二」皆未載「古德十人」之例證）；第四篇「謙德之效」與第一篇「立命之學」一樣，於萬曆三十年（1602）年納入《遊藝塾文規》中刊行，當時名曰「謙虛利中」，所謂「利中」，即「有利於中試」之意，可見該篇原本是爲修習舉業的士子提供的建議，這從篇末——「今之習舉業者……吾於舉業亦云」〔註4〕的表述也可看出端倪。

　　《遊藝塾文規》是了凡晚年作爲舉業名家爲從事科舉的士子所作舉業參考用書；而《祈嗣眞詮》，則是他爲當時有求子意願的人士提供建議的書籍。究其實質，這兩種書都是旨在滿足社會需要的工具類書籍，但卻雜糅「立命」、「積善」、「改過」、「謙德」等關鍵詞於其間，這不能不說是了凡著作的一大特色。正如其門人韓初命在作於萬曆十八年（1590）的「刻祈嗣眞詮引」中指出的，注重陰騭、提倡勸善本是了凡思想的特色之一，他說：「先生（筆者按：即了凡）衍貫古今，究極玄奧……而愛物之心，實其天性，故舉子業則心術、陰騭其所重，而祈嗣必本之改過、積善，大旨可睹也。」〔註5〕

　　綜上所述，若以《了凡四訓》首篇「立命之學」來看，當然是了凡以父親之口吻對其子袁儼（1581～1627）的諄諄教誨，姑且可以將其視爲「家訓」；但「改過之法」、「積善之方」、「謙德之效」三篇的創作初衷並不在於訓子（了凡另有專門家訓——《訓兒俗說》行世），職是之故，若將整部《了凡四訓》（包括「立命之學」、「改過之法」、「積善之方」、「謙德之效」四篇）當成「了

〔註4〕　《文集》，第 897 頁。
〔註5〕　《文集》，第 67 頁。

凡先生爲教育子孫後代所寫的四篇家訓」〔註6〕，無疑是一種習而不察的成見。當然，鑒於該書流傳多年、影響廣泛的事實，將其作爲「立命之學」的文本載體研究探討是沒有問題的。

二、《了凡四訓》的善書特色

有關學者將中國的善書劃分爲四類：一是帶有宗教性質的道德勸善書籍，如道教的《太上感應篇》、佛教的《自知錄》；二是非宗教的訓俗冊子，如《了凡四訓》、顏茂猷《迪吉錄》；三是由政府頒佈、命令百姓遵守的規章準則，如明太祖《修身大誥》和《聖諭六言》、清代康熙《聖諭十六條》、雍正《聖諭廣訓》；四是民間藝人講唱的導人向善的曲藝唱本，如《躋春臺》、《巧姻緣》等等。〔註7〕《了凡四訓》盛行於世數百年，逐步成爲與《太上感應篇》、《文昌帝君陰騭文》、《關聖帝君覺世眞經》（「中國善書三聖經」）並駕齊驅的一部經典善書代表作。反觀作爲善書的《了凡四訓》，不難發現其別具一格之處：

（一）現身說法的述說方式

中國傳統善書往往託名神仙所作，或稱神仙降筆，鮮有個人具名者。比如：《太上感應篇》託名道教最高神明「太上」所授；《太微仙君功過格》託名「太微仙君」降筆，「西山又玄子」記錄；《文昌帝君陰騭文》係託名「文昌帝君」而寫的扶鸞降筆文書；《關聖帝君覺世眞經》係託名「關聖帝君」而作的扶鸞文書。從某種意義上講，託名神明所作，增加了善書本身的神秘色彩和超自然性格，更加強調「天地鬼神」對人的威懾力量和外在約束。而《了凡四訓》別開生面，開善書具名之先河，成爲中國第一部眞實人物具名的善書。了凡作爲大眾眼中的社會賢達，以自己的成功經驗作爲講授內容，諄諄善誘，彷彿長者在側。「眞人實事」更能深入人心，現身說法尤能引起共鳴。中國傳統勸善文本累代不乏，甚至於《西遊記》、《聊齋誌異》等通俗小說皆有警世作用，而《了凡四訓》的勸善效果卻能經久不衰，應該說，與了凡現身說法的述說方式大有關係。這也正是《了凡四訓》作爲經典善書的獨到之處。

〔註6〕 參看淨空法師：《了凡四訓講記（新版）》，華藏講記組恭敬整理，2003年，第6頁。

〔註7〕 陳霞：《道家勸善書研究》，成都：巴蜀書社，1999年，第2頁。

（二）強調「立命」的價值導向

一般來講，傳統善書大多宣揚善惡報應思想。道教善書如《太上感應篇》、《文昌帝君陰騭文》、《關聖帝君覺世真經》等等，依託傳統道家「承負」思想，強調家族之內的報應；而佛教善書，則依託「三世因果」理論，強調來世的報應。與此不同，《了凡四訓》首次將「立命」作為善書的關鍵詞。不難看出，在作為核心的「立命之學」中，通過個人道德實踐與努力，立「己身」「現世」之命乃是通篇主題。包筠雅就此指出，「通過將功過格關注的焦點從宗教的、來世的目的，轉變到世俗的、現世的目的，他們（筆者按：指雲谷與了凡）改變了功過體系的基本性質。人現在能更有力、更直接地控制他的命運——無需等到他來生或此生結束的時候才享受善的果實。《太上感應篇》和《太微仙君功過格》提供的報答主要是長壽和成仙，而雲谷和袁黃卻許諾可以報答以考試功名及地位上升」〔註 8〕。筆者認為，《了凡四訓》最具陽明心學色彩的當屬「立命」這一主題本身。講求「身、心、性、命」本為儒家的傳統，而了凡所立之「命」，顯然是一種世俗化的「命運」；之所以「立命」能夠成為主題，與陽明心學傳播下個人主體意識的凸顯以及當時競爭與流動增加的社會刺激大有關係。

（三）「三教融合」的思想特色

在《了凡四訓》一書中，我們既可以看到儒家《尚書》、《易經》、《孟子》中的勸善思想和訓條，又可以輕而易舉地發現其受佛、道教二教理論乃至儀軌影響的痕跡。作為了凡「立命之學」價值基礎的報應觀念，肇端於中國傳統儒家經典的天命觀和「感應」原理，並因佛教提倡的「因果」報應觀而在中國「小傳統」觀念中得到強化；了凡提倡的「功過格」，本為道士修養的必備工具；而了凡在「立命」過程中所作的祈禱、迴向、「持準提咒」等等，都屬於佛教的儀軌和修養方式。應該說，「三教融合」已經成為晚明社會的時代特色之一，這一潮流不但深刻地體現在「百姓日用」之中，即便是儒家士大夫階層，也往往不像以往嚴加批駁，而是轉而採取接納並加以運用的態度。從某種程度上說，「三教融合」的特色讓《了凡四訓》的說教更加接近庶民大眾。

〔註 8〕 （美）包筠雅著，杜正貞等譯：《功過格——明清社會的道德秩序》，杭州：浙江人民出版社，1999 年，第 67 頁。

三、「立命之學」的意涵

　　如前所述，「立命之學」的文本載體是《了凡四訓》，而《了凡四訓》的首篇「立命之學」是該書的核心篇章和基本內涵。一方面，在《了凡四訓》四篇（「立命之學」、「積善之方」、「改過之法」、「謙德之效」）中，首篇「立命之學」可以看作整部「四訓」的主旨或首腦，而後三篇則是在其基礎上的延展；另一方面，該篇側重於理論建構，主要解決「怎麼看」或「怎麼想」的問題；而後三篇則側重實踐，主要解決「怎麼做」的問題。再者，反觀整部《了凡四訓》，後三篇所論內容——改過、積善、謙德，在首篇了凡現身說法的敘述中皆有體現。

　　（一）第一篇——「立命之學」

　　了凡根據自己的人生經歷和心路歷程，現身說法，以自己的人生經歷論證了「命自我作，福自己求」的立命箴言。他指出，「命由我做，福自己求」，一個人今生命運的好壞，可以隨著自身心性狀態和外在行為的改變而改變。因此，「務要積德，務要包荒，務要和愛，務要惜精神。從前種種，譬如昨日死；從後種種，譬如今日生。」

　　（二）第二篇——「改過之法」

　　論述在行善積德之前，必須先端正自己的心念，將自身過錯改正。具體方法，發「恥心」「畏心」「勇心」「三心」，從「事」「理」「心」三個層面來改。改過的基礎在於抒發羞恥心、畏懼心、勇猛心三種心境；改過的途徑有三：從事上改、從理上改、從心上改，這三種途徑是從低級到高級的順序；改過的效驗是過消有吉兆，過重有災兆。

　　（三）第三篇——「積善之方」

　　結合大量實例，說明積善餘慶的道理。引中峰禪師之言，闡明善惡的標準——利人是善，利己是惡。了凡以十人（楊少師榮祖父、鄞人楊自懲、謝都事、莆田林氏、馮琢安之父、台州應尚書、常熟徐鳳竹、嘉興屠康僖公、嘉興包憑、嘉善支立之父）的事例，證明「積善之家必有餘慶」。同時，又詳細地辨析「善」，分為真假、端曲、是非、正偏、滿半、大小、難易。同時，把善定義為——有益於人是善，有益於己是惡，規勸大家力修十善。

　　（四）第四篇——「謙德之效」

　　以丁賓、馮夢禎、張畏岩等事例說明「滿招損，謙受益」的道理，進一

步強調「舉頭三尺，決有神明，趨吉避凶，斷然由我」的道理，並以《易經》中「謙」卦六爻皆吉的道理做證明。

總的來看，以《了凡四訓》作爲文本載體的了凡「立命之學」主要宣揚了三層意涵：

一是人有定命。「立命之學」並未否定宿命論，其「立命」之道是針對有志於改變宿命的豪傑之士，而對於「凡夫」來說，是無法逃脫「定數」的。雲谷禪師強調：「人生爲陰陽所縛，安得無數？但惟凡夫有數，極善之人，數固拘他不定；極惡之人，數亦拘他不定。」〔註9〕又說：「世間享千金之產者，定是千金人物；享百金之產者，定是百金人物；應餓死者，定是餓死人物。天不過因材而篤，幾曾加纖毫意思。」〔註10〕

二是「有德者必受命」。「立命之學」明確主張，有德者必定獲福報。雲谷禪師說：「即如生子，有百世之德者，定有百世子孫保之；有十世之德者，定有十世子孫保之；有三世二世之德者，定有三世二世子孫保之；其斬焉無後者，德至薄也。」〔註11〕又云：「易爲君子謀，趨吉避凶。若言天命有常，吉何可趨，凶何可避？開章第一義便說：『積善之家，必有餘慶；積不善之家，必有餘殃。』」〔註12〕

三是立命在我。豪傑之士可以發揮自我能動之作用，積極改過積善，進而改變命運。如雲谷禪師所言：「命由我作，福自己求。詩書所稱，的爲明訓。我教典中說：『求功名得功名，求富貴得富貴，求男女得男女，求長壽得長壽。』」〔註13〕又云：「夫血肉之身，尚然有數；義理之身，豈不能格天。太甲曰：『天作孽，猶可違。自作孽，不可活。』詩云：『永言配命，自求多福。』」〔註14〕又云：「汝今克廣德性，力行善事，多積陰德，此自己所作之福也，安得而不受享乎？」〔註15〕

〔註 9〕 《文集》，第 877 頁。
〔註10〕 《文集》，第 878 頁。
〔註11〕 《文集》，第 878 頁。
〔註12〕 《文集》，第 879 頁。
〔註13〕 《文集》，第 877 頁。
〔註14〕 《文集》，第 879 頁。
〔註15〕 《文集》，第 879 頁。

第二節 「立命之學」的思想特色

了凡「立命之學」能夠被廣大民眾信受奉行，其原因無疑是多方面的。但其中最為關鍵的一點是：這一理論把個人的名利權位、福祿壽考與個人的善行功德緊密結合起來，宣示「命由己作，福自己求」，塑造了「德福一致」的世俗信仰體系。應該說，這是主流儒家一直為未很好地解決或不屑於解決的一個方面。同時，了凡「立命之學」還在佛道二教信仰的基礎上，進一步鼓吹報應觀念，強調修驗並重。正是由於這些思想特色，使「立命之學」雖被某些精英儒家所駁斥，卻在世俗大眾中獲得蓬勃的生命力。

一、德福一致

關於「德福一致」何以可能的問題，康德與牟宗三（1909～1995）都有論及。康德在《實踐理性批判》中指出，道德與幸福是異質的概念，二者分屬本體界與現象界，故二者的關係不是「分析地」關係，而是「綜合地」關係，二者的結合是一種「實踐的必然性」。〔註16〕其次，康德以為只能以「超越的」方式保證二者結合的可能性，這就使「德福一致」最終趨向靈魂不朽、上帝存在這一基本設定，使其帶有了宗教性色彩。牟宗三的「圓善論」從中國哲學的角度對康德進行批判性的回應，他同樣認為「德福一致」問題的解決是「哲學系統之究極完成」，但反對康德的「上帝」設定，而代之以「無限智心」的設定，以此作為通向「圓善」的依據。他強調德福問題的解決無須宗教，只須通過「物隨心轉」便能實現，指出：「一切存在之狀態隨心轉，事事如意而無所謂不如意，這是福。這樣，德即存在，存在即德，德與福通過這樣的詭譎相即，便形成德福渾是一事。」〔註17〕也就是說，「德福一致」的達成，是由德之本心創造性地保證的。牟氏的解釋具有形而上的意味，帶有精英儒者的理性主義和「反求諸己」的精神。

那麼，「立命之學」面向世俗勸善，其論德福關係究竟如何？《了凡四訓》述及了凡與雲谷禪師的對話：

> 予問曰：「然則數可逃乎？」曰：「命自我作，福自己求。《詩》《書》所稱，的為明訓。我教典中說：『求功名得功名，求富貴得富貴，求男女得男女，求長壽得長壽。』夫妄語乃釋家大戒，諸佛菩

〔註16〕牟宗三譯注：《康德的道德哲學》，臺灣學生書局，1983年，第353～354頁。
〔註17〕牟宗三：《圓善論》，臺灣學生書局，1985年，第325頁。

薩，豈誑語欺人？」予進曰：「孟子言：『求則得之。』求在我者也。道德仁義，可以力求，功名富貴，如何求得？」雲谷曰：「孟子之言不錯，汝自錯解了。汝不見六祖說：『一切福田，不離方寸；從心而覓，感無不通。』求在我，不獨得道德仁義，亦得功名富貴，内外雙得，是求有益於得者也。若不反躬内省，而徒向外馳求，則求之有道矣，得之有命矣，内外雙失，故無益。」〔註18〕

此處，了凡因「定命難逃」而受到困擾，雲谷禪師祭出儒佛二家經典，以闡明「命自我作，福自己求」的道理。了凡本欲引用孟子之言加以反駁，孟子原話為：「求則得之，舍則失之，是求有益於得也，求在我者也。求之有道，得之有命，是求無益於得也，求在外者也。」（《孟子·盡心上》）關於此句的解讀，朱熹《四書章句集注》應可代表大多數學者的觀念，他說：「有道，言不可妄求。有命，則不可必得。在外者，謂富貴利達，凡外物皆是。趙氏曰：『言為仁由己，富貴在天，如不可求，從吾所好。』」這本是儒家身心性命之學的一貫理念。但是，雲谷禪師卻對其進行堂而皇之地的曲解，宣稱「求在我，不獨得道德仁義，亦得功名富貴」，這就直截了當地在「道德」與「富貴」之間架起了一座橋樑。值得注意的是，雲谷禪師在此處並未提及「上天」，只是一味強調「我」的重要。但他又說：

世間享千金之產者，定是千金人物；享百金之產者，定是百金人物；應餓死者，定是餓死人物。天不過因材而篤，幾曾加纖毫意思？即如生子，有百世之德者，定有百世子孫保之；有十世之德者，定有十世子孫保之；有三世二世之德者，定有三世二世子孫保之；其斬焉無後者，德至薄也。〔註19〕

如果說「世間享千金之產者，定是千金人物」的論證還屬於宿命論的話，那麼「有百世之德者，定有百世子孫保之」則完全把「子嗣」這一世俗幸福與道德畫上等號。此處，「天」的獨特地位終於凸顯，在「德」「福」之間起到關鍵的評判作用——「因材而篤」。這一觀念最終得到了凡認同，成為「立命之學」中「德福一致」的經典表述。

事實上，「立命之學」宣揚「德福一致」，亦能在中國傳統經典中找到根源。《尚書·洪範》較早論述了「福」的問題，提出「五福」、「六極」的

〔註18〕《文集》，第876頁。
〔註19〕《文集》，第878頁。

概念：

> 五福：一曰壽，二曰富，三曰康寧，四曰攸好德，五曰考終命。
>
> 六極：一曰凶短折，二曰疾，三曰憂，四曰貧，五曰惡，六曰
> 弱。〔註20〕

孔穎達（574～648）對此解釋：

> 「五福」者，謂人蒙福祐有五事也。一曰壽，年得長也。二曰
> 富，家豐財貨也。三曰康寧，無疾病也。四曰攸好德，性所好者
> 美德也。五曰考終命，成終長短之命，不橫夭也。「六極」謂窮極
> 惡事有六。一曰凶短折，遇凶而橫夭性命也。二曰疾，常抱疾病。
> 三曰憂，常多憂愁。四曰貧，困之於財。五曰惡，貌狀醜陋。六
> 曰弱，志力尫劣也。「五福」、「六極」，天實得為之，而歷言此者，
> 以人生於世，有此福極，為善致福，為惡致極，勸人君使行善也。
>
> 〔註21〕

可見，「壽」、「富」、「康寧」、「考終命」指的是壽命、財富、健康、壽終
正寢等中國人觀念中的世俗幸福。「攸好德」指的是「性所好者美德也」，就
將「好德」納入「福」的系統中，對於形骸意義上的幸福有所超越。對於「攸
好德」，《尚書》孔傳解釋為「所好者德福之道」。在中國現存文獻中，這是「德
福」首次連用。孔穎達對孔傳此語解釋曰：「所好者德，是福之道也。好德者，
天使之然，故為福也。」此處「德是福之道」是中國思想上較早涉及德福關
係的一個表述。值得注意的是，此處所謂「好德者，天使之然」，已經明顯把
「上天」作為打通「德」「福」隔閡，取得「德福一致」的根據。換句話說，
在「德福一致」原則之內，「天」的存在不可或缺。這種中國傳統的「德福一
致」觀念，對於後世思想產生了根深蒂固的影響。

根據《了凡四訓》描述，了凡參透「立命之學」，積德行善而轉變命運，
而他所得到的「福」，正與「壽命」、「功名」、「子嗣」等中國觀念中的世俗幸
福直接有關。見表：

〔註20〕 《尚書・洪範》，第九疇。
〔註21〕 （唐）孔穎達：《尚書正義》，《十三經注疏》本，中華書局1980年版，第193
頁。

表 4-1

	「立命」之前	「立命」之後
壽命	五十三歲	七十四歲
功名	貢生；「四川一大尹」	進士；寶坻知縣
子嗣	無子	四十九歲得子

　　了凡通過「立命」，求得的「福」（或者命運的轉變）體現在三個方面：一是轉短壽而爲長壽；二是轉小功名而爲大功名；三是轉無子而爲有子。其中，壽命早已被《尚書・洪範》作爲「五福」之一。而科舉功名，在明代的歷史背景下，幾乎可以作爲「富貴」的代名詞。關於子嗣，則是儒家傳統觀念和世俗倫理中「不孝有三、無後爲大」思想的反映。相較於《尚書》的描述與漢儒的闡釋，了凡「立命之學」同樣強調「德福一致」，同樣強調「天」在這一原則中的判決地位。二者之論「德」「福」關係一脈相承、何其相似。

二、報應理論

　　如果將「德福一致」看作「立命之學」關於德福問題的主要原則，那麼，報應理論則是實現「德福一致」的保障機制。楊聯陞（1914～1990）對中國思想史上「報」的觀念進行研究，指出「報應」乃是「中國宗教中根深蒂固的傳統」。[註22]的確，善惡報應在中國人的觀念中由來已久。《易經》有云：「積善之家，必有餘慶；積不善之家，必有餘殃。」（《易經・坤卦》）又云：「善不積，不足以成名；惡不積，不足以滅身。小人以小善爲無益，而弗爲也；以小惡爲無傷，而弗去也。故惡積而不可掩，罪大而不可解。」（《易經・繫辭》）《尚書》亦云：「天道福善而禍淫，降災於夏，以彰厥罪。」（《尚書・湯誥》）《左傳》載有不少善惡報應的事例，其中一則云：

> 初，魏武子有嬖妾，無子。武子疾，命顆曰：「必嫁是。」疾病，則曰：「必以爲殉。」及卒，顆嫁之，曰：「疾病則亂，吾從其治也。」及輔氏之役，顆見老人結草以亢杜回。杜回躓而顛，故獲之。夜夢之曰：「余，而所嫁人之父也。爾用先人之治命，余是以報。」[註23]

〔註22〕楊聯陞：《中國文化中「報」、「保」、「包」之意義》，貴陽：貴州人民出版社，2009年，第67頁。

〔註23〕《左傳・宣公十五年》。

　　魏顆遵從父親清醒時候的命令，改嫁了其父的嬖妾，完全出於仁愛之心，後獲得老人「結草」之報。這一事例，無疑是對「善有善報」觀念的最好詮釋。這表明，早在春秋時期，報應觀念就已經非常流行。「立命之學」的報應理論與「福善禍淫」、「賞善罰惡」等觀念都源自中國傳統價值觀念。《了凡四訓》提到，「春秋諸大夫見人言動，臆而談其禍福，靡不驗者。《左》《國》諸記可觀也。」正是了凡吸收借鑒傳統報應觀念的證明。需要指出的是，從大傳統的角度看，中國精英儒家歷來遵循孔子「不語怪力亂神」的原則；但民間社會則不同，這是中國大小傳統一個對立之處。即便是孔子，也會在情急之下說出「始作俑者，其無後乎」的話，帶有很強的善惡報應意味。

　　明代佛道二教的盛行進一步強化了民間信仰中的報應觀念，使「立命之學」的報應觀念更容易被接受，使其理論更具說服力和影響力。佛、道二教的報應理論是在中國傳統報應觀念基礎上的精緻化。道教《太平經》提出「承負」理論，指出：「承者為前，負者為後。承者，乃謂先人本承天心而行，小小失之，不自知，用日積久，相聚為多，今後人反無辜蒙其過讁，連傳被其災。故前為承，後為負也。負者，乃先人負於後生者也。」〔註24〕所謂「承」，是指先人犯有過失，積過很多，後人會遭到報應；而先人努力行善，積功很多，後人也能得到先人之功的庇護。所謂「負」，是指本人積累的「功」或「過」對下一代人的積極或消極影響。由此可見，「承負」理論可以說明善或惡積累的不同後果。《太平經》進一步強調，個人要前承五代，後負五代，前後共十代為一個承負周期，即「因復過去，流其後世，成承五祖。一小周十世，而一反初。」〔註25〕換言之，個人的善惡行為不僅影響個人命運，而且流及後世子孫。《太平經》又說：「凡人之行，或有力行善，反常得惡，或有力行惡，反得善，因自言為賢者非也。力行善僅得惡者，是承負先人之過，流災前後積來害此人也。其行惡及得善者，是先人深有積蓄大功，來流及此人也。」〔註26〕也就是說，在現實生活中，往往有好人得不到好報，惡人受不到惡報，其原因在於個人承負先人所積功過的差異，前者是承負先人之過，後者是承負先人之功。這在一定程度上解釋了個人在社會生活中遭遇不盡公平的原因。

〔註24〕 王明：《太平經合校》下，北京：中華書局，2014 年，第 21 頁。
〔註25〕 王明：《太平經合校》下，北京：中華書局，2014 年，第 22 頁。
〔註26〕 王明：《太平經合校》下，北京：中華書局，2014 年，第 27 頁。

佛教的因果報應與輪迴轉世相結合，不同於道教的「承負」理論。所謂輪迴，是指眾生在六道（天、人、阿修羅、地獄、惡鬼、畜生）中流轉，循環往復，貫通現在、過去與未來，即「三世因果」。至於人死後往生西方極樂世界抑或墮落惡道，取決於今世的業力。《成實論》卷七說：「業有三報：善、不善、無記；從善、不善生報，無記不生。」「善得愛報，不善得不愛報，無記無報。」佛教認為「業」不會消除，它將引發善惡等報應，所謂「已作不失，未作不得」。〔註27〕東晉慧遠《三報論》說：「業有三報：一日現報，二日生報，三日後報。現報者，善惡始於此身，即此身受。生報者，來生便受。後報者，或經二生三生，百生千生，然後乃受。受之無主，必由於心；心無定司，感事而應；感有遲速，故報有先後；先後雖異，咸隨所遇而為對；對有強弱，故輕重不同，斯乃自然之賞罰，三報之大略也。」〔註28〕

依照佛教報應觀，報應的承擔者仍然是作惡者自己，而道教的承負者卻是道德主體的親人、後代，他強調個人行為後果在家族中的影響。這是佛道二教報應理論最大的不同之處。這一差異，也體現出道教作為中國本土宗教，受到很深的家族倫理觀念的影響，因為以儒家思想為主體的傳統社會特別注重個人與家族的關係。「立命之學」的報應，受到佛道二教以及中國傳統報應觀念的影響，但又別具特色，體現了儒家倫理道德影響下的中國民間社會特色以及作者的身份特徵。《了凡四訓》中「積善之方」歷數十個案例，見表：

表4-2

為善之人	善 行	善 報	神秘徵兆
楊少師榮曾祖及祖父	世以濟渡為生，久雨溪漲，橫流沖毀民居，溺死者順流而下，他舟皆撈取貨物，獨少師曾祖及祖惟救人，而貨物一無所取。	生少師，弱冠登第，位至三公，加曾祖、祖、父，如其官。子孫貴盛，至今尚多賢者。	有神人化為道者，語之曰……
楊自懲	初為縣吏，存心仁厚，守法公平。家甚貧，饋遺一無所取，遇囚人乏糧，常多方以濟之。	生二子，長曰守陳，次曰守址，為南北吏部侍郎；長孫為刑部侍郎；次孫為四川廉憲，又俱為名臣。今楚亭德政，亦其裔也。	

布政司 謝都事	求賊中黨附冊籍，凡不附賊者，密授以白布小旗，約兵至日，插旗門首，戒軍兵無妄殺，全活萬人。	子遷，中狀元，爲宰輔；孫丕，復中探花。	
林　氏	有老母好善，常作粉團施人，求取即與之，無倦色。一仙化爲道人，每旦索食六七團。母日日與之，終三年如一日，乃知其誠也。	初世即有九人登第，累代簪纓甚盛，福建有無林不開榜之謠。	一仙化爲道人，……因謂之曰……
馮琢庵 太史之父	隆冬早起赴學，路遇一人，倒臥雪中，捫之，半僵矣。遂解己綿裘衣之，且扶歸救蘇。	生琢庵，入翰林。	夢神告之曰……
應尚書	某婦以夫久客不歸，翁姑逼其嫁人。公潛賣田，得銀四兩。即僞作其夫之書，寄銀還家。後夫婦相保如初。	子孫登科第者，今累累也。	聞鬼語曰……旁一鬼曰……
許鳳竹父	偶遇荒年，先捐租以爲同邑之倡，又分穀以賑貧乏。修橋修路，齋僧接眾，凡有利益，無不盡心。	鳳竹果舉於鄉官終兩浙巡撫。	夜聞鬼唱於門曰……後又聞鬼唱於門曰……
屠康僖公	初爲刑部主事，宿獄中，細詢諸囚情狀，得無辜者若干人。公不自以爲功，密疏其事，以白堂官。後朝審，堂官摘其語，以訊諸囚，無不服者，釋冤抑十予人。	生應塤、應坤、應埈，皆顯官。	夢一神告之曰……
包憑之父	一日東遊泖湖，偶至一村寺中，見觀音像，淋漓露立，即解囊中得十金，授主僧，令修屋宇，僧告以功大銀少，不能竣事。復取松布四疋，檢篋中衣七件與之。	子汴、孫檉芳，皆登第，作顯官。	夢伽藍來謝曰……
支立之父	爲刑房吏，有囚無辜陷重辟，意哀之，欲求其生。因語其妻曰：支公嘉意，愧無以報，明日延之下鄉，汝以身事之，彼或肯用意，則我可生也。其妻泣而聽命。及至，妻自出勸酒，具告以夫意。支不聽，卒爲盡力平反之。	生立，弱冠中魁，官至翰林孔目。立生高，高生祿，皆貢爲學博。祿生大綸，登第。	

　　由上表可知，十個案例都是通過行善積德以獲得福報，其報應特色主要有三：一是先人行善積德，子孫富貴顯達；二是注重舉業功名；三是其報應帶有神秘徵兆。換句話，與「立命之學」一篇所述發生在了凡自身的報應有所不同，這十個案例中，幾乎所有的報應都沒有直接體現在自己身上，而是出現在子孫那裏。其實這一點容易解釋，依照中國傳統觀念，或者說在儒家倫理體系中，「多子」即是「多福」，而子孫的顯達與本人的福報也是完全一致的。這說明，「立命之學」的報應的立足點不是佛教的「自業自受」，而是

強調家族倫理。此外，與佛教的報應相比，「立命之學」的報應並未強調高深的「輪迴轉世」理論和「三世因果」，而是遠紹《易經》「積善之家必有餘慶」的觀念餘緒。無疑，這種報應觀念的家族本位立場與道教的「承負說」多有相通之處。值得注意的是，在十個案例中，有七個帶有神秘徵兆，除有一處「伽藍」帶有佛教色彩，其他「神」「鬼」「仙」「道」都源自中國傳統信仰。與西土傳入的「佛」相比，「神」與「鬼」觀念，似乎更具中國本土特色，長期以來爲世俗民間廣泛接受，這也是了凡「立命之學」得以深入人心的一大原因。

要之，中國人的報應觀古已有之，由於佛教二教的盛行而在世俗民間逐步強化。「立命之學」的報應觀既深深植根於中國本土世俗信仰的土壤之中，又融匯佛道二教理論，堪稱一大創舉。

三、修驗並重

儒家思想的一大特色，就是它從來不是脫離具體實踐的概念思辨，而是注重經驗效能的「實用理性」（李澤厚語）。這種思想落實到下層社會，不可避免地染上「實用主義」色彩。「立命之學」強調「實用」、修驗並重的特色，爲它贏得了頗多信眾。正如王汎森指出的：

> 我們一方面看到理學家一再激烈地指責功過格如何的不對，但同時也發現一些奉行《人譜》或受理學薰陶極深的人，最終還是被功過格扳去。其中給一個重大的原因便是理學家的修身無法「徵驗」，在道德與幸福之間，沒有一個滿意的解決，尤其是無法在兩者之間畫上等號。刻意排除功利性的結果，卻連帶的使得道德實踐失去了世俗的推動力。〔註29〕

理學發展到明代，其關於心性修養的理論演變得十分高妙精微，但也距離生活實際越來越遠。相比之下，「立命之學」之所以獲得如此眾多的信奉者和追捧者，在於這套學說不但強調「改過」、「積善」的具體方法，而且尤其強調「應驗」。一般而言，儒家大傳統注重人的道德境界的提升，強調自律與「愼獨」，絕對不會以現實的「福報」作爲許諾。「立命之學」則不然，從宏觀來看，德福一致的意涵即是修德獲福，「修德」是修，「獲福」是驗，驗證本是其題中應有之義。無論是對「不壽而壽，無大功名而大功名，無子而有

〔註29〕王汎森：《晚明清初思想十論》，上海：復旦大學出版社，2004年，第179頁。

子」的宣揚，還是十個爲善獲福案例的描繪，都顯示出一種目的性（功利性）很強的結果指向。究實論之，「立命之學」善惡報應的基本運作機制便是「行善（『因』）→善報（『果』）；作惡（『因』）→惡報（『果』）」，在「付出」與「獲得」之間直接劃上等號，行善必獲福，有修必有驗。

非但如此，「立命之學」甚至強調修德的每一個具體步驟都有驗證，以「改過」爲例，了凡指出：「顧發願改過，明須良朋提醒，幽須鬼神證明；一心懺悔，晝夜不懈，經一七、二七，以至一月、二月、三月，必有效驗。」又進一步列舉「過消罪滅」的具體跡象云：

> 或覺心神恬曠，或覺智慧頓開，或處冗沓而觸念皆通，或遇怨仇而回嗔作喜，或夢吐黑物，或夢往聖先賢提攜接引，或夢飛步太虛，或夢幢幡寶蓋，種種勝事，皆過消罪滅之象也。〔註30〕

又論「作孽之相」云：

> 然人之過惡深重者，亦有效驗：或心神昏塞，轉頭即忘；或無事而常煩惱；或見君子而赧然消沮；或聞正論而不樂；或施惠而人反怨；或夜夢顛倒，甚則妄言失志。〔註31〕

這些渲染，無非著重強調一個「驗」字。從這個角度說，了凡的這套學說側重於從人本身的欲求出發進行誘導，其路徑選擇乃是結果導向的。無疑，這使了凡「立命之學」及功過格與生俱來便帶有了強烈的功利主義色彩。此外，功過格要求修持者每日記錄功過，定期進行折算，也可看成個人修習的一種效驗。甚至了凡功過格還爲不識字的婦女作出安排，〔註32〕也突出了功過格的實踐性和工具性。

精英儒者崇尚道德主義，對於這些所謂「驗證」絕對不屑一顧，而對於世俗民眾來說，這些關係個人禍福得失的「驗證」無疑具有強大的吸引力。相較於儒家的修身工夫，了凡「立命之學」的修驗並重無疑是其重要特色之一。

〔註30〕《文集》，第894頁。

〔註31〕《文集》，第895頁。

〔註32〕 了凡云：「予行一事，隨以筆記，汝母不能書，每行一事，輒用鵝毛管，印一朱圈於曆日之上。或施食貧人，或買放魚蝦，一日有多至十餘圈者。」見《文集》，第881頁。

第三節 「立命之學」的本質探求

一、儒家「立命觀」

命運問題是人類一個永恒的話題，古往今來廣受關注。按照現代解釋，「命」指的就是「吉凶禍福、壽夭貴賤等命運，即人對之以爲無可奈何的某種必然性」〔註33〕。徐復觀指出：

> 西周即以前之所謂命，都是與統治權有關的天命。到了春秋時代，擴大而爲「民受天地之衷以生，所謂命也」的一般人的命；即是天所命於人的不僅是王者的政權，更進而成爲一般人民道德根據的命；這是天命觀念劃時代的大發展。「天地之衷」所命於人的，在孔子，在子思的《中庸》，便稱之爲「性」，在老子，在《莊子‧內篇》便稱之爲德。這是在一般人生的道德要求上所建立起來的天人關係，這可以說是道德自主性的覺醒。〔註34〕

「命」既然是一種異於主體而存在的必然性，因而構成對主體活動的限制，同時具有了一定的神秘色彩。在一個相當長的時期內，主體對於自我力量的價值、功能、意義，是不自覺的。如：「道之將興也與，命也；道之將廢也與，命也。」（《論語‧子路》）道的興廢受到冥冥中「命」的支配，主體顯然被置於超越於主體的力量之下。伴隨個體「道德自主性」的逐步覺醒，人類開始就如何掌控自身命運進行探索。

所謂「立命」，說到底就是個體如何掌控自己命運的問題。從最寬泛意義上說，人類的一切有價值的學問，都旨在提高生命的質量，增加生命的長度，追求人生幸福和自我實現，因此，可以說都與「立命之學」不無關係。但我們此處探討的「立命」是從狹義上講，內涵限定在個人精神價值層面，亦即儒家所謂「安身立命」的學問。從這個層面考量，救死扶傷的醫學便不是「立命之學」，治國安邦的政治哲學也不是「立命之學」。

在遠古時期，人類的生存能力較爲低下，對於命運尙無清晰的認識，對於無法把控的力量存在一種敬畏之感。當時個體的「立命」表現爲信奉各種原始神靈，祈求神靈庇祐。就中國古代社會而言，直至殷周之際，人類文明逐步從原始宗教信仰中走出來，趨向倫理道德。儘管超自然的信仰仍然濃

〔註33〕《辭海》，第479頁。
〔註34〕徐復觀：《西漢思想史》，上海：華東師範大學出版社，2001年，第384頁。

厚，但掌握時代精神走向的精英階層逐漸將自己「立命」的追求從宗教轉移到道德上來。如《尚書》中「天命靡常，惟德是輔」，「天道福善而禍淫」。《易經》有云：「積善之家，必有餘慶；積不善之家，必有餘殃。」但《尚書》中的「立命」，側重於王朝的更替而言，而易經中的「立命」，側重於家族的興衰，都是指的一個群體而非個人。較早對「立命」問題進行深入探索的，是作爲中華文明代表的儒家思想。

儒家的「立命之學」，主要由孟子奠基，而究其源頭，則是儒家的創始人孔子。孔子之「立命」，簡單來說就是「仁道」，即一個人（君子）通過格物、致知、誠意、正心、修身、齊家、治國、平天下而不斷超越、自我實現的過程。孔子並不反對人追求富貴，但強調應該「見利思義」（《論語・憲問》）、「不義而富且貴，與我如浮雲」（《論語・述而》）。追求仁義道德，提升自我境界，達至聖賢之人格，就是孔子的「立命之學」。及至孟子，對於「立命」，便有更多的發揮，他說：

　　盡其心者，知其性也。知其性，則知天矣。存其心，養其性，所以事天也。天壽不貳，修身以俟之，所以立命也。（《孟子・盡心上》）

　　莫非命也，順受其正。是故知命者，不立乎巖牆之下。盡其道而死者，正命也；桎梏死者，非正命也。（《孟子・盡心上》）

　　求則得之，舍則失之，是求有益於得也，求在我者也。求之有道，得之有命，是求無益於得也，求在外者也。（《孟子・盡心上》）

以上所引，集中體現了孟子的立命觀。其中，「天壽不二，修身以俟之，所以立命也」一句最能反映儒家的「立命之學」。這句話的意思是說，一個人不須疑慮自己壽命的長短，只要好好的修身踐道就行了，人生的價值，本不在生命的長短，而在於能否充分發揮自己的天賦德性，以「參天地之化育」，也就是「事天」。「莫非命也」，表明個人的生死壽夭，並非個人所能決定。最後一段說得更加清楚：道德仁義是一個人想求就能求得的，取捨在我；而功名富貴儘管要求之「有道」，但未必能夠求得到，因爲它是在自己性分之外的東西。當然，這並不表示孟子不重視自然生命，而是要求「順受其正」，坦然順受人生的吉凶禍福，頗具「死生有命，富貴在天」的儒者達觀心態。歸根結底，孟子主張一個人的道德性命可以通過修養而得到，而吉凶禍福，則無法完全控制，因爲「莫之爲而爲者，天也；莫之致而至者，命也」（《孟子・

萬章上》)。

孟子這一思想，爲儒家「立命之學」確定了基調。後世儒者大都認爲，作爲萬物之靈的人，生於天地間，應當極力追求自身道德人格的完善，而富貴長壽與否，則是無須多慮的。宋儒張載主張，「生，吾順事；歿，吾寧矣」，就是這個意思。人生在世，順天知命，即便死了，亦無愧於天地。由此可以看出，正統儒家的立命觀並未過多考量「德福一致」的問題，更未給出這一問題的答案，也就是說，不能保證一個道德上的善人，能夠得到富貴、長壽、安康等世俗幸福。

總體來看，孟子的立命觀，絕非世俗所謂的宿命論，而是趨向一種爲人類所無法把握的有限性。筆者以爲，李澤厚從「偶然性」來解讀孔孟等精英儒家之「命」，頗中肯綮，他說：

> 「天命」、「命」、「立命」、「正命」，孔孟屢言及，如何解説，恐非易事。其中有多種含義。「莫之致而至者，命也」，即非人力所能主宰。但王船山説：「俗語有云，一飲一啄莫非前定，非舉瑣屑固然之事而皆言命，且以未死之生，未富貴之貧賤統付之命，必盡廢人爲而以人之可致者爲莫之致，不亦舛乎？故士之貧賤，天無所奪；人之不死，國之不亡，天無所予，乃當致人力之地，不可歸之於天。」（《讀四書大全説》），這有點近乎荀子了。但確是包括孔孟在內的儒學共同精神，即生活在無可計量的偶然性中，卻決不失其主宰。這才叫「知天命」。「夭壽不二，修身以俟之，所以立命」，「知命者不立乎岩牆之下；盡其道而死者，正命也」（《盡心上》），這種「立命」、「知命」、「正命」都指人對自己命運的決定權和主宰性，而絕非聽命、任命、宿命，這也才是「知天」。從而「知天命」、「畏天命」便不釋爲外在的律令或主宰，而可理解爲謹慎敬畏地承擔起一切外在的偶然，「不怨天不尤人」，在經歷各種艱難險阻的生活行程中，建立起自己不失其主宰的必然，亦既認同一己之有限，卻以此有限來抗阻、來承擔、來建立，這也就是「立命」、「正命」和「知天命」。〔註35〕

由此可見，孟子關於德福不一致的論斷，絕非世俗膚淺的宿命論可比，

〔註35〕李澤厚：《論語今讀》，北京：生活・讀書・新知三聯書店，2008 年，第 52～53 頁。

而是建立在深沉的實用理性（基於豐富的歷史人事興亡成敗經驗）基礎上。相對於先秦其他思想流派，立足於歷史經驗的儒家似乎更加清醒地認識到人類自身力量的有限性，明確承認很多事物在自己認知和管控之外。「子不語怪、力、亂、神」，雖未直接否定鬼神的存在，但採取敬而遠之的態度，教導人們將有限的精力放在現實人生，而不是寄託於彼岸世界。儒家先賢悟出人類文明的大道，但又不能以此道理說服每一個人，畢竟深層的思想維度並不是大眾所能掌握的，因此才將制禮樂作爲教化民眾的方式。華夏雖有聖人以神道設教的現象，卻是將其轉向人生，此神在天則爲自然運行之規律，在人則爲教化百姓之禮儀。如一個人的生死夭壽，牽涉到太多的主客觀因素，至少是個人難以完全掌握的。儒家對這一情形就著客觀的認知。如《論語》記載孔子「斯人也有斯疾」之歎（《論語・雍也》），其弟子子夏亦曾言：「商聞之矣，死生有命，富貴在天」（《論語・顏淵》）。儘管如此，儒家仍然珍惜人之生命，畢竟物質的生命是實現道義的載體，人還是要努力爭取長壽。孔子之「危邦不入，亂邦不居」，孟子之「知命者不立乎岩牆之下；盡其道而死者，正命也」。這都是從現實角度考量，儘量減少對自己生命不利的可能因素。

　　不僅對待個人的命運如此，對待國家的命運亦如此。孔子將「道」之行與廢歸之於命，是因爲自身豐富的歷史經驗使他意識到，一個國家的治亂興替，有其自身特有的運勢，有非人力所能完全掌控者。以孔孟爲代表的儒家確實看到現實生活中存在大量的惡人未必惡報、善惡未必善報的案例，而他們起身行道，則必須直面這一無情的人間現實。他們所努力的，是通過價值與制度的建構，營造一個心目中理想的「大同」世界，以儘量減少這種悲劇的發生。因此，眞正的儒者，直面蒼生的苦難，決不隨世沉浮，亦不消極避世，仍然要「非斯人之徒而誰與」、「知其不可而爲之」。正因爲深刻的理性，才知其「不可」，也正因爲歷史充滿了偶然，這種理性未必沒有不可改變的偶然性，所以仍要「爲之」。馬克斯・韋伯曾說：「如果沒有反覆地在人間追求不可能的東西，那麼可能的東西也實現不了。這是一句至理名言，全部的歷史經驗證明了它的正確。」〔註36〕應該說，承認命運的某種不可把握，而又努力關懷人類自身的命運，冀圖通過道德來走出人類的困局和有限性，這正

〔註36〕馬克斯・韋伯：《學術生涯與政治生涯》，北京：國際文化出版公司，1985 年，第 107 頁。

是先秦儒家的早熟之處，也是儒家精神的偉大之處。

儒家的安身立命之道，其價值導向不在於面對「德福一致」的問題，而是解決「居仁由義」的問題。孔子「不義而富且貴，於我如浮雲」，孟子所謂「仁，人之安宅也。義，人之正路也」等教義都是在統統說明，無論命運福報如何，都不可放棄對道德的追求，都要在命運面前始終保持「憂道不憂貧」、「樂天知命」的人格精神，高揚「身可抑而道不可屈」、「舍生而取義」的凜然氣節。在孟子看來，高官厚祿不過是「人爵」，而人之為人的價值在於尋求「天爵」，即道德的成就。「窮則獨善其身，達則兼濟天下」，高舉起道德理想主義的大旗。而對個人而言，基礎上的修德見世，以德化人，成己成物。即使德福分離，也仍然保持著「智者樂水，仁者樂山」的泰然心態。至於是非成敗，卻又在所不計、無怨無悔，並盡可能改變自身對這種結局的態度，「樂天知命故不憂」，此之謂「盡人事而聽天命」。能對成敗壽夭保持一種坦然達觀的從容態度，也就是儒者最高的精神追求與境界目標。應該說，儒家這種尚道崇德的精神，為其安身立命的觀念提供了最深層次的信仰支撐。

荀子的思想儘管與孟子多有不同，但在德福問題的看法則是基本一致的。「物類之起，必有所始；榮辱之來，必象其德。肉腐出蟲，魚枯生蠹。怠慢忘身，禍災乃作。……故言有召禍也，行有召辱也。君子慎其所立乎！」也就是說，人之榮辱雖於道德品行相關，但絕沒有預設一個賞善罰惡的超越力量作為審判之神。所以他又說：「順其類者謂之福，逆其類者謂之禍。」他指出人世間的禍福是人所自招的，「凡人之患，偏傷之也。見其可欲也，則不慮其可惡也者；見其可利也，則不顧其害也者，是以動則必陷，為則必辱。是偏傷之患也」。荀子肯定人的主觀能動性，不僅認為善行會帶來福，惡行會招致禍；而且指出片面的行為會產生禍患。他認為民間相信鬼神力量，在君子看來不過是文飾政事的一種手段，故云：

> 雩而雨，何也？曰：無何也，猶不雩而雨也。日月食而救之，天旱而雩，卜筮然後決大事，非以為得求也，以文之也。故君子以為文，而百姓以為神。以為文則吉，以為神則凶也。〔註37〕

君子的祭祀與巫卜互動，是儒家實用理性的一種表現。這段話出自《荀子·天論》，道出了儒家對祭祀鬼神禮儀的實質態度，也表明了儒家對天地自然的理解。祭鬼神並不是因為鬼神事實上的存在，而是為了紋飾人的敬畏之

〔註37〕《荀子·天論》。

心；祭神求雨並不是因為相信這樣真的能求下來雨，而是為了紋飾人急於災害的焦渴之心；占卜算卦並不是因為真的相信它能起什麼指導作用，而是為了紋飾國家政治事務的安排。這一觀點，與《周易》「觀天之神道，而四時不忒，聖人以神道設教，而天下服矣」是相通的。荀子主張修養德行來促進福，但他亦勇於正視社會現實中個人主觀努力與實際結果的差距。他說：「遇時者多矣，不遇世者眾矣。何獨丘也哉？……知禍福終始而心不惑也。夫賢不肖者，材也；為不為者，人也；遇不遇者，時也；死生者，命也。今，有其人，不遇其時，雖賢，其能行乎？苟遇其時，何難之有？故君子博學深謀，修身端行，以俟其時。」〔註38〕時命的機緣巧合，使得人之禍福充滿了偶然性因素，甚至會改變個人主觀修行的結果。

總而言之，孟子將善惡與禍福屬於兩個不同的領域，著眼點在善之當為和惡之應去，禍福則非與所論。這一論調，或未免陳義過高，但也保持了道德的純潔性。需要指出的是，精英儒家雖然道德性命放在第一位，弘揚一種道德理想主義；但也不反對求福，也是重視功名、長壽、子孫，這又是道德實用主義。一方面，個人的大義就是群體的大利，致君澤民是儒家的社會功利思想；另一方面，光宗耀祖，顯榮父母，遺澤後代，是世俗儒家特有的家族理想，傳聲揚名，是個人成就的追求目標。這類思想，在廣大民眾中間，有著極強的生命力。畢竟，君子理想與道德至上是精英儒家的追求，而不是世俗儒家的終極關懷。當然，若就實際而言，精英儒者與世俗儒者並未截然分開。了凡雖出身儒家士大夫階層，但其「立命之學」無疑帶有「求福」的傾向，更加具有世俗性質。

二、個人價值：「立命之學」與陽明心學的交匯

柳存仁早已指出：「他（筆者按：了凡）的《四訓》中，有一部分的話，假如我們用王陽明的文字來和它對看，便知道不僅是精神上的暗合。」〔註39〕尚未發現以往學者從事陽明言說與《了凡四訓》表述的比對工作，筆者翻閱大量資料，製表如下：

〔註38〕《荀子・天論》。

〔註39〕柳存仁：和風堂文集，上海：上海古籍出版社，1995年，第836頁。

表 4-3

	陽明言說	了凡四訓
1	譬如方丈地內，種此一大樹，雨露之滋，土脈之力，都滋養得這個大根；四旁縱要種些嘉穀，上面被此樹葉遮覆，下面被此樹根盤結，如何生長得成？須用伐去此樹，纖根勿留，方可種植嘉種。（傳習錄上）	過由心造，亦由心改，如斬毒樹，直斷其根，奚必枝枝而伐，葉葉而摘哉？大抵最上者治心，當下清靜，才動即覺，覺之即無。（改過之法）
2	人但各以其一隅之見，認定以為道止如此，所以不同。若解向裏尋求，見得自己心體，即無時無處不是此道，亙古亙今，無始無終，更有甚同異。（傳習錄上） 諸君要實見此道，須從自己心上體認，不假外求，始得。（傳習錄上）	求在我，不獨得道德仁義，亦得功名富貴；內外雙得，是求有益於得也。若不反躬內省，而徒向外馳求，則求之有道，而得之有命矣，內外雙失，故無益。（立命之學） 大抵最上者治心，當下清淨；才動即覺，覺之即無。苟未能然，須明理以遣之。又未能然，須隨事以禁之。（改過之法）
3	夫學，莫先於立志。志之不立，猶不種其根而徒事培擁灌漑，勞苦無成矣。（示弟立志說） 後世大患，尤在無志。故今以立志為說，中間字字句句，莫非立志，蓋終身學問之功，只是立得志而已。（示弟立志說）	人之有志，如樹之有根，立定此志，須念念謙虛，塵塵方便，自然感動天地，而造福由我。（謙德之效）
4	凡今天下之議論我者，苟能取以為善，皆是砥礪切磋我也，則在我無非警惕修省進德之地矣。昔人謂攻吾之短者是吾師，師又可惡乎？（傳習錄中）	又思天下無自是之豪傑，亦無尤人之學問。行有不得，皆己之德未修，感未至也。吾悉以自反，則謗毀之來，皆磨煉玉成之地；我將歡然受賜，何怒之有？（改過之法）
5	清心非捨棄人事而獨居求靜之謂也。蓋欲使此心純乎天理，而無一毫人欲之私耳。今欲為此之功，而隨人欲生而克之，則病根常在，未免滅於東而生於西。（傳習錄中）	如前日殺生，今戒不殺；前日怒詈，今戒不怒。此就其事而改之者也。強制於外，其難百倍，且病根終在，東滅西生，非究竟廓然之道也。（改過之法）
6	聖人教人，不是個束縛他通做一般，只如狂者便從狂處成就他，狷者便從狷處成就他，人之才氣如何同得。（傳習錄下） 我在南都已前，尚有些子鄉愿的意思在；我今信得這良知真是真非，信手行去，便不著些覆藏；我今才做得個狂者的胸次，使天下之人都說我行不掩言也罷。（傳習錄下）	今人見謹願之士，類稱為善而取之；其次則取有守廉潔者。至於言高而行不逮者，則以為惡而棄之。人情大抵然也。然自聖人觀之，則狂者行不掩言，最所深取；其次則狷者有所不為。至于謹願之士，雖一鄉皆好之，而必以為德之賊矣。（積善之方）
7	故責志之功，其於去人欲，有如烈火之燎毛，太陽一出而魍魎潛消也。（傳習錄中）	但當一心為善，正念時時現前，邪念自然污染上不。如太陽當空，魍魎潛消，此精一之真傳也。（改過之法）

8	綿綿聖學已千年，兩字良知是口傳。欲識渾淪無斧鑿，須從規矩出方圓。不離日用常行內，直造先天未畫前。握手臨岐更何語？殷勤莫愧別離筵！（別諸生）	到此地位，纖塵不動，求即無求，不離有欲之中，直造先天之境，即此便是實學。（立命之學）
9	明德親民也，而可以二乎？惟夫明其明德以親民也，故能以一身為天下；親民以明其明德也，故能以天下為一身。夫以天下為一身也，則八荒四表，皆吾支體，而況一郡之治、心腹之間乎？（書趙孟立卷）	何謂大小？明明德於天下為大，明明德於一身為小。（積善之方） 聖賢之志，本欲斯世斯人各得其所，我合愛合敬而安一世之人，即是為聖賢而安之也。況古之聖賢，因人物而起慈悲，因慈悲而成正覺，《大學》一明明德於天下，捨天下則我亦無明明德處矣。（積善之方）
10	今人病痛，大段只是傲。千罪百惡，皆從傲上來。傲則自高自是，不肯屈下人。故為子而傲，必不能孝；為弟而傲，必不能弟；為臣而傲，必不能忠。象之不仁，丹朱之不肖，皆只是一傲字便結了一生，做個極惡大罪的人，更無解救得處。汝曹為學，先要除此病根，方才有地步可進。傲之反為謙，謙字便是對症之藥。非但是外貌卑遜，須是中心恭敬，撙節退讓，常見自己不是，真能虛己受人。（書正憲扇）	易曰：天道虧盈而益謙，地道變盈而流謙，鬼神害盈而福謙，人道惡盈而好謙。是故謙之一卦，六爻皆吉。書曰：滿招損，謙受益。予屢同諸公應試，每見寒士將達，必有一段謙光可掬。（謙德之效） 福有福始，禍有禍先，此心果謙，天必相之。（謙德之效）
11	夫過者，自大賢所不免，然不害其卒為大賢者，為其能改也。故不貴於無過，而貴於能改過。（教條示龍場諸生）	今欲獲福而遠禍，未論行善，先須改過。（改過之法） 故過不論久近，惟以改為貴。（改過之法）
12	本心之明，皎如白日，無有有過而不自知者，但患不能改耳。一念改過，當時即得本心。（寄諸弟） 既去惡念，便是善念，便復心之本體矣。譬如日光被雲來遮蔽，雲去，光已復矣。（傳習錄下）	謂一念猛厲，足以滌百年之惡也。譬如千年幽谷，一燈才照，則千年之暗俱除。（改過之法）
13	人孰無過？改之為貴。蘧伯玉，大賢也，惟曰「欲寡其過而未能」。成湯、孔子，大聖也，亦惟曰「改過不吝，可以無大過」而已。（寄諸弟）	昔蘧伯玉當二十歲時，已覺前日之非而盡改之矣。至二十一歲，乃知前之所改未盡也。及二十二歲，則回視二十一歲，猶在夢中。歲復一歲，遞遞改之。行年五十，而猶知四十九年之非。古人改過之學如此。（改過之法）
14	但能一旦脫然洗滌舊染，雖昔為寇盜，今日不害為君子矣。（教條示龍場諸生）	一息尚存，彌天之惡，猶可悔改。古人有一生作惡，而臨死悔悟，發一善念，遂謂善終者。（改過之法）

　　觀表可知，即便從最粗淺的「文字」層面觀照，《了凡四訓》的用語、據典、譬喻乃至言說方式，都與陽明的言說有著千絲萬縷的聯繫。當然，這些

相近之處，未必直接來自陽明本人；以了凡與王畿、羅汝芳等陽明後學的親密關係而論，《了凡四訓》的表述當與整個陽明學派的話語體系有關。例如，「從前種種，譬如昨日死；從後種種，譬如今日生」這句名言，在《了凡四訓》中是雲谷禪師對了凡所言，而真實情況則是出自王畿。〔註40〕要想深入探究陽明心學之於「立命之學」的深刻影響，筆者認爲應當從陽明心學提升個人價值這一角度入手。

通觀《了凡四訓》，對於「立命之學」的最佳詮釋莫過於「命由我作，福自己求」〔註41〕一語。此八字中，「我」與「己」佔據了主體核心地位。無論對「命」的把握，還是對「福」的祈求，個人（「我」或「己」）的重要性被提升到前所未有的高度，個體把握、塑造自身命運的能動性大大凸顯，自我意識得到張揚。「立命之學」所宣揚的，無非是通過個人道德實踐與努力，立「己身」「現世」之命。包筠雅就此指出，「袁黃的立命觀顯示了一種更具活力的對社會流動性的看法，因爲當個人在改善自己的道德境界時，無論他是否願意，都不可避免地同時提高了他的社會地位。」〔註42〕「對袁黃、何心隱甚至王艮來說，他們都有一個共同的信念，即相信通過致良知這個內心的範型，人們至少可以具有把握自己生活的能力。」〔註43〕這說明，「立命」的本質上是個人提升把控自我的能力，同時這一觀念又與「致良知」之學密切相關。

自漢至宋，在董仲舒和朱熹構建的哲學體系中，其形而上的範疇是「天」、「天命」、「天理」或「理」。也可以說，「天」或「天理」在具備形而上性質的同時，還有主宰與支配自然、社會和人事的功能。在朱熹看來，人世間的君權、族權以及三綱五常皆爲「天理」之流行，「其張之爲三綱，其紀之爲五常，蓋皆此理之流行，無所適而不在。」〔註44〕在這一哲學體系之下，個人價值基本上被置於較爲被動的地位。陽明心學則將「吾心良知」作爲哲學邏輯結構的終極範疇，主張「心即理」、「心外無理」，把「天意」、「天理」統

〔註40〕 參見倪梁康：《小心求證一句話的出處》，《讀書》。
〔註41〕 《文集》，第877頁。
〔註42〕 （美）包筠雅著，杜正貞等譯：功過格——明清社會的道德秩序，杭州：浙江人民出版社，1999年，第119頁。
〔註43〕 （美）包筠雅著，杜正貞等譯：功過格——明清社會的道德秩序，杭州：浙江人民出版社，1999年，第120頁。
〔註44〕 （宋）朱熹：《朱文公文集》，卷十七。

攝、含蘊於「吾心良知」之中，將其作爲「心之條理」。在這一體系下，「吾心良知」被提升爲形而上學本體，這無疑是對朱熹「天理」學說的解構，同時更是對個人主體價值的肯定。黃宗羲有云：「自姚江指點出良知，人人現在，一反觀而自得，便人人有個作聖之路。故無姚江，則古來之學脈絕矣。」〔註45〕換句話說，陽明心學不僅指明「人人可以成聖」，而且爲每個個體開出了「作聖」的藥方，這就將傳統社會下的個人價值推向新的高度。余英時指出，「良知」的社會含義之一在於將「公共」的「理」分散給每一個人，因此，「『致良知』之教必然預設對個體價值的肯定」。〔註46〕日本學者島田虔次（1917～2000）亦強調，陽明心學的「激情」（pathos）在於尋求自我意識的展開。〔註47〕

　　要之，陽明心學的「最大特點在於以道德實踐方式將致良知的任務落實於每一個愚夫愚婦心頭，落實於一念倏忽之間，但與此同時，它也給了每一個愚夫愚婦衝破道德藩籬的勇氣和權利」〔註48〕。從這個意義上說，吾人更能深刻理解「立命之學」這一理論產生的思想背景及其精神實質。

三、神道設教：陽明學派的覺民實踐

　　余英時在《明代理學與政治文化發微》中曾分析明代政治生態及陽明揭示「致良知」之教的思想歷程，指出與以往的儒家政治理論相比，陽明心學的興起是一個劃時代的轉變——由兩千年來的「得君行道」轉變爲「覺民行道」的方向。〔註49〕余氏關於這一「轉變」的立論依據，主要基於陽明心學作爲一種思想，與以往的儒家學說對比下凸顯的獨特品格。但進一步說，余氏所謂「覺民」，除了把「良知人人本具」觀念以及「致良知」理論普及到每個人身上，還應該涵蓋廣義的社會教化之意。注重教化本是儒家思想的題中應有之義，若從陽明學派面向下層社會的推行教化的實踐層面觀照，可以發

〔註45〕（清）黃宗羲：《明儒學案》，卷十。

〔註46〕余英時：《宋明理學與政治文化》，桂林：廣西師範大學出版社，2006年，第204頁。

〔註47〕島田虔次著、鄧紅譯：《中國思想史研究》，上海：上海古籍出版社，2009年，第69頁。

〔註48〕馮達文、郭齊勇主編：新編中國哲學史，北京：人民出版社，2004年，第144頁。

〔註49〕參看余英時：《宋明理學與政治文化》，桂林：廣西師範大學出版社，2006年，第六章「明代理學與政治文化發微」。

現他們對「神道設教」的運用和「因果報應」的宣揚遠遠超越以往儒者。

「神道設教」一語源自《易經‧觀卦》之「象辭」。自宋以降，理性主義精神固然是儒學的主流，但儒家人物對於宗教的政治功能、社會功能的理解和認同並未喪失，「神道設教」仍然可以作為儒者的一種教化手段。晚明時期，在三教匯通的時代背景下，陽明學派在面臨如何將心學義理落實到社會實踐上的時候，又重新祭起「神道設教」的理論工具。在作於正德十二年（1517）的《訓俗四條》中，陽明援引《易傳》強調善惡報應之說：

> 為善之人，非獨其宗族親戚愛之，朋友鄉黨敬之，雖鬼神亦陰相之。為惡之人，非獨其宗族親戚惡之，朋友鄉黨怨之，雖鬼神亦陰殛之。故「積善之家，必有餘慶，積不善之家，必有餘殃。」〔註50〕

由此可見，作為儒家代表及心學大師，陽明文字中仍然有著「善惡報應」觀念的表述。雖然「致良知」之教本身強調「良知自律」的作用，但當面對士人之外的庶民而進行道德勸化時，他並不迴避「神明誅殛」、「鬼神殛之」等說法。

陽明高第、了凡之師王畿在答友人的信中說：

> 吾人今日之學，欲求取信於天下，須從自家信起。暗室之內，勿謂人可欺，鬼神時時照察，若自己處心積慮，一毫有愧於鬼神，便是自欺。縱使要討世間便宜，鬼神會能算賬，不由人討得。鬼神與人，幽明只一理，欺不得已，便是欺不得人。〔註51〕

此處，王畿提出「鬼神時時照察」之說，從「鬼神會能算賬」的角度闡釋在暗室之中不得自欺欺人的道理。這表明，他相信鬼神是一種超越於人的獨立存在，而且具有主宰賞善罰惡的能力。此外，在關於因果報應的問題上，王畿也沒有一概否定，他曾有一個經典的表述：「佛氏謂之因果，吾儒謂之報應。」〔註52〕

羅汝芳在出任寧國府知府期間（1562～1565），以「學會、鄉約治郡」〔註53〕，在面向百姓開展教化時大講「因果報應之說」，影響頗大，甚至引來

〔註50〕（明）王守仁：《王陽明全集》，上海：上海古籍出版社，2006年，第1010頁。

〔註51〕（明）王畿著，吳震編校整理：《王畿集》，南京：鳳凰出版社，2007年，第206頁。

〔註52〕同上，第794頁。

〔註53〕羅汝芳：《盱壇直詮》，卷下。

王畿的委婉批評。〔註54〕此外，他還將《鄉約》、《聖論六言》以及《大明律》糅合起來，並摻雜因果報應理論進行宣教，聲稱：「那部《大明律》，豈是空做的？你們犯罪，⋯⋯一定要到你們身上。即使逃得王法，天報也斷乎不爽。」〔註55〕吳震指出：

> 近溪思想轉而關注宗教問題，確與他對心學思潮的反思有關，具體而言，在他看來，由陽明學發展到陽明後學，心學的那套「良知自救」理論未免導向人心自我膨脹而逐漸喪失「敬畏天命」之心，這是近溪思想轉向宗教問題的外緣性因素；再者，從近溪思想的問題意識來看，他認為當今社會的世俗人心已經深深陷入「情識」之中而日益迷茫失落，為從觀念上根本扭轉人心的錯誤走向，惟有重振人們對天心、天命的信仰和敬畏，而不能光靠內心良知的力量。所以他非常強調「上帝日監在茲」以及「神道設教而天下自服」的觀念，企圖以此來規範人心，扭轉世風。〔註56〕

依照這一說法，吾人便不難理解羅汝芳面相世俗宣揚「因果報應」理論的深層原因了。

王畿、羅汝芳之外，陽明學者「神道設教」，面向世俗民間宣揚因果報應的做法屢見不鮮，且在泰州學派中尤為顯著。了凡之友管志道深信鬼神報應之說，曾傚仿北朝顏之推《家訓》的做法，撰有涉及陰騭的文章26篇，總題為「深追先進遺風以垂家訓議」。首條《積陰德以遺子孫》曰：「道家謂積功行者，天曹除其冥籍，升諸天籍，以至於入無極大道。佛家謂修淨業者，臨終往生上界及十方佛界，以至於成無上正覺。皆言此身之本慶也。其義隱然含於餘慶兩字中，而儒者未之察耳。」〔註57〕這表明，他認為佛道二教的因果報應之說原本與儒家易經「積善餘慶，積不善餘殃」的理論完全一致。了凡的「座師」兼摯友楊起元，曾結合個人感悟撰寫《決科要語》一文，以兩位舉業士子潘士藻、祝石林為實例，強調功德積累與善惡報應，闡述「決科之道，以立心格神為本」之理。泰州學派「異端」李贄曾編著《因果錄》以

〔註54〕（明）王畿著，吳震編校整理：《王畿集》，南京：鳳凰出版社，2007年，第295頁。

〔註55〕轉引自酒井忠夫：《中國善書研究》，第49頁。

〔註56〕吳震：《明末清初勸善運動思想研究》，臺北：臺大出版中心，2012年，第75頁。

〔註57〕（明）管志道：《從先維俗議》，卷五。

勸善化俗。該書共分三卷，上卷為「善人果報」，中卷為「惡人果報」，下卷為「放生果報」。每卷又分 17 類，即「少年、家奴、定卒、獄吏、鬼女、貴顯、兄弟、夫婦、邂逅、刑官、僧人、婦人、貧子、惡人、販糶、富民、醫生、翁婿、朋友、守長、將官」，各類贅以具體事例，以佐證因果報應毫髮不爽之理。〔註58〕

清代焦循（1763～1820）《良知論》有云：「余謂紫陽之學所以教天下之君子；陽明之學所以教天下之小人。……良知者，良心之謂也。雖愚不肖、不能讀書之人，有以感發之，無不動者。」〔註59〕此處，焦氏所謂「君子」與「小人」，並非取其後起的道德涵義，而是就其原始涵義中的社會地位標準進行劃分，具體來說，分別指「士」階層與農、工、商階層。他認為，相較於朱熹「格物致知」理論主要以士君子為宣教對象，陽明的「致良知」之教擴大到「士」以下的庶民社會。換言之，陽明心學（或者「致良知」之教）不僅體現在精微的義理層面，而且深具關注世俗社會的性格。了凡作為陽明後學的一員，其勸善的行為本身與「立命之學」的理論品格都被打上陽明心學的烙印。

綜上所述，陽明心學以「正人心、息邪說」為問題導向，在堅持良知自覺的道德訴求的同時，陽明及其後輩學者廣泛開展面對世俗社會的道德勸化活動。在這一過程中，他們大膽利用中國傳統民間社會的信仰觀念以及儒釋道三教的理論資源，採用「神道設教」的方式進行道德勸化。正如余英時指出的，「陽明的『致良知』之教，有『雅』、『俗』兩種版本，這是相應於『覺民行道』而起的儒學新發展。這兩個相互交涉而又平行的系列在陽明身後越來越顯出清楚的分化。」〔註60〕這正是作為陽明後學的了凡憑藉「立命之學」進行勸善活動的思想背景。

〔註58〕（明）李贄：《因果錄》。
〔註59〕（清）焦循：《雕菰集》，卷八。
〔註60〕余英時：《宋明理學與政治文化》，桂林：廣西師範大學出版社，2006 年，第199 頁。

第五章　功過格

　　晚明以降，伴隨了凡「立命之學」的廣泛傳佈，功過格作爲一種實操性勸善讀本在士庶階層中爆發勃勃生機，獲得了經久不息的旺盛生命力。明末清初張履祥（1611～1674）站在批判的立場，指出當時士人群體奉持了凡功過格的風氣之盛，「袁黃功過格，竟爲近世士人之聖書。」〔註1〕清代彭紹升（1740～1796）則指出，「了凡既歿百又餘年，而功過格盛傳於世。世之欲善者，慮無不知效法了凡。」〔註2〕美國學者包筠雅在其《功過格——明清社會的道德秩序》中強調，「儘管功德積累體系，尤其是《感應篇》中解釋的那種功德積累體系，在宋朝和元朝頗受官員和朝廷的注意，但是功過格本身得以廣泛流行卻是16世紀以後的事。此後，主要通過一位名叫袁黃（1533～1606年）的浙江籍士大夫的努力，它們才在文人當中普及開來，並一直持續到20世紀早期。」〔註3〕以上論述，清楚地說明了兩個問題，一是功過格確曾在明末清初的社會產生廣泛而深入的影響，二是功過格的傳播得益於了凡的大力提倡和推動。

　　事實上，功過格作爲一種傳統的善書在了凡之前早已流行，但直至了凡「立命之學」創立，以實踐工具性爲特色的功過格才與立命理論結合在一起，使其工具性價值在「立命之學」的指引下得到更加完美地發揮。倘若將了凡「立命之學」作爲基本理論，那麼功過格就是操作指南，兩者不可或

〔註1〕　（清）張履祥：《楊園先生全集》，北京：中華書局，2002年，第117頁。
〔註2〕　（清）彭紹升：《居士傳》，成都：成都古籍書店，2000年，第242頁。
〔註3〕　（美）包筠雅著、杜正貞等譯：《功過格——明清社會的道德秩序》，杭州：浙江人民出版社，1999年，第26頁。

缺。失去功過格這一實踐工具，「立命之學」就會流於空泛；而若沒有「立命之學」的背書與推動，功過格也不可能如此聲名遠播。換句話說，正是功過格賦予了凡「立命之學」強烈的實踐色彩和實際操作性，並進一步使其在民間信仰和勸善運動中大放異彩。

第一節　功過格的由來、奉持方法及特色

何謂「功過格」？首先要對「功」、「過」、「格」作一訓詁詮釋。「功」，會意，從力，工聲。本義爲功績、功業、功勞。《說文》曰：「功，以勞定國也。」《周禮·司勳》曰：「國功曰功。」《莊子·天地》曰：「事求可，功求成。」《荀子·勸學》曰：「駑馬十駕，功在不捨。」由此可見，「功」原指功勞、功績，經過逐漸發展而有「善行」、「善」的意涵，後世常常「功德」連用，有「積功累德」之謂。「過」，《玉篇》訓爲「度也、越也」，《正韻》訓爲「超也」。《易經·繫辭》曰：「範圍天地之化而不過」。《說文》曰：「過，罪愆也。」值得注意的是，晉代道士葛洪在其《神仙傳·西河少女》將「功」、「過」連用，云：「入人家，即知其家先世以來，善惡功過，有如目擊。」此處，不但「功」、「過」連用，而且「功過」與「善惡」連用。由此可以看出，道教所謂的「功」即是「善」，所謂的「過」即是「惡」，「功過」等同於「善惡」。

所謂「格」，《倉頡篇》曰：「格，量度也」。另有「來也」、「至也」以及「取出」之義。如「格物」、「有恥且格」等等。具體到「功過格」之「格」，有學者以爲是「量度」之意，認爲「道教功過格就是道教回答何爲正當、應該做什麼以及用以衡量人們是非功過的方法」〔註4〕。還有學者以「格，至也」、「格，正也」等儒家「格物」之「格」訓「功過格」之「格」，認爲具有「格己身」的性質〔註5〕，這當然是站在儒家立場來闡釋功過格之「格」。

以上二種解釋，均是從意義角度上說明「功過格」之「格」，各有其道理；但若從形式的角度來考察，所謂「格」無非是格冊、表格之義，《了凡四訓》所謂「余在任置空格一冊」〔註6〕，其實早已言明了。酒井忠夫研究指出，之所以以「格」爲名，「與作格圖並在其上記錄功過有關係」，並且，「整理配列

〔註4〕陳霞：《道家勸善書研究》，成都：巴蜀書社，1999年，第17頁。
〔註5〕方思翰：《修身與化民——論明末清初功過格的儒學內涵》，第28頁。
〔註6〕《文集》，第881頁。

所力行的道德並以數量表示的善書本身，也稱爲格，其功過格必附格圖以流通」〔註7〕。換句話說，吾人所見各種作爲善書的《功過格》，其實僅是其書籍文本，在實際流通尤其是應用過程中，還應搭配有「格圖」，以滿足「所行善惡，纖悉畢記」〔註8〕的實踐需要。

功與過，善與惡，本爲主觀抽象的概念，而功過格則通過一定形式把功過進行量化。應當說，這既是道家的一個創建，也是中國傳統文化「實用價值理性」的一種表現。日本學者窪德忠認爲：「用分數來表現行爲的善惡程度並有這種指導書的國家，除中國外大概再也沒有其他國家了。」功過格的出現，表明中國人具備了命運可變、自我改造命運的意識，因而是精神生活中劃時代的成果。這裡有一點需要特別注意，功過格之所以「功過」爲名而不以「善惡」爲名，應與中國文化包容、含蓄的特徵有關。中國人的性格更加傾向於委婉的表達方式，如將人的所有行爲徑以「善」、「惡」二字斷之，在儒家道德主義盛行的傳統社會，會顯得過於唐突，使人在感情上難以接受；若以「功過」代之，則大概不會過於強烈地刺激人的敏感神經。功過格自創立以來，對於中國社會特別是民間價值觀念的影響相當深遠，直到現在，如果某某行善積德，得到社會的肯定和贊揚，按照通俗的表述──可爲某某「記上一功」，這種觀念正是源自功過格。

功過格作爲一種操作性很強的善書，其背後的思想根源是中國源遠流長的善惡報應思想和功德積累（功過相抵）傳統。前文曾述，人的行爲善惡自有報應的思想，早在先秦時期就已形成。《易經》云：「積善之家，必有餘慶；積不善之家，必有餘殃。」漢代又逐步衍生出天地神靈監督人的善惡行爲並予以報應的觀念。《河圖・紀命符》云：「天地有司過之神，隨人所犯輕重，以奪其算紀。惡事大者，奪紀。過小者，奪算。隨所犯輕重，所奪有多少也。人受命得壽，自有本數。數本多者，紀算難盡，故死遲。若所稟本數以上，而所犯多者，則紀算速盡而死早也。」

道教繼承漢代讖緯學說，所以神靈獎善懲惡的思想在歷代道教經典中多有體現。《太平經・大功益年書出歲月戒》云：「過無大小，天皆知之。簿疏善惡之籍，歲日月拘校，前後除算減年；其惡不止，便見鬼門。」〔註9〕同經

〔註7〕　《日本學者研究中國史論著選譯》，第498頁。
〔註8〕　《文集》，第881頁。
〔註9〕　王明：《太平經合校》，北京：中華書局，2014年，第160頁。

《天神考過拘校三合訣》稱，天地諸神共記人之罪過，三年一中考，五年一大考，「過重者則坐，小過者減年奪算」。《赤松子・中誡經》稱人之壽命都有一百二十歲，以每年三百六十五日計，合四萬三千二百天。「天上三臺北辰司命司錄，差太一直符，在人頭上，察其有罪，奪其算壽。若奪一年，頭上星無光，其人坎坷多事。奪算十年，星漸破缺，其人災衰疾病。奪其算壽二十年，星光殞滅，其人困篤，或遭刑獄。奪其算壽三十年，其星流散，其人則死。時去算盡，不周天年，更殃後代子孫，子孫流殃不盡，以至滅門。」故「為善者，善氣覆之，福德隨之，眾邪去之，神靈衛之，人皆敬之，遠其禍矣」。〔註10〕《抱朴子內篇・對俗》強調，人欲求仙，「要當以忠孝和順仁信為本」，而且具體規定「人欲地仙，當立三百善；欲天仙，立千二百善。若有千一百九十九善，而忽復中行一惡，則盡失前善，乃當復更起善數耳。故善不在大，惡不在小也。」〔註11〕《玄都律文》亦云：「為善者自天祐之，為惡者天必殃之。人有一善，心定體安；人有十善，氣力強壯；人有二十善，身無疾病；人有三十善，所求者得。」四十善、五十善以至九十善、二百善、三百善直至千善，各有善應。最高的善應是「後世出神仙真人」。〔註12〕其後的一些道教經籍如《要修科儀戒律鈔》、《至言總》、《墉城集仙錄》等，也多有關於善惡報應計數的類似記述，所有這些善惡計數都是由天地神靈所為。唐五代道士杜光庭在《道門科範大全集》中稱仙靈主宰「錄善惡之二書，舉功過之兩簿」，又稱南極司錄「掌吉凶禍福之文，判長短死生之命，功則添而過還滅，善既錄而惡必除」。元代淨明道有學道人「自錄」功過的規定，《太上靈寶淨明飛仙度人經法》卷一說「十戒」的第三戒要求學道者無忘「日錄」。「日錄者，所以修檢善惡之處」因此，它是「不教之師也，不說之友也，不詔之君父，不約之法度。」〔註13〕這種「自錄」，也可以看成是道教功過格的一種形態。道教將功過格作為道士修仙法門，並逐步影響到世俗社會以及儒者與佛教中人。

現存最早的功過格，是作於金「大定辛卯之歲」的《太微仙君功過格》。「大定辛卯」為金世宗大定十一年，南宋孝宗乾道七年（1171）。如名所示，該功過格詫為「太微仙君」所授，據作者「西山會真堂無憂軒又玄子」稱，

〔註10〕 《赤松子・中誡經》。
〔註11〕 《抱朴子內篇・對俗》。
〔註12〕 《玄都律文》。
〔註13〕 《太上靈寶淨明飛仙度人經法》，卷一。

其「於大定辛卯之歲仲春二日子正之時，夢遊紫府朝禮太微仙君，得受功過之格，令傳信心之士。」〔註14〕究其內容，即所列善惡條目，分爲「功格三十六條」、「過律三十九條」兩大部分。其中，前者包括救濟門十二條、教典門七條、焚修門五條，用事門十二條；後者包括不仁門十五條、不善門八條、不義門十條、不軌門六條。其功過條目共計七十五條，每條之中不但包涵「質」的判斷，而且具有「量」的分別。比如，「以符法針藥救重疾一人爲十功，小疾一人爲五功，如受病家賄賂則無功」〔註15〕；又如，「故傷殺人性命爲百過，誤傷殺性命爲八十過」〔註16〕。關於奉持的效用，作者稱「依此行持，遠惡遷善，誠爲眞誠，去仙不遠矣」〔註17〕。也就是說，該「格」作爲一種道教戒律，可以幫助奉持者「遠惡遷善」，進而可以躋身仙列，換句話說，無論奉持功過格抑或「遠惡遷善」，都是爲「成仙」的總目標服務的，集中體現了道教的終極追求。該功過格收錄於《正統道藏・洞眞部・戒律類・雨字號》，在時間上稍晚於成書於北宋末年的道教善書《太上感應篇》，後者收錄於《正統道藏・太平部・義字號》。《太微仙君功過格》之後，歷朝歷代編製的功過格種類繁多，層出不窮，較爲著名的有《十誡功過格》與《警世功過格》。《十誡功過格》吸收宋明理學的修養內容以及佛教的清規戒律，稱「學道乃身心性命之事」，「以十戒定功過」。「十戒」指的是戒「殺、盜、淫、口惡、口舌、綺語、妄語、貪、嗔、癡」。《警世功過格》認爲儒正心，道存心，佛明心，會通三教，修心爲本。因此稱「變化氣質，歸於純粹」爲一千功，而「心懷陰險」爲五百過。功過格的各種功和過的規定，其特徵就是仁民愛物、忠君孝親、崇信三寶（道、經、師）。這既是道教倫理思想的體現，也是宋明以後中國古代道德價值標準的反映。

具體來講，《太微仙君功過格》的奉持方法如何呢？其篇首云：

> 凡受持之道，常於寢室床首置筆硯簿籍，先書月份，次書日數，於日下開功、過兩行。至臨臥之時，記終日所爲善惡。照此功過格內名色數目，有善則功下注之，有惡則過下注之，不得明功隱過。至月終計功過之總數，功過相比，或以過除功，或以功折過，折除之外者明見功過之數。當書總記訖，再書後月，至一年則大比，自

〔註14〕《太微仙君功過格》，序。
〔註15〕《太微仙君功過格》，功格。
〔註16〕《太微仙君功過格》，過律。
〔註17〕《太微仙君功過格》，序。

知罪福，不必問乎休咎。〔註18〕

也就是說，奉持者根據功過格給出的功過條目以及功過數量，對照自己一日之中所行善惡，在臨睡之前於「簿籍」上登記功過的數量。善言善行為「功」，登「功格」；惡言惡行為「過」，記入「過格」，在月終及年終進行核算（「比」）。在奉持過程中，有三項原則值得注意：一是不得「明功隱過」，強調對於奉持者的內在約束；二是功過可以相抵，奉持者能夠「以過除功」或者「以功折過」；三是聲稱功多者得福，過多者則得禍。其中，功德積累與「功過相抵」的觀念源於的道教思想，最能體現功過格的特色，也是鼓勵奉持者「改過遷善」的行為的理論依據。

以《太微仙君功過格》為例進行考察，可以看出作為善書的功過格具有以下特點：

一、操作性和工具性。如陳霞所指出的，「《感應篇》之類的說理性勸世文注重講善惡報應和積善成仙的道理，提供倫理規範；而功過格則是具體執行和操作的前者提出的倫理規範，並使這些道德規範得以量化的善書。」〔註19〕如《了凡四訓》對於何為「善」、何為「惡」細緻講解，極盡說理之能事，強調「為善窮理」；而《了凡功過格》則不同，它簡易直截，善惡條款綱舉目張，並將每一善惡以分數量化，直接規範人們的行為。

二、以儒家倫理道德為基本內容。儒家向來注重道德的教化，功過格作為一種道德傳播的工具，其內容條目以儒家道德說教為主，而儒家倫理道德往往作為判斷是非善惡的標準，同事呈現儒釋道思想雜糅的傾向。甚至可以說，在某一特定時期，功過格所列條目實實在在地反映出倫理道德的時代特色。

三、與佛道二教相得益彰。功過格雖源於道教，但後世極力提倡這一善書的莫過於佛道二教。一方面，佛道二教在《太微仙君功過格》的基礎上，進一步編製多種適應自身教義需要的功過格，如雲溪袾宏的《自知錄》；另一方面，由於功過格的背後的信仰基礎是善惡報應觀念，所以二教報應觀尤其是佛教的因果報應觀念的流行在某種程度上強化了人們對於功過格的信奉。

四、宣揚功利主義。功利主義（utilitarianism）倫理學是十九世紀以來影響廣泛的倫理學流派。所謂功利，即功用、效益之義。其最大特徵是把功利

〔註18〕 《正統道藏・洞真部・戒律類・雨字號》。
〔註19〕 陳霞：《道家勸善書研究》，成都：巴蜀書社，1999年，第51頁。

作爲尺度來回答何爲善，即以對個人或社會產生的利益、快樂和幸福作爲尺度對善惡進行界定。由於效益一般產生於行爲之後，所以功利主義傾向一種行爲後果論。應該說，趨吉避凶、追求幸福本是人類的本性，而功過格的基礎也是宣揚行善獲福、作惡得禍，爲世俗大眾趨吉避凶提供建議。

第二節　《了凡功過格》

一、提倡背景

　　自從《太微仙君功過格》創立後，伴隨著勸善思潮的湧動，後世奉持者不乏其人，且早已超出道教的範圍而迅速流佈於整個社會。及至明代，在三教融合的背景下，儒家修身正念的思想、佛教爲善去惡的教化以及道教傳統的修持法門，使得功過格或與功過格類似的修身工具（暫且稱之爲「類功過格」）在市民大眾乃至精英群體中屢見不鮮。例如，泰州學派羅汝芳早年便有「日記功過」的經歷。據其門人記載：

　　　　辛卯（筆者按：嘉靖十年 1531）學憲東沙張公刻頒二子粹言，
　　師（筆者按：羅汝芳）悅玩之，内得薛文清公一條云：「萬起萬滅之
　　私，亂吾心久矣，今當一切決去，以全吾澄然湛然之體。」若獲拱
　　璧，焚香叩首，矢心必爲聖賢。立簿日記功過，寸陰必惜，屏私息
　　念，如是數月，而澄湛之體未復。壬辰（嘉靖十一年 1532），乃閉
　　户臨田寺中，獨居密室，几上置水一盂、鏡一面，對坐逾時，俟此
　　中與水、鏡無異，方展書讀之，頃或念慮不專，即掩卷復坐，習以
　　爲常，遂成重病。〔註20〕

　　羅氏「立簿日記功過」，到底受何人影響，文中沒有交代，但從後文——「獨居密室，几上置水一盂、鏡一面，對坐逾時」的方法，顯然屬於淨明道的修行方式。淨明道發端於江西，其本山玉隆萬壽宮位於南昌郊外的西山上，而其重要根據地就在江西省城南昌。羅汝芳生在南城，距南昌不太遠，難免受到淨明道文化的薰陶浸潤。因此，我們有理由推測，羅氏「日記功過」很有可能受到道教的影響。與道教以功過格作爲修仙得道的工具不同，羅氏「日記功過」的目的在於袪除私念，復還澄湛之體，希冀成爲聖賢。由此看來，他無疑仍然是以儒學爲宗的。

〔註20〕羅汝芳：《盱壇直詮》，卷下。

　　了凡好友馮夢禎也曾奉持類似功過格的修身方式，其《刻淨土三經緣起》云：

　　　　余辛巳夏嘗與淨侶結制拙園，扁其堂曰「淨業」。一事一念之失，必至佛前籍而記之，以驗工夫之進退，用心之疏密，目之曰「淨土資糧」。佩之胸前，出入臥起必俱，然精進勤勇才數月耳，其後漸殆漸棄，並冊子亦不知何在。忽忽八年矣，吾郡季居士某篤信淨業，既佩所謂「淨土資糧」，結淨侶修持無替矣，而又刻淨土三經……〔註21〕

　　辛巳為萬曆九年（1581年），其時了凡尚未考中進士，其在《立命之學》中提倡功過格為二十年後的事情。按照「立命之學」所述，了凡已於十二年前的隆慶三年（1569）接受雲谷禪師的點撥而奉持功過格。此處馮夢禎所謂「淨業一事一念之失，必至佛前籍而記之，以驗工夫之進退，用心之疏密」，無疑與功過格自記功過的精神一致。不同之處在於，這一記錄方式強調在「佛前」進行；記錄的內容也已超出行為過失（「一事」）的範圍，涵蓋心念的過失（一念）了。這表明，相較於世俗民眾，當士大夫階層採用類功過格修身方式時，更加注重內心過惡的祛除，呈現與理學修身主義相結合的傾向。馮氏修持「淨土資糧」並無受了凡影響之跡象，卻顯示出極強的佛教修持意味，其目的在於修習「淨業」，這由「淨土資糧」之名亦可以看出。

　　以上二例頗具代表性，值得充分注意。羅、馮二人，一為了凡之師，一為了凡之友，都是與了凡有深厚淵源的人。同時，他們又都屬於士紳階層。羅、馮二人，一位受道教影響，一位受佛教影響，都以功過格類似的方式作為修身的手段。值得注意的是，這種「類功過格」的修身方式流行於了凡提倡「立命之學」之前。可見，晚明社會士庶階層在佛、道二教氤氳之下，修持功過格的風習已經蔚然成風。當時流行的功過格，有些並不以「格」為名，但都具有自記功過的性質，因此都屬於廣義上的功過格。廣義上的功過格種類繁多，有傾向於道教的《太微仙君功過格》，也有傾向於佛教的《自知錄》。這表明，建立在報應基礎上的「功過格」思想體系，能夠為儒釋道三教以及晚明時期的世俗社會所廣泛接受和支持。這正是了凡提倡功過格的社會背景。

　　　〔註21〕馮夢禎：《快雪堂集》，卷三十，「刻淨土三經緣起」。

二、內容與特色

所謂「了凡功過格」，是後世對了凡在「立命之學」中所倡導的那種功過格的專門名稱。這種功過格在後世流傳廣泛，往往附於《了凡四訓》之後刊行。比如，現存較早、流傳較廣的《稗乘》版《訓子言》，就是「立命之學」（《了凡四訓》的首篇）附上「功過格」印行的。日本在 1701 年以崇禎版《陰騭錄》爲藍本所刻的元祿版《陰騭錄》內，收有所謂「雲谷禪師功過格款」。兩相對比，這兩款功過格在文辭表達方面有些許出入，而內容則幾乎完全相同。根據《了凡四訓》，此款功過格是在隆慶三年（1569）了凡在棲霞山授自雲谷禪師的。〔註 22〕無論是否由雲谷禪師創制，但此款功過格爲了凡大力推廣並廣泛流行則是確定無疑的，故本文稱之爲《了凡功過格》。其內容分爲「功格五十條」、「過律五十條」。

羅列如表：

表 5-1

功格五十條		過律五十條	
百功	1 救免一人死； 2 完一婦女節； 3 阻人不溺一子女，爲人延一嗣；	百過	1 致一人死； 2 失一婦女節； 3 贊人溺一子女；
五十功	4 免墮一胎； 5 收養一無依； 6 葬一無主骸骨； 7 救免一人流離；	五十過	4 墮一胎； 5 破一人婚； 6 拋一人骸； 7 致一人流離；
三十功	8 度一受戒弟子； 9 化一爲非者； 10 白一人冤； 11 施一葬地與無土之家；	三十過	8 毀一人戒行； 9 造謗污陷一人； 10 摘發一人隱私與行止事；
十功	12 薦引一有德人； 13 除一人害； 14 編纂一切眾經法； 15 以方術治一人重病；	十過	11 排擠一有德人； 12 薦用一匪人； 13 受畜一失節婦； 14 畜一殺眾生具；
五功	16 勸息一人訟； 17 傳人一保益性命事； 18 編纂一保益性命經法；	五過	15 譏謗一正法經典； 16 編纂一有傷教化詞傳； 17 見一冤可白不白；

〔註22〕《了凡四訓》曰：「雲谷出功過格示予，令所行之事，逐日登簿。善則記數，惡則退除。」參見《文集》，第 879 頁。

－135－

	19 以方術救一人輕疾； 20 救一有力報人之畜命；		18 遇一病求救不救； 19 唆一人訟； 20 造一渾名歌謠； 21 惡口犯平安； 22 阻絕一道路橋梁； 23 殺一有力報人之畜命；
三功	21 受一橫不嗔； 22 任一謗不辯； 23 受一逆耳言； 24 免一應責人； 25 救一無力報人之畜命；	三過	24 嗔一逆耳言； 25 乖一尊卑次； 26 醉而犯一人； 27 責一不應責人； 28 兩舌以離間人； 29 服一非法服； 30 殺一無力報人之畜命；
一功	26 贊一人善； 27 掩一人惡； 28 阻人一非爲事； 29 勸息一人爭； 30 行而治人一疾； 31 拾得遺字一千； 32 不受非得之一饌飲； 33 濟一人饑； 34 留無歸人一宿； 35 講演善法論及一人； 36 興事利及一人； 37 接濟人畜一時疲頓； 38 葬一自死禽畜； 39 救一細微濕化之屬命；	一過	31 沒一人善； 32 唆一人鬥； 33 播一人惡； 34 助人爲非一事； 35 見人盜細物不阻； 36 不告人取人一針一草； 37 欺誑一無識； 38 負一約； 39 失一約； 40 見人憂不慰； 41 役人畜不憐疲頓； 42 殺一細微濕化屬命；
百錢一功	40 修造路橋河渡； 41 疏河掘井以救眾； 42 修置三寶寺院，造三寶尊像及施香燭燈油等物； 43 施人而修置則減半，即二百錢爲一功； 44 還人遺物； 45 饒人債負； 46 勸人出財作種種功德； 47 行功果以救沈魂； 48 賑窮； 49 建倉平糶； 50 施茶水、捨棺木一切方便事。	百錢一過	43 暴棄天物； 44 毀人成功； 45 背眾受利； 46 傷用他錢； 47 負貸； 48 匿遺； 49 因公恃勢乞索； 50 巧索取人一切財物。

　　相較於作爲功過格始祖的《太微仙君功過格》，《了凡功過格》顯得別具特色。從修習功過格的目的上看，如前文所述，《太微仙君功過格》主要作爲道士修道的法門之一，其修習目的無疑是爲道教的終極目的「成仙」服務的，

固其序言中強調「依此行持……去仙不遠矣」。而《了凡功過格》則不同，它與了凡「立命之學」可謂一體兩翼，是爲實現了凡倡導的「立命」目標而服務的。「立命之學」論證了「造命者天，立命者我。力行善事，廣積陰德，何福不可求哉？」〔註23〕認爲積德行善可以求得功名、子嗣、長壽等世俗福報，而行善的依據，則爲《功過格》。換句話說，《了凡功過格》是以改變命運和求得現實福報爲目的的。包筠雅就此指出，「通過將功過格關注的焦點從宗教的、來世的目的，**轉變**到世俗的、現世的目的，他們（筆者按：指了凡與雲谷禪師）改變了功過體系的基本性質。人現在能更有力、更直接地控制他的命運——無需等到他來生或此生結束的時候才享受善的果實。《太上感應篇》和《太微仙君功過格》提供的報答主要是長壽和成仙，而雲谷和袁黃卻許諾可以報答以考試功名及地位上升」〔註24〕。了凡在其《四訓》中詳述其奉行功過格之情形：

> 自己巳（1569）歲發願，直至己卯（1579）歲，歷十餘年，而三千善行始完。時方從李漸庵入關，未及迴向。庚辰（1580）南還，始請性空、慧空諸上人，就東塔禪堂迴向。遂起求子道場，亦許行三千善事，辛巳（1581）生男天啓。予行一事，隨以筆記。汝（筆者按：了凡之子袁儼）母不能書，每行一事，輒用鵝毛管印一朱圈於曆日之上。或施食貧人，或買放魚蝦，一日有多至十餘圈者。至癸未（1583）八月，三千之數已滿，復請性空輩就家庭迴向。九月十三日，起求中進士道場，許行善事一萬條，丙戌（1586）登第，授寶坻知縣。予在任置空格一冊，名「治心編」，晨起坐堂置案桌上，所行善惡，纖悉畢記。夜則設桌於庭，效趙閱道焚香告帝。……孔公算予五十三歲有厄，予未嘗祈壽，是歲竟無恙，今六十九歲矣。書曰：『天難諶，命靡常。』又云：『惟命不於常。』皆非誑語。吾於是而知，凡稱禍福無不自己求之者，乃聖賢之言，若謂禍福惟天所命，則世俗之論矣。〔註25〕

了凡通過奉持功過格，獲得了超出預期的壽命、晚年得子、進士及第等等福報，既然這是了凡提倡功過格的主要理由，自然也可以看作奉持《了凡

〔註23〕文集，第897頁。
〔註24〕（美）包筠雅著，杜正貞等譯：《功過格——明清社會的道德秩序》，杭州：浙江人民出版社，1999年，第108頁。
〔註25〕《文集》，第880～881頁。

功過格》的目的所在。

從功過格所列條目內容來看，與《太微仙君功過格》相比，大概具備了四種特色。一是形式上呈現簡化趨勢。《太微仙君功過格》分為功格三十六條（包括救濟門十二條、教典門七條、焚修門五條、用事門十二條）、過律三十九條（包括不仁門十五條、不善門八條、不義門十條、不軌門六條），在每個「門」下面再按照程度不同，劃分功過的數量大小。而《了凡功過格》則直接按照「準百功」、「準五十功」、「準三十功」等功過大小進行分類，每類再設條目，整體形式上顯得更加簡單明瞭。這體現了功過格這種操作性善書，在流傳過程中，為更加迎合人們傾向方便的需要，呈現出逐步簡化便捷的趨勢。二是淡化了道教神靈的崇拜以及道教科儀。《太微仙君功過格》序言中明白指出該功過格來自「紫府太微仙君」，並強調「上天真司考校」在功過體系中的巨大作用，而在開列的「教典門」、「焚修門」中，存在大量的「法籙」、「章醮」等道教儀軌。而在《了凡功過格》中，這些內容都不見了，通過進一步淡化道教神靈的色彩，使得功德積累的體系更加現世化和人性化。正如包筠雅所指出的，「他們（筆者注：了凡和雲谷禪師）所開列的事跡也反映了這樣一種變化：由於主要是世俗性的道德活動，他們不會把功過格的使用歸屬於任何特定的宗教團體。誠然，對雲谷和袁黃來說，功德積累仍然是一個建立在特定宗教信仰之上的綱領，因為它仍然完全依靠對超自然報應的信仰。……但是，與較早的、明朝以前的功過體系相比，強調的重點不再是人對這種超自然體系的依賴，而是他駕馭它的能力，決定自己現世命運的能力。功德積累現在是個人掌握自己命運的首要的、也是最重要的方法，而不是神防止人們作惡的方法」。三是將佛教要求修造佛教經像的觀念帶入功過格中。如將「修置三寶寺院，造三寶尊像及施香燭燈油等物」作為「百錢一功」。這體現了明代三教融合的一種趨勢。總的看來，《了凡功過格》的宗教色彩遠遠沒有之前的那麼濃厚。四是世俗道德倫理內容大大增加。在宗教色彩淡化的同時，《了凡功過格》納入了大量世俗倫理道德的內容。諸如：「完一婦女節」、「為人延一嗣」等等迎合儒家宣揚的傳統倫理道德；「贊一人善」、「掩一人惡」、「阻人一非為事」、「勸息一人爭」等等是儒家君子應當具備的涵養；「修造路橋河渡」、「疏河掘井以救眾」是中國傳統士紳社會鄉村治理倡導的個人美德。總而言之，《了凡功過格》的條目可以看作世俗倫理道德之於社會個體的全部要求的綜合。

從奉持方式上看，既然《了凡功過格》的奉持對象已經超出了道教的畛域而擴大到廣闊的世俗民間，那麼就必須對奉持方法作出適當安排。《四訓》所謂：「汝母不能書，每行一事，輒用鵝毛管印一朱圈於曆日之上。或施食貧人，或買放魚蝦，一日有多至十餘圈者。」〔註26〕筆者認爲，這正透露出《了凡功過格》已爲廣大婦女以及不識字的下層民眾作出安排。了凡夫人雖然不識文字，同樣可以在完成一事之後，「用鵝毛管印一朱圈於曆日之上」，足見這一形式對於記錄善惡之簡單易行和便於操作。這是《了凡功過格》相比於《太微仙君功過格》更加世俗化、人性化的另一重要表現。

以上主要圍繞《了凡功過格》與《太微仙君功過格》的不同之處進行了探討，籍以說明出現於晚明時期、對後世影響巨大的《了凡功過格》呈現出的新趨勢和新動向。其實，二者並非沒有相通之處。雖然強調的重心，已經由後者的神靈的獎善懲惡轉變爲前者的個人把握並改變自身命運，但二者背後的理論支撐仍然是「對超自然報應的信仰」。又如，儒釋道三教都不支持殺戮，饒有意味的是，同樣是殺生，《了凡功過格》承襲了《太微仙君功過格》的傳統，將殺的對象區分爲對人有用之畜和無用之畜，殺害二者的罪過大小不同。也就是說，同樣的物命，其價值由對「人」的利害來做功過區分。

三、《當官功過格》

了凡任職寶坻縣令期間，曾經親自創制另外一種功過格——《當官功過格》。〔註27〕了凡敘述此功過格之由來：

> 《書》云：「作善降之百祥，作不善降之百殃。」又云：「惠迪吉，從逆凶。」惟影響嚴矣哉！《道藏》有紫微帝君功過格，吾師復所楊先生刻之感應篇中，余取其有切於官守者增損數條，用以自警。〔註28〕

「復所楊先生」即了凡座師兼好友楊起元，楊、袁二人的學術十分相近，其關係遠超尋常座師與門生。作爲泰州學派學者，楊氏曾著《決科要語》，並將《太上感應篇》與《道藏》「紫微帝君功過格」一同刊刻，說明楊氏也是宣揚陰騭思想、推動勸善運動的一員。了凡受其影響，在《紫微帝君功過格》

〔註26〕《文集》，第881頁。
〔註27〕顏茂猷《迪吉錄》卷四收錄有《當官功過格（增）》，在了凡《當官功過格》的基礎上進行增加，更爲詳細，功格增加爲五十條，過格增加爲三十八條。
〔註28〕《文集》，第741頁。

的基礎上進行增損而創制《當官功過格》。從「用以自警」的目的來推斷，《當官功過格》應當作於了凡爲政寶坻期間，即萬曆十六年（1588）至萬曆二十年（1592）之間。

體例方面，了凡《當官功過格》遠遠不及《太微仙君功過格》之細密，也無《了凡功過格》之精緻，僅僅分爲功格二十七條，過格二十八條。這反映出功過格這類善書，在演進過程中形式上逐步簡化，更加趨向於簡便和容易操作。內容方面，《當官功過格》每一條目都與官員職守密切相關。以功格爲例（過格基本與之相反），內容大致可分爲以下幾類：

1、公正審判，適當量刑，避免冤獄，如：

> 免大辟一人當百功。
>
> 免永戍一人當五十功。
>
> 免終身軍一人當三十功。
>
> 免滿徒一人當二十功；三年徒當十五功；二年徒當十功；一年徒當五功。
>
> 免滿杖一人當三功；九十以下當二功。
>
> 責人須明告其罪，使之知改，凡刑人而當使見者愜心、受者愧服。算十功。
>
> 凡聽訟能伸冤理枉一事算一功。能誨誘頑民，平其忿心使之無訟。算十功。
>
> 監中囚犯依期給糧，禁戢獄卒，使得安寧。一人算一功。閒中進監，爲陳說善惡，使肯改過。一人算百功。

2、平均攤派賦役，如：

> 凡有力役，差遣均平，使合縣受福。算千功。
>
> 催徵有法，不甚用刑而錢糧畢辦。算百功。

3、虔誠祭祀祈禱，如：

> 未祭而能守齋戒，當祭而如對神明。算十功。
>
> 禱雨祈晴能竭誠盡慎，有應。每事算百功。

4、認真推行教化，如：

> 闡明正教，維持正法，使聖賢遺旨粲然復明於世。功德無量。
>
> 凡事惜福，躬行節儉，使風俗還淳。算千功。

教人爲善，誘掖獎勵，成立其功，各因人受益之大小而定之。

5、努力賑濟災民，如：

賑濟得實。一人算一功。

荒年煮粥，本縣來食者一人算一功。他方來食者一人算二功。

冬寒窮民無衣，設法做襖給之。自給者一襖算三功，勸人給者算五功，以不獨爲君子也。凡施人錢物，皆以百錢算一功。

收養孤老一人算十功。勸其親戚，責以大義，令各收養。一人算二十功。〔註29〕

通過引文可以看出，《當官功過格》所列舉的官員各種政治行爲，屬於司法審判活動者居其泰半。這說明，公正的司法應是當時縣級官吏以及民眾關注的一個焦點。對於所有列舉的行政行爲，了凡以「功」與「過」進行定性，又以「千、百、十、一」等數字進行定量。無論就質性抑或量性而論，這些涉及官守事務的行爲，看起來都不難實踐。而《了凡四訓》「積善之方」中論及「爲善」與「窮理」之間的緊張性，在此基本涉及不到，這是功過格本身操作性、工具性的一個反映。而從功格最末一條——「凡解人之怒，釋人之疑，濟人之急，拯人之危，皆隨事之大小、人之善惡算功」〔註30〕來看，作爲官員的奉行者本身對「事之大小、人之善惡」具有一定的裁量權，同時賦予奉行者一定的主觀性和素質要求。由《當官功過格》之內容，可以窺見了凡爲政思想之重心，甚至進一步推知了凡在寶坻推行「仁政」的端倪。《寶坻政書》是了凡門生劉邦謨、王好善收錄其對縣衙內部吏戶禮兵刑工「六房」發佈實施的公文與示諭，從中可以看到了凡以仁爲本、愼用刑法的思想，可與《當官功過格》的兩相印證。其前言曰：

先生愼用刑，常終日不笞一人，經月不擬一罪，縣中刑具，皆依《律》改正。民有犯罪者，必反覆曉諭，令其悔悟。暇則親至獄中，告諸囚以「爲善得福、爲惡得禍」之理，時有聞而涕泣者。故十七年秋，大雨牆圮，而重囚相戒守法，無一人敢逸。斯亦奇矣！〔註31〕

楊起元在爲了凡《寶坻勸農書》所作序言中指出，了凡「嘗以西方大慈

〔註29〕參見《文集》，第 741~745 頁。
〔註30〕《文集》，第 745 頁。
〔註31〕《文集》，第 765 頁。

氏之法化民，愛民之深也」〔註32〕。由此可知，了凡所作所為、所行所施，
與其在《當官功過格》中「用以自警」的條文是完全一致的。

第三節 「功過格運動」

明末清初，伴隨著了凡「立命之學」及《了凡功過格》的盛行，民間社
會興起一股勸善風潮。在這股風潮之中，有兩大亮點引人注目：一是由東林
黨人推動的「同善會」，二是「儒門功過格運動」（王汎森語）。夫馬進在其《中
國善會善堂史研究》專門介紹這一時期的同善會運動，包括王門學者楊東明
的虞城同善會，由東林黨人高攀龍、錢一本、陳龍正等組建的同善會以及清
初陸世儀、陳瑚等人組織的崑山地區同善會。他還指出，明末清初江南地區
的同善會具有明顯的「民眾教化組織的特徵」。〔註33〕而王汎森則以明末清初
的「日譜」為線索進行研究，指出了凡提倡的功過格造成的廣大影響，是「儒
門功過格運動」興起的重要因素。〔註34〕事實上，除「儒門功過格運動」之
外，佛教也對功過格這一修身方式產生興趣，創制了佛教化的功過格（如雲
溪袾宏《自知錄》）。換句話說，對於明末清初功過格的蓬勃發展這一重要思
想現象，儒家（士大夫階層）與佛教人士基於各自立場都有所回應。

一、佛教化的功過格

明代高僧雲溪袾宏（1535～1615）在其晚年（萬曆三十二年，1604）自
創功過格——《自知錄》並加以大力提倡。其《自知錄序》曰：

> 予少時見《太微仙君功過格》而大悅，旋梓以施。已而出俗行
> 腳，匍匐於參請。既歸，隱深谷，方事禪思，遂無暇及此。今老
> 矣，復得諸亂帙中，悅猶故也。乃稍為刪定，更增其未備，而重梓
> 焉。〔註35〕

由此可知，袾宏在其「少時」便受到《太微仙君功過格》的影響，這也
從一個側面說明功過格在晚明時期深入民間的情況。

〔註32〕《文集》，第 144 頁。
〔註33〕夫馬進：《中國善會善堂史研究》。
〔註34〕王汎森：《晚明清初思想十論》，上海：復旦大學出版社，2004 年，第 119 頁。
〔註35〕（明）雲棲袾宏撰，明學主編：《蓮池大師全集》，上海：上海古籍出版社，
2011 年，第 855 頁。

如果說《了凡功過格》與《太微仙君功過格》的不同之處更多體現了功
過格這種善書由宋至明的變化趨勢，那麼，相比於高僧雲棲袾宏創制的《自
知錄》，《了凡功過格》又有哪些特色呢？

本來，《自知錄》是受道教《太微仙君功過格》的影響而創制的，這一點
雲棲袾宏早已明言。從報應觀念來說，佛教「三世因果」的報應觀強調自業
自受，原無神靈記人善惡並給與獎懲的觀念。神靈記人善惡的觀念，是受道
教思想影響產生的，在晉代佛經中已經出現。〔註 36〕宋代以降，《太上感應
篇》、《太微仙君功過格》等道教善書宣揚的報應觀念，是《易經》及中國傳
統強調的「積善之家必有餘慶，積不善之家必有餘殃」的家族式報應觀，這
與佛教的自業自受，強調一己之因果（父子不相代）大相徑庭。家族式的因
果報應，個人行善不僅可使自身獲得利益，整個家族尤其是子孫後代也會得
到福報。雲棲袾宏接受道教家族式因果報應觀，但卻修改《太微仙君功過格》
的內容條目，極力將佛教的因素融入其中注入佛教因子。其修改原則，見《自
知錄·凡例》：

　　　　一、舊曰「功過」，今曰「善過」，取《周易》「見善則遷，有過
　　則改」之義。善即功故。
　　　　一、舊有天尊、真人、神君等，今攝入諸天。舊有章奏、符籙、
　　齋醮等，今攝入佛事。各隨所宗，無相礙故。
　　　　一、該善若干，該過若干，與舊稍有增減。小異大同故。
　　　　一、在家、出家一切人等，凡有所求，不必勞形役志，百計謀
　　劃，希望成功；亦不必禱神祠天，宰殺牲牢，請乞福祐。但發心積
　　善，或至五百，或至一千、三千、五千、乃至於萬。隨其所求，必
　　滿願故。
　　　　一、以上休咎，但是花報，若夫來生，即此可知。果報不虛故。
〔註 37〕

以上五條，是其凡例，基本上記載其在《太微仙君功過格》的基礎上所
作修改。由其中第二條：「舊有天尊、真人、神君等，今攝入諸天。舊有章
奏、符籙、齋醮等，今攝入佛事。各隨所宗，無相礙故」，尤可看出其佛教立

〔註36〕　參見蕭登福：《道教與佛教》，臺北：東大圖書股份有限公司，1996 年，第 87
　　　　頁。
〔註37〕　（明）雲棲袾宏撰，明學主編：《蓮池大師全集》，上海：上海古籍出版社，
　　　　2011 年，第 847 頁。

場。但是，雲棲袾宏仍然吸收了《太微仙君功過格》中神靈記錄善惡的觀念。《自知錄‧序》稱：

> 矧二部童子、六齋諸天，並世所稱臺、彭、司命、日遊、夜遊、予司、奪司，元會節臘等，昭佈森列，前我後我，左右我，明目而矚我。正使我不書，彼之書固以密繭絲而析秋毫矣。〔註38〕

所謂「二部童子」即是「善惡童子」，「六齋諸天」即是太一、北斗、三官等神下校人世日，「臺」即「三臺」，「彭」即「三尸」，其他如日遊、夜遊、予司、奪司等等，統統都是道教神祇。「元會節臘」，是指道教的三元、三會、八節、五臘等節慶。這說明，在晚明三教合一的思想背景下，雲棲袾宏對於道教的神靈監督善惡的觀念是認同的。

《自知錄》功過格分為善門、過門二類。善門包括：忠孝類、仁慈類、三寶功德類、雜善類、補遺；過門包括：不忠孝類、不仁慈類、三寶罪業類、雜不善類、補遺。(《自知錄》見論文附件）在具體內容方面，該功過格體現出明顯的黜道揚佛的傾向。其三寶功德類第一條為：「造三寶尊像，所費百錢為一善；諸天、先聖、治世正神、賢人君子等像，所費二百錢為一善。重修者同論。」〔註39〕對於以上的解釋為：「諸天，謂欲、色、無色三界梵王、帝釋等，及道教天尊、真人、神君等。先聖，謂堯、舜、周、孔等。正神，謂嶽瀆、城隍等。賢人君子，謂忠臣、孝子、義夫、節婦等。」〔註40〕按照這一安排與闡釋，道教的最高神祇無法與佛教三寶並列，降到「三界梵王、帝釋」相同一級，並與儒家的「先聖」、「賢人君子」以及民間的「正神」同列一級。此外，《太微仙君功過格》「教典門」、「焚修門」等所言道教經典符籙之事，也被全部改為與佛教有關的事宜。總而言之，《自知錄》除了保存中國傳統的孝親尊天的觀念之外，增加了許多禮佛、敬僧、建塔、造像等內容，渲染佛教建寺、刻經、齋僧等功德，使之蒙上濃厚的佛教色彩，成為一部適用於佛教徒的功過格。

雲棲袾宏以知名僧人的身份，借鑒道教《太微仙君功過格》，創建佛教色

〔註38〕（明）雲棲袾宏撰，明學主編：《蓮池大師全集》，上海：上海古籍出版社，2011年，第849頁。

〔註39〕（明）雲棲袾宏撰，明學主編：《蓮池大師全集》，上海：上海古籍出版社，2011年，第862頁。

〔註40〕（明）雲棲袾宏撰，明學主編：《蓮池大師全集》，上海：上海古籍出版社，2011年，第862頁。

彩極為濃厚的《自知錄》功過格，這一事件本身無疑即彰顯了三教融合的晚明時代特徵。若將《自知錄》與《了凡功過格》兩相對比，可以看出《了凡功過格》的條目分類簡明許多，偏向佛教或著道教等某一教派的傾向不甚明顯，而強調人改變命運的努力。這一特色，使其受眾超越教派限制而變得更加廣泛。最為重要的一點，在《了凡功過格》傳播過程中，為其背書的乃是深入人心、引人入勝的了凡「立命之學」。綜合這些特點，吾人就更容易理解《了凡功過格》得以廣泛流傳，而《自知錄》並未在後世發揮太大影響的原因所在。

二、「儒門功過格運動」

雖然「功過格」這一道德實踐的工具帶有儒釋道三教思想雜糅的色彩，但在其廣泛傳佈的激蕩下，精英儒者也開始利用這一工具為儒家倫理道德的傳播而服務，這使功過格逐漸出現儒化的趨勢。據統計，這一時期出現的「類功過格」修身日記包括高攀龍《日鑒篇》、劉宗周《日史》、黃淳耀《日鑒錄》《自省記》、陸世儀《志學錄》、陳瑚《聖學入門書》以及顏元《常儀功》、李塨《訟過則例》等。以明末清初太倉同善會的陸世儀和陳瑚為例，二人均名列「太倉四君子」，在儒學思想史上被視為程朱學派的儒者，他們熱心於下層經世，都參與過太倉地區的同善會，陳瑚還曾以儒者身份擔負起崑山地區蔚村的精神教化、公共事務以及災荒救濟的主持工作。值得注意的是，二人作為反對王學末流的程朱派學者，卻都曾有過實踐《了凡功過格》的記錄，充分說明了凡的影響絕不局限於世俗民間，即便是理學家都深受薰陶浸潤。

王汎森指出：

> 即使有許多正統士大夫對功過格之類的善書感到不滿，但他們卻不能否認一點，善書是通俗而有力量的，即使不滿意，仍然要對它另眼相待。許多有志的儒者，便想以功過格為底本對它進行脫胎換骨的工作。劉宗周的《人譜》是一個最好的例子。除了《人譜》外，還有一大批不滿意功過格，但又受其影響的修身冊產生。陳瑚、陸世儀早年皆實行功過格，篋中不時放著一本功過格，但他們兩人皆或作或輟，因為覺得「德不加進」，而且也因為考試失利而感到徹底失望，陸世儀乃「仿了凡意作格致編」。因為大部分的書不易

見到，所以我們還沒有足夠的瞭解，故此處只能從書名及其他零碎史料去判斷，當時是出現了一個風潮，可以名之爲「儒門功過格運動」。〔註41〕

王氏指出，了凡之後，向來強調修身自律的儒家階層一方面深受功過格這一修身形式的吸引，甚至親身奉持；另一方面，由於《了凡功過格》所宣揚的因果報應之說畢竟與儒家「義利之辨」相違，更因其所列善惡條目也過於世俗化，所以基於不滿而創制了新的功過格形式，掀起了「儒門功過格運動」的風潮。誠如王氏所言，研究這一問題的最大難點在於很多史料「不易見到」。現以陳瑚《聖學入門書》爲例稍加說明。

陳瑚（1613～1675），字言夏，號確庵，江蘇太倉人，崇禎十五年（1642）舉人，入清後隱居不仕，與陸世儀、江士韶、盛敬合稱「太倉四先生」，講求聖賢之學，著述甚豐。陳氏年輕時經歷了由奉行到放棄《了凡功過格》的過程。他在《尊道先生陸君行狀》中稱自己「潛行袁了凡《功過格》」，「其年秋過君（陸世儀）家，發其筐視之，則君亦行之（《了凡功過格》）逾月矣，相視而笑，以爲不謀而同心有如此者。然其後兩人皆或作或輟，德不加進也。」二人雖未儒生，但卻不謀而合，都以《了凡功過格》作爲修身方式。由此可見，《了凡功過格》影響所及早已超出庶民階層的範圍。另據陸世儀之子陸允正所言，其父「奉行袁了凡《功過格》」，並曾「仿了凡意作《格致編》」。這正是儒者對《了凡功過格》加以改造、利用的確證，遺憾的是《格致編》久已亡佚。

雖然陳氏在《聖學入門書》中並未提及《了凡功過格》，但在體例格式上卻有受其影響的明顯印跡。道光年間，劉承幹重刻《聖學入門書》所作「跋」云：

> 昔了凡袁氏著功過格，學道者病之。其粗焉者則謂不當以果報之說動人繳求福利之心，其精焉者則謂學者當記過不當記功。記過則思懲改，記功則矜心易萌，即爲退墮之漸，故蕺山劉子著《人譜》，但示人以省過條目，俾其朝夕自檢，所以救袁氏之流弊也。而尤以太倉陳言夏所著《聖學入門書》爲尤嚴密。〔註42〕

這說明，劉氏雖然批判《了凡功過格》的「果報之說」及「求福之心」，

〔註41〕 王汎森：《晚明清初思想十論》，上海：復旦大學出版社，2004 年，第 123 頁。
〔註42〕 （清）陳瑚：《聖學入門書》「聖學入門跋」，吳興劉氏留餘草堂校刊本。

但也承認劉宗周《人譜》與陳瑚《聖學入門書》同屬一類，都是因應「袁氏之流弊」而起的儒家修身方法。易言之，這些「類功過格」的修身方式都是在《了凡功過格》流佈的大背景下產生的。

陳氏自稱創作《聖學入門書》，乃有感於「國家之盛衰視其人才之消長，人才之消長視其教化之興廢」，治亂與人心息息相關，並堅信「人同此心，心同此理，而人皆可以爲堯舜」〔註43〕。陳氏作爲儒家知識分子，其立場完全是儒家本位的，他所倡導的「聖學」乃是純粹的正統儒家學問，因此，《聖學入門書》的思想淵源亦爲儒家經典，「取《大學》中格致誠正修齊治平之目，條分縷析，劃爲義例，俾同人有所遵守；而『小學』則本夫子『孝悌』數言，約其大凡以附其後」〔註44〕。

陳氏《聖學入門書》共分三卷：第一卷爲小學日程，第二卷爲大學日程，第三卷爲內訓日程。

（一）小學日程六項

1、入孝之學。包括 10 條，「善」「過」兩兩相對，如：「愉色婉容」與「不愉色婉容」；「父坐子立」與「父立子坐」等等。

2、出弟之學。包括「敬叔伯」與「不敬叔伯」、「言不先長」與「言先長者」等兩相對應的 5 條。

3、謹行之學。包括「心術端正」與「心術不正」、「志氣堅強」與「志氣昏惰」等兩相對應的 12 條。

4、信言之學。包括「言必忠信」與「言不忠信」、「不多言笑」與「苟言笑」等兩相對應的 4 條。

5、親愛之學。包括「敬事師長」與「不敬師長」、「善撫奴婢」與「不恤奴婢」等兩相對應的 5 條。

6、文藝之學。包括「終日勤學」與「終日閒曠」、「作課專心」與「作課放心」等兩相對應的 8 條。

（二）大學日程六項

1、格致之學。包括「讀聖賢書心領神會充然自得」與「讀書不能領會茫然無得」、「仰觀俯察物物關心」與「遇物不窮理」等兩相對應的 8 條。

〔註43〕 （清）陳瑚：《聖學入門書》自序，第 4 頁，吳興劉氏留餘草堂校刊本。

〔註44〕 （清）陳瑚：《聖學入門書》自序，第 5 頁，吳興劉氏留餘草堂校刊本。

2、誠意之學。包括「發一善念能培養擴充」與「發一善念不能培養擴充」、「無所爲而爲」與「有所爲而爲」等兩相對應的 6 條。

3、正心之學。包括「終日終夜戒愼恐懼，使此心湛然天理」與「不能戒愼恐懼，使此心放而不求」、「夢寐之中持敬不懈」與「夢寐之中操存不及」等兩相對應的 6 條。

4、修身之學。包括「動容周旋整齊嚴肅無不盡禮」與「動容周旋輕浮傲惰不中乎禮」、「修辭立誠，非法不道」與「言不忠信，失口於人」等兩相對應的 10 條。

5、齊家之學。包括「冠婚喪葬祭祀燕享能率家人以古禮自持」與「冠婚喪葬祭祀燕享不能循禮」、「善事父母，諭親於道」與「不善事父母，不能諭親於道」等兩相對應的 14 條。

6、治平之學。包括「進盡忠退補過，盡事君之道」與「不能盡忠補過，不盡事君之道」、「泛應曲當，使人各得其所」與「不能泛應曲當，使人不得其所」等兩相對應的 16 條。

（三）內訓日程四項

1、婦德。包括「善」「過」共計 26 條。

2、婦言。包括「善」「過」共計 8 條。

3、婦容。包括「善」「過」共計 10 條。

4、婦工。包括「善」「過」共計 6 條。

就內容而言，《聖學入門書》所列條目從日常灑掃應對之「弟子規」以至「大學」所列八條目，上下貫通，相當詳盡完備。就適用範圍而言，「小學」、「大學」適用於讀聖賢書的男子，而「內訓」則適用於家庭婦女。就思想傾向而言，《聖學入門書》無疑是屬於儒家的。陳氏此書刻意避免「功過」之稱，而改爲「善過」，進一步淡化了佛道二教色彩，凸顯了儒家的義理之學。在奉行方法上，《聖學入門書》與功過格的原則基本一致，要求「先期齋戒三日，焚香告天，隨置一簿，編次年月，每日臨臥詳記所爲，明注善、過，半月一小比，歲終一大比，仍齋戒告天，考其善過過寡，自知罪福，不必更問休咎」〔註45〕。可見，這一形式將裁決的角色歸之於天，進一步淡化了宗教報應觀念以及「功過相抵」色彩。

〔註45〕（清）陳瑚：《聖學入門書》卷二，第 13 頁，吳興劉氏留餘草堂校刊本。

如果說了凡「立命之學」還帶有比較多的思辨性質，比如關於「爲善窮理」的探討。那麼，《了凡功過格》則是完全的實操性工具，它甚至爲不識字者及婦女都作出安排，充分彰顯了這一善書卓越的實用性質。《了凡功過格》的重要特色也是最爲後人所詬病的，便是對於功利主義的宣揚。現在看來，「功過相折」或稱「功過相除」（或「以過折功」、「以功折過」）正是功過格理論運行機制的一項終極原則。晚明通俗小說《金瓶梅》作者顯然非常熟悉了凡提倡的功過格思想，他借虛構人物西門慶之口宣稱：「咱只消盡這家私廣爲善事，就使強姦姮娥和姦了織女，拐了許飛瓊，盜了西王母的女兒，也不減我潑天的富貴。」〔註46〕這無疑是對功過格理論的一種嘲諷。事實上，這正是功過格理論最爲人所詬病之處，也是精英儒者批判了凡之說的根源所在（詳見第六章）。雖然如此，即便是功過格的核心原則，仍然可以從儒家思想資源中找到根據。清人錢大昕《十駕齋養新錄》卷十八「功過相除」條云：

> 鄭康成云：「士有百行，可以功過相除。」《正義》云：「士有大功，則掩小過。故云可以功過相除。」〔註47〕

以上是鄭玄、孔穎達用以解釋《詩經·衛風·氓》時的說法。錢氏進一步補充其他史料以證此說：

> 《公羊傳》云：《春秋》責賢者備。以其爲賢者，故責之，責之雖備，而其賢自在，所以爲忠厚也。管仲器小，不害其爲仁。臧武要君，不害其爲知。孟公綽不可爲滕、薛大夫，不害其爲廉。宰我、冉有，《論語》屢責之，不害其爲十哲。聖人議論之公而度量之大如此。王者知此道，則可無乏才之歎；儒者知此道，則必無門户之爭矣。〔註48〕

由此可見，至少在錢氏看來，「功過相除」理念早已蘊含於早期儒家思想之中。

吳震指出：「以勸善倫理爲主導的善書，不惟爲佛道所重，亦爲儒家所能接受。《感應篇》、《陰騭文》、《功過格》等善書在明清兩代的大量湧現乃是時

〔註46〕　（明）蘭陵笑笑生：《金瓶梅詞話》（金瓶梅：會評會校本），北京：中華書局，1998 年，第 762 頁。

〔註47〕　（清）錢大昕著，楊勇軍整理：《十駕齋養新錄》，上海：上海書店出版社，2011 年，第 354 頁。

〔註48〕　同上。

代思潮的一種反映，說明世人（包括儒家士人）對於遷善改過的倫理訴求已變得相當迫切。」〔註49〕了凡本是進士出身的儒家士紳，他以提倡「立命之學」和功過格的方式，面向世俗社會推廣倫理道德，爲明末清初的勸善運動注入生機，產生了極其深遠的影響。雖然其說教方式未能贏得所有儒家知識分子的同情與接受，但其向民間推廣倫理道德的效果無疑達到了。此外，精英儒者從勸善運動取得的巨大成功當中看到善書在化民成俗方面不容忽視的巨大力量。更進一步說，《了凡功過格》開啓了道德推廣運動——「儒門功過格運動」（王汎森語）的端緒。誠如王汎森所指出的：「它（以《了凡功過格》爲代表善書運動）不是一些零零碎碎的辦法，而是一整套新的行善觀念及做法。經功過格之類的善書淘洗過後，人們的心靈其實已經重重烙印下一層功過格式的因果報應觀。」〔註50〕了凡以精英人士的身份面向民間大眾進行道德說教，本屬大傳統向小傳統的滲透，但精英儒者有感於《了凡功過格》在民間的興盛，再次掀起「類功過格」運動，就是小傳統進而影響了大傳統。這一過程充分呈現大、小傳統之間的交互運動，成爲令人矚目的思想史與社會史現象。

〔註49〕 吳震：《明末清初勸善運動思想研究》，臺北：臺大出版中心，2012 年，第 108 頁。

〔註50〕 王汎森：《晚明清初思想十論》，上海：復旦大學出版社，2004 年，第 183 頁。

第六章　大傳統與小傳統：關於了凡的現代省思

　　大凡一種博大精深的思想傳統，在向下層社會傳播流佈的過程中，往往會因為各種因素而發生不同程度的變異。這種變異既有可能是對此思想傳統因地制宜的在地化（Localization）發展與運用，也有可能是一種庸俗化的扭曲。作為中國傳統文化主體的儒家思想，本起於王官之學，是一種貴族文化的延續、擴展與昇華。孔子雖然開啓了「有教無類」的平民教育先河，但就其培養目標而言，仍然不是為了提高一般民眾的德行，而是旨在培養一批文質彬彬的「君子」，使他們在上致君堯舜，在下移風易俗，從而達到變天下之「無道」為「有道」的目的。

　　事實上，儒家開創的倫理道德體系，如何能夠在現實世界深入庶民社會，是歷代儒者一直在思考的一個課題。宋明以降儒家倫理不斷民間化的過程，正是儒者不斷推動儒家道德秩序在庶民社會實現的過程，同時又是一個儒家道德教化思想與社會民眾心理訴求不斷衝突、融合的過程。一方面，儒家道德秩序深入民間社會，不僅對普通民眾日常生活的言行進行外在規範，使其在生活方式上呈現日益倫理化的特徵，同時通過外在的行為規範孕育了民眾對儒家倫理規範本身的內在歸屬感和依從性。另一方面，普通民眾是由其現實生活和心理訴求出發，從個人功利的角度來解讀並踐行儒家倫理道德規範的。也就是說，儒家的倫理規範在成為被社會民眾所普遍認可的行為準則和道德標準後，逐漸體現出實用性和功利化的特徵。儒家文化成為官方的主流意識形態之後，通過官員教化和科舉考試等方式，不斷滲透到下

層民眾中去，功利傾向、「神道設教」等世俗因素逐漸加重，演變成爲一種與精英儒學既有區別又有著千絲萬縷聯繫的世俗儒學。這一儒學形態在民間代代相傳，且與流行已久的傳統的民間信仰尤其是佛道二教的勸善教義相結合，成爲一種支配民間信仰和世道倫理的世俗文化。在這方面，了凡「立命之學」恰爲研究三教融合大背景下儒家道德的世俗化、民間化提供了一個樣板。

了凡「儒生－儒士－儒吏－鄉紳」的生命軌跡，使他一生的思想經歷顛簸於精英儒學與世俗儒學之間，展現爲遊弋在大傳統（Great tradition）與小傳統（Little tradition）之間內在互動的生命與思想格局。通過對其生命形態及思想世界的分析與探求，不僅可爲深入探析晚明時代「三教融合」提供一個重要媒介，而且對於當今社會重建民間信仰，提升道德素質，無疑具有思想啓迪與借鑒作用。在本章，吾人將結合學界對大傳統與小傳統這對概念的運用，對了凡「立命之學」作一番現代解讀與省思。

第一節　大、小傳統視野下的了凡思想

一、大傳統、小傳統與儒家思想

「大傳統」與「小傳統」是美國人類學家羅伯特・雷德斐爾德（Robert Redfield）在 1956 年出版的《農民社會與文化》一書中提出的一對概念，藉以說明在較爲複雜的文明之中存在的兩個不同層次的文化傳統。其中，大傳統是指以城市爲中心，社會中少數上層人士、知識分子所代表的文化；小傳統是指在農村中多數農民所代表的文化。雷德菲爾德著重強調大、小傳統之間的差異性，把二者置於對立面，認爲小傳統處於被動從屬地位，在文明發展過程中，農村不可避免要被城市同化。後來，歐洲學者用「精英文化」與「大眾文化」對這一概念進行修正，認爲大傳統通過學校等正規途徑傳播，處於封閉狀態，不對大眾開放，從而成爲精英的文化；小傳統則以非正式途徑傳播，面向所有人開放，從而導致小傳統有精英的參與，而大眾則沒有機會參與大傳統；小傳統由於精英的介入而受到大傳統的滲透與影響，而小傳統對大傳統的影響則微乎其微。

事實上，早在 20 世紀 40 年代，陳榮捷先生就曾建議改變之前將中國人的宗教生活分爲儒、釋、道的做法，轉而依據信眾的社會成分，分爲尋常百

姓與知識已開者兩個層次，並將尋常百姓層次上的宗教稱為「民間宗教」。
〔註1〕這種劃分，實際上已經具有大、小傳統的概念意涵。而自雷氏揭櫫大、小傳統的概念之後，這對概念遂被很多學者廣泛接受，成為研究上、下層文化關係方面較為通行的概念，也被逐漸引入中國思想文化研究中。臺灣人類學家李亦園曾將大、小傳統的概念運用於中國文化的研究領域，將其與中國的「雅文化」與「俗文化」概念相對應。余英時在《漢代循吏與文化傳播》一文中，分析了漢代的「大傳統」及其對當時「小傳統」的影響，並著重論述了漢代循吏在大、小傳統的互動中發揮的作用。陳來在其《古代宗教與倫理——儒家思想的根源》一書中，也利用大、小傳統理論論述了早期儒家思想的起源問題，認為中國大、小傳統的分化即文明的開始；雖然大傳統晚於小傳統產生，但它的型構決定了一個複雜文明的特色，而且一旦產生，便有自己發展的內在理路，雖然也從小傳統中吸收養分，但總體來說是相對持久而穩定的。

　　葛兆光在其《中國思想史》導言中對這一概念有較多的反思與補充。他將這對概念解釋為：精英的和經典的思想，以及一般知識、思想與信仰。「一般知識、思想與信仰」，指的是在社會中被普遍接受的知識和思想，它作用於人們的日常生活，發揮著類似於背景知識、思想與信仰的作用；而精英的和經典的思想則是懸浮於其上的，將一般知識、思想與信仰提升了的思想。他指出：

> 　　「一般知識與思想」，是指的最普遍的、也能被有一定知識的人所接受、掌握和使用的對宇宙間現象與事物的解釋，這不是天才智慧的萌發，也不是深思熟慮的結果，當然也不是最底層的無知識人的所謂「集體意識」，而是一種「日用而不知」的普遍知識和思想，作為一種普遍認可的知識與思想，這些知識與思想通過最基本的教育構成人們的文化底色，它一方面背靠人們不言而喻的終極的依據和假設，建立起一整套有效的理解，一方面在日常生活中起著解釋與操作的作用，作為人們生活的規則和理由。〔註2〕

葛氏在行文中仍然使用了大、小傳統這一對概念，他強調在研究中國古

〔註1〕 陳榮捷：《現代中國的宗教趨勢》，臺北：文殊出版社，1987年，第180頁。
〔註2〕 葛兆光：《中國思想史——七世紀前中國的知識、思想與信仰世界》，上海：復旦大學出版社，1997年，第217頁。

代思想史時，「『大傳統』並不專指儒道等經典文化，『小傳統』也並不專指鄉村社會的民間文化，前者也不一定只是在學校與寺廟傳授，而後者也並不定只是在鄉村生活中傳播與承襲。『大傳統』在我是一個時代最高水準的思想與文化，其代表是一批知識精英，但他們未必是社會的『上層』，也未必能夠成爲『正統』，除非他們的知識與權力進行過交融或交易，而形成制約一般思想的意識形態；而『小傳統』的人員構成也並不僅僅包括一般百姓，還包括那些身份等級很高而文化等級很低的皇帝、官員、貴族以及他們的親屬，他們並不以文字來直接表述他們的思想，而只是在行爲中表現他們潛在的觀念，他們並不以思想或文化活動爲職業，因而不大有那種思想與文化的焦慮，更注重實際社會和生活的具體問題。」〔註3〕有鑑於此，葛先生更希望使用「一般知識與思想」和「精英與經典思想」這樣一對概念，儘管可能這會麻煩一些。

葛氏對大、小傳統概念的分解與補充，無疑更符合中國思想史的實際，值得吾人在運用過程中細加體會。但爲方便討論，本文仍然沿用大、小傳統這一概念。根據中國思想史學者對這對概念的實際使用狀況，我們可以大致歸納爲：所謂大傳統，是指一個社會裏上層的士紳、知識分子所代表的文化，它是由學者、思想家、宗教家反省深思（reflective）所產生的精英文化（refined culture）；而小傳統則是指一般社會大眾，特別是鄉民（peasant）或俗民（folk）所代表的生活文化。

大體說來，儒家的「大傳統」是建立在經驗理性及其反思的基礎之上的，是以「四書五經」爲學術載體，以士大夫和知識分子爲主體的知識系統。這一由知識精英爲主體的思想傳統，通過科舉制度和士大夫階層的言傳身教，對社會發揮著重大而持久的影響，代表著中國文化發展的主要方向。所謂儒學的「小傳統」，並非是一種與大傳統截然對立的價值系統，而是在大傳統引導、輻射、滲透的脈絡化過程中，與民間的信仰習俗混合而成的一種民間儒學形態。這種傳統既與大傳統有著共通性和千絲萬縷的聯繫，也有著各種程度不同的偏離、差距甚至對立。余英時在《中國近世倫理與商人精神》中指出，南宋以降有關《太上感應篇》的信仰，在「中國近世」的士人與商人階層中都有充分表現，「天地、鬼神、報應等觀念對他們的確發生了約束的力量，

〔註3〕 葛兆光：《中國思想史——七世紀前中國的知識、思想與信仰世界》，上海：
復旦大學出版社，1997年，第220頁。

形成了他們的『第二文化』。」〔註4〕正如余氏所觀察到的，中國社會的大、小傳統之間的交互運動遠比西方更為暢通，這可能與中國社會自秦漢以降就是一個「平鋪」的社會有關；同時，亦與以孔孟為代表的精英儒者向來注重庶民教化有相當大的關係。

若以社會學的角度觀照，大傳統主要是上層知識分子的理性反思，而小傳統則建立在世俗宗教信仰的基礎上，因而在知識水平相對較低的中下層鄉紳和民眾中影響更大，在民間社會更有生命力。與儒學的大傳統相比，小傳統往往有著濃鬱的功利性、簡單性和蒙昧性等特徵，一直受到精英文化的抑制與批判，而其發揮作用的主體往往是文化程度不高的一般民眾。然而歷史地看，儒學在民間社會發生作用，恰恰不是高文典章的精英傳統，而是不登大雅之堂的民間傳統。就晚明時期而言，如果說作為官方意識形態的程朱理學和陽明心學在主體上是儒學的大傳統，那麼吸收融攝了佛道二教思想的各種蒙學讀物、善書、寶卷、「家訓」、「鄉約」、「功過格」乃至充滿神異色彩的小說、話本等無疑構成了既深且廣的儒學小傳統。

二、融通大、小傳統的「立命之學」

作為一介儒者，了凡以「四書五經」為終生研習的經典文本，同時恪守儒家修身、齊家、治國、平天下的教義，顯然屬於大傳統的範疇。但是，其所倡導的「立命之學」，卻帶有濃鬱的小傳統特色。因此，了凡其人其學，是吾人研究晚明儒家大、小傳統深層互動的典型範例。具體而言，「立命之學」中的小傳統特色，突出表現在以下三個方面：

（一）融攝了鬼神賞善罰惡的民間信仰傳統

在儒家精英傳統中，尤其是孔孟荀思想體系中，實際上是「不語怪力亂神」、「敬鬼神而遠之」的，十分強調德行的純粹性。這一傳統使得整個儒家經典，與基督教的上帝造人，佛道二教經傳中的各種神奇傳說有所不同，一直不崇尚玄妙與神跡。精英士大夫並非沒有信仰，但他們的信仰是以「天道」為中心的「天地君親師」價值系統，並一直採取一種「敬鬼神而遠之」的理性態度。很多情況下，儒學經典中所說的「神」，不是指帶有人格形象的神，而是指一種難以描述的奇妙狀態。如《易經》所謂「陰陽不測之為神」（《易

〔註4〕余英時：《儒家倫理與商人精神》，桂林：廣西師範大學出版社，2004年，第324頁。

經‧繫辭上》），孟子說「聖而不可知之之謂神」（《孟子‧盡心下》），荀子認為充滿天地間的只有氣，主張「不見其事而見其功」的狀態就是「神」。儒家敬畏的「神」，其實是具有「生生之德」的「天道」。直至漢儒董仲舒，情況變得有些特殊。董氏認為「天」是「百神之大君」，可以賞善罰惡，表面上看又退回到商朝的鬼神信仰那一套。實質上，董仲舒僅從政治意義上談鬼神，他宣揚「天人感應」的目的是用「天」來壓制人君（「天子」），從而達到限制君權的目的。及至宋明理學，尤其是集大成者朱熹這裡，認為鬼神乃是「通天地間一氣而言」，不過是陰陽二氣的妙用而已，已然傾向徹底的無神論了。總之，就儒家而言，即使不否認鬼神的存在，對鬼神也絕不看重、不依賴和不懼怕，應該說在本質上更接近於「不信」。

問題在於，儒家內部雖不重神跡、鬼神，但並不一概排斥民間的鬼神信仰。儒家意識到，社會風氣的改善與維護，僅靠「求仁得仁又何怨」之類的高調尚不足夠，而民俗文化中鬼神賞善罰惡的觀念更容易打動人心，完全可以善加利用。尤其經過唐宋間儒教與佛道二教之相磨相蕩，形成所謂「神道設教」的文化傳統。至於明代，陽明作為一位儒學大師，在其文字中已經有了善惡報應的觀念表達，《南贛鄉約》、《諭俗四條》可見端倪。〔註5〕但他同時宣稱：「為善自是士人常事，乃計身後福報，若市道然。若無禍福報應，遂可不為善耶？」〔註6〕可見，陽明仍然以精英儒者的角度，將「為善」當成士人一種本質道德需求，鄙視為善求福的做法。需要注意的是，陽明此處言談的對象並非世俗民眾，而是「士人」；陽明本人認可通俗文化中蘊含的「因果報應，秋毫不爽」的果報思想能夠激發庶民「良知」，極易感化人心。〔註7〕及至陽明後學，已有不少人真正相信鬼神的存在，並面向世俗大力推動「勸善運動」了。〔註8〕吳震先生在《明末清初勸善運動思想研究》中認為，「不

〔註5〕 吳震：《明末清初勸善運動思想研究》，臺北：臺大出版中心，2012年，第50頁。

〔註6〕 《四庫全書存目叢書》子部，第144冊，第210頁。

〔註7〕 吳震：《明末清初勸善運動思想研究》，臺北：臺大出版中心，2012年，第39頁。

〔註8〕 吳震先生專門研究了陽明心學與勸善運動的關係，認為「當陽明將目光關注於下層社會秩序如何重建時，他利用「訓俗文」等形式，強調「勸善懲惡」應雙管齊下。心學與勸善運動的密切結合充分表明道德與宗教的關係正被提上議事日程，而「德福」如何一致應是作為儒者的心學理論不得不面臨的重大理論問題。參見吳震：《明末清初勸善運動思想研究》，臺北：臺大出版中

惟茂獻爲然，明末的李贄、周海門、焦竑（1541～1620）、屠隆（1542～1605）、湯賓尹、劉理順（1582～1644）等一大批著名士紳文人都熱情地爲《太上感應篇》作序跋宣傳」，並就此指出，「這些文化現象充分說明，一方面精英文化與庶民文化本非隔絕，具有互補之關係，另一方面庶民文化乃是精英文化的基礎而不是相反」。〔註9〕

　　了凡的「立命之學」，正是在這種思想背景下產生的。其特點之一是突破了儒家「不語怪力亂神」的傳統，說怪談神的在《了凡四訓》中比比皆是。如《積善之方》中，寫「楊少師榮」之所以位至三公，乃因「有神人化爲道者」，指點楊榮父親將楊榮祖父葬於白兔墳；福建林氏「累代簪纓甚盛」，也是因爲「一仙化爲道人」，指點將行善的林氏老母葬於某處；而馮琢庵太史之發跡，則完全借用佛教「轉世投胎」的說教；至於台州應大猷中進士的故事，更爲吾人呈現了一個活靈活現的鬼神世界：

　　　　台州應尚書，壯年習業於山中。夜鬼嘯集，往往驚人，公不懼也。一夕聞鬼云：「某婦以夫久客不歸，翁姑逼其嫁人。明夜當縊死於此，吾得代矣。」公潛賣田，得銀四兩，即僞作其夫之書，寄銀還家。其父母見書，以手跡不類，疑之。既而曰：「書可假，銀不可假，想兒無恙。」婦遂不嫁。其子後歸，夫婦相保如初。公又聞鬼語曰：「我當得代，奈此秀才壞吾事。」傍一鬼曰：「爾何不禍之？」曰：「上帝以此人心好，命作陰德尚書矣，吾何得而禍之？」應公因此益自努勵，善日加修，德日加厚。遇歲饑，輒捐穀以賑之；遇親戚有急，輒委曲維持；遇有橫逆，輒反躬自責。怡然順受。子孫登科第者，今累累也。〔註10〕

又如，衛仲達在陰間評定善惡之事：

　　　　昔衛仲達爲館職，被攝至冥司。主者命吏呈善惡二錄。比至，則惡錄盈庭，其善錄僅一軸，如箸而已。索秤稱之，則盈庭者反輕，而如箸者反重。仲達曰：「某年未四十，安得過惡如是多乎？」曰：「一念不正即是，不待犯也。」因問軸中所書何事。曰：「朝廷常興大工，修三山石橋。君上疏諫之，此疏稿也。」仲達曰：「某雖言，

〔註9〕　吳震：《明末清初勸善運動思想研究》，臺北：臺大出版中心，2012年，第169～170頁。
〔註10〕　《文集》，第81頁。

　　朝廷不從，於事無補，而能有如是之力？」曰：「朝廷雖不從，君之
　　一念已在萬民。向使聽從，善力更大矣。」故志在天下國家，則善
　　雖少而大，苟在一身，雖多亦小。〔註11〕

　　此處鬼神、陰間的故事，在現實生活中肯定是不存在的，在儒家經典中
同樣聞所未聞。而在《了凡四訓》中，則被煞有介事地敘述出來。事實上，
了凡文中所描寫的鬼神世界，之所以能夠被士庶階層信以爲眞，原因正在於
這恰恰是中國文化小傳統的重要組成部分。自古以來，中國民間社會對於鬼
神的信仰一直沒有中斷過。人們除了天神、山神、水神等自然神靈外，還認
爲一般人死後就變爲「鬼」，道德高尚之人死後則變成「神」（「聰明正直，死
而爲神」）。這與佛教的「地獄」、「餓鬼」等六道中的鬼神有很大不同。當然，
隨著佛道二教在民間的傳播，特別是《西遊記》、《封神榜》、《聊齋誌異》等
小說的流行，很多人的鬼神信仰變成了一鍋八寶粥，很難說得清哪些是本土
的，哪些是佛教或道教的。但有一個最基本的特點，即鬼神世界亦要遵循儒
家提倡的道德倫理。有道是「爲人不做虧心事，不怕半夜鬼叫門」，一個人只
要行得端、走得正，就不怕妖魔鬼怪來加害。了凡「立命之學」對於鬼神信
仰的吸納，展示出一種大傳統在「神道設教」意義上向小傳統的傾斜。

（二）肯定了對功名富貴等世俗功利的追求

　　在儒家經典中，雖然也講究福祿壽考，不排除對物質利益的追求。但是，
尋求生理欲望的滿足而引發的對物質財富的攫取乃是人天生的本能傾向，本
無需格外強調。有鑒於此，歷代儒家在個人修養方面，大多高揚「義」的大
旗而極少涉及「利」，甚至強調「明其道不計其功」，極少觸及行善與獲得個
人利益二者關係的問題。孟子曰：「有天爵者，有人爵者。仁義忠信，樂善不
倦，此天爵也；公卿大夫，此人爵也。古之人修其天爵，而人爵從之。今之
人修其天爵，以要人爵，既得人爵，而棄其天爵，則惑之甚者也，終亦必亡
而已矣。」（《孟子·告子上》）此處雖然談到「其修天爵而人爵從之」，然而
通讀《孟子》全書，卻未明確承諾一個人「修其天爵」，便一定可以得到「人
爵」。他還說「夭壽不二，修身以俟之」（《孟子·盡心上》），但並未強調一個
人通過修身就能夠獲得高壽。總而言之，孟子這種「義之與比」（《論語·里
仁》）的態度，基本上代表了儒家大傳統——「聖人以義爲利，義安處便爲利」

〔註11〕《文集》，第 887 頁。

〔註12〕的精神。與此相對，通過「修其天爵」以得到「人爵」，即通過行善獲得好報，卻構成了民間的小傳統。

在「立命之學」中，雖然處處都在勸善，但卻充斥了對功名利祿、富貴長壽、子孫綿延的渴念，顯然是有別於儒家的大傳統的小傳統。《了凡四訓》一書從頭至尾與所謂「舉業」密切相關，更直接地說，修德行、積陰騭的目的，正是爲了讀書做官而服務的，這一觀念可謂貫穿始終。了凡所列舉的勸善故事有一個共同特點：祖宗積德行善，子孫必定科舉高中、福祿綿延，似乎悠悠萬事，唯此爲大。在首篇「立命之學」中，了凡所述雲谷禪師對孟子「求則得之」一章的解釋，不啻爲貫通儒家大、小傳統的津梁：

> 余問曰：「然則數可逃乎？」曰：「命由我作，福自己求。詩書所稱，的爲明訓。我教典中說：求富貴得富貴，求男女得男女，求長壽得長壽。夫妄語乃釋迦大戒，諸佛菩薩，豈誑語欺人？」余進曰：「孟子言：『求則得之，是求在我者也。』道德仁義可以力求，功名富貴如何求得？雲谷曰：「孟子之言不錯，汝自錯解了。汝不見六祖說：一切福田，不離方寸；從心而覓，感無不通。求在我，不獨得道德仁義，亦得功名富貴。內外雙得，是求有益於得也。若不反躬內省，而徒向外馳求，則求之有道，而得之有命矣。內外雙失，故無益。」〔註13〕

雲谷禪師雖然說服了了凡，但他這是以佛家的道理附會孟子，違背了孟子的原意。孟子原話爲：「求則得之，舍則失之，是求有益於得也，求在我者也；求之有道，得之有命，是求無益於得也，求在外者也。」（《孟子·盡心上》）對此，朱熹解釋爲：「在我者，謂仁義禮智，凡性之所有者。有道，言不可妄求。有命，則不可必得。在外者，謂富貴利達，凡外物皆是。」〔註14〕其涵義分明是，仁義道德本是上天賦予的，只要努力追求，就能夠得到；富貴利達乃是身外之物，努力追求卻未必保證能夠得到。一方面，對於仁義道德的追求是「求則得之，舍則失之」，可謂種瓜得瓜、種豆得豆，一分耕耘一分收穫。孔子所謂「求仁而得仁」（《論語·述而》）、「我欲仁斯仁至矣」（《論語·述而》），正是這層意思。另一方面，功名富貴、窮達壽夭與仁義道德不

〔註12〕　（宋）程顥、程頤：《二程遺書》卷十六。
〔註13〕　《文集》，第 877 頁。
〔註14〕　（宋）朱熹：《四書章句集注》，北京：中華書局，1983 年，第 357 頁。

同，原本不在人的性分之內，即使努力追求，也只能增加獲得的「可能性」。因爲這類東西的獲得畢竟受制於各種外在的因素，並非憑藉一廂情願就能得到。孔子說過：「富而可求也，雖執鞭之士，吾亦爲之。如不可求，從吾所好。」（《論語・述而》）意思是說，符合道德規範的富貴若能求得，即使爲人執鞭駕車的下等差事，我也願意去做；倘若不合乎道德規範便不去追求，遵循自身的愛好去做事。總體上說，儒家在追求外在東西方面，秉承子夏所謂「生死有命，富貴在天」（《論語・顏淵》）的原則，講究「盡人事而聽天命」。而在「立命之學」中，根據雲谷禪師所言，一個人只要不斷行善事、積陰功，如法如理地修行，便能「求功名得功名，求富貴得富貴，求男女得男女，求長壽得長壽」〔註15〕。依照了凡「立命之學」，修德獲福乃是佛教的題中應有之義，並且成爲儒家傳統的應有之義。如前所述，儒家固然不排斥功名富貴，亦注重子孫綿延（「不孝有三，無後爲大」）等世俗需求，但其更加強調的是「君子素其位而行，不願乎其外，素富貴行乎富貴，素貧賤行乎貧賤，素夷狄行乎夷狄，素患難行乎患難。君子無入而不自得焉」（《中庸》），即一種道德人格的超越或德性的完成。而追求科舉得中、加官進爵、福祿綿長以及子孫繁茂之類，顯然是儒家思想的變異與庸俗化。

自古以來，中國人便有希冀爲官出仕的傳統，甚至於有以當官爲人生之終極目標者。這一觀念在宋眞宗《勸學篇》表露得最爲直截：「富家不用買良田，書中自有千鍾粟。安居不用架高堂，書中自有黃金屋。娶妻莫恨無良媒，書中自有顏如玉。出門莫恨無人隨，書中車馬多如簇。男兒欲遂平生志，五經勤向窗前讀。」〔註16〕這裡毫無遮掩地指出，田宅、美食、金錢、美女，皆可通過讀書出仕而獲取。科舉做官是一個人改變命運，取得榮華富貴的基本途徑。但這種因科舉而來的現實福利，卻多爲精英儒家所鄙視，元、明以來許多學者隱德不仕，便可視爲對這一世俗傳統的抗拒與排斥。在他們看來，孔子固然講「學而優則仕」（《論語・子張》），但科舉的目的則是「選賢與能，俊傑在位」，讀書人做官也是爲了「修身、齊家、治國、平天下」，實現自我人生抱負。與之形成鮮明對比的是，《了凡四訓》對於功名富貴的津津樂道，在某種意義上偏離了儒家純粹的道德理性，「修其天爵」在一定程度上淪爲追求「人爵」的工具。

〔註15〕《文集》，第 877 頁。

〔註16〕（宋）趙恒：《勸學篇》。

儘管如此，正如佛教並不排斥「先以欲勾牽，後令入佛道」的方便法門，作為儒者的了凡以現實的功名富貴為手段來導人向善，這一現象本身卻又暗合儒家「以仁安人，以義正我」的大傳統。因其勸善的對象主體是為數眾多的庶民階層，而不是少量的儒家士君子。這樣以來，了凡「立命之學」將儒家大傳統中的「擇善固執」與儒家小傳統中的功利追求緊密結合起來，「並行而不悖」。

（三）強化了世俗的善惡報應思想

「善有善報，惡有惡報」是中國的一句古老格言，時至今日在大眾當中仍然有其市場。如將「善惡報應」的意義，限定為此生好人必定得好報、惡人必定得惡報，精英儒家顯然是不能同意的。儒家的代表人物如孔子、孟子、荀子，以及後世的朱熹等人，本質上都是嚴肅的歷史經驗論者，最為反對迷信。孔子不相信人有來生，「不語怪力亂神」（《論語・述而》），「敬鬼神而遠之」（《論語・雍也》），主張「未知生，焉知死」（《論語・先進》），只求「今生」過得心安理得即可。孔子本人一生壯志未酬，兒子孔鯉早亡，一番周遊列國也頻遭白眼，栖栖遑遑如同「喪家之犬」。依世俗觀點來看，這不能算太好的福報。孔門高第顏回，德才一流，卻「不幸短命死矣」。既然看慣世上許多好人無好報、惡人無惡報的例子，儒家又何必相信「善惡報應」的因果邏輯呢？

事實上，正因為根本不相信善惡報應，儒家才主張積極進取，提倡「格物、致知、誠意、正心、修身、齊家、治國、平天下」的內聖外王之學，努力去營建一個「善有善報」的理想社會。此即所謂「人能弘道，非道弘人」（《論語・衛靈公》）。試想，如果預設「善必善報，惡必惡報」是宇宙的根本大法，得出的結論必是「可憐之人必有可恨之處」，那麼還去追求什麼公平正義，一切不都是庸人自擾嗎？有人將儒家「六經」之一的《易經》中「積善之家，必有餘慶；積不善之家，必有餘殃」的話視為儒家信奉善惡報應的證據。殊不知此處說的是「家」不是「人」，更何況這個「家」也不是現代意義上的小家庭，而是古代世卿大夫的大家族。退一步說，就算此言有好人好報之意，也不足以證明它能夠代表儒家的真精神，僅僅說明當時已有此種世俗觀念罷了。

那麼，儒家是否承認善惡報應的反命題，即善人必得惡報，或惡人必得善報呢？更不承認！因為這同樣不符合儒家的歷史經驗主義。在特定意義

上，毋寧說儒家又是承認「善有善報」的。主要有以下四種情形：一是以概率學理論進行觀照。儒學是「忠恕之道」，要求「將心比心」，強調知恩圖報。反過來，又主張「以直報怨」，不贊成「以德報怨」，支持正義的報仇和防衛。在此邏輯下，善人往往能得到好的回報。另外，儒家相信人性本善，人皆有「是非之心」，「得道多助，失道寡助」，等等。這都在現實中增加了「善有善報」的幾率。二是以家族意義進行觀照。儒家雖不相信人有前世、今生和來世，但認為人有「三不朽」，即一個人的「功績」、「言論」、「德行」不會隨個體生命的終結而消散，而可以報答祖先，福祐子孫，充塞於天地間。三是以勸善效果進行觀照。世俗文化中一直有善惡報應的種種訴說，這對文化不高的民眾而言無疑具有很好的勸善效果。有鑒於此，儒家並不直斥其非，特殊情況下不惜「神道設教」，認為冥冥中有神靈監督著人的一言一行，並據此賞善罰惡。四是以精神獎賞進行觀照。儒家不否認行善可得到精神上的自我獎賞，這種獎賞是「求仁得仁」、「俯仰無愧」的心理滿足，如孔子所謂「飯蔬食飲水，曲肱而枕之，樂亦在其中矣。不義而富且貴，於我若浮雲」（《論語‧顏淵》），就描繪了一種極高的道德與審美境界。有此胸襟之人，因符合養生之道而多能高壽，故他又說「仁者不憂」、「仁者壽」。

以上四類「善惡報應」，都不違背儒家的歷史經驗主義，與前文的論點也不衝突。需要補充說明的是，儘管精英儒家並不同意善必善報，但歷史上廣義的儒者涵蓋範圍極廣，這些人的思想當然不可能鐵板一塊。尤其在宋代之後，不少儒者主張「三教匯通」，其中不乏真心信奉善惡報應之人。了凡就是其中十分著名的一位。在《了凡四訓》中，善惡報應的觀念可謂貫穿全書的始終。在《立命之學》中，了凡現身說法，將自己能夠科舉成功、得子、延壽等等，都視為是自己「擴充德性，力行善事，多積陰德」的結果。為此，他曾幾次許願，都是以行善為條件，分別達到「登科」、「求子」、「中進士」等目的。他還踐行「功過格」，「效趙閱道焚香告帝」，凡此種種，都是以屢試不爽的善惡報應之說為思維邏輯的。

總而言之，「立命之學」目的在於勸人「為善」，而其「善」的本質內涵，是精英儒家塑造的倫理道德（「大傳統」），故可作為「立命之學」的「核」；而其宣揚道德實踐的方式，也可以說是「獲福」的保證，則是來自中國傳統民間信仰與佛道二教（「小傳統」）的報應理論，可以看作「立命之學」的「皮」。若以這一角度觀照，中國的大、小傳統經由了凡這一儒家士大夫截長補短，

在其「立命之學」中得到極為完美的匯合與融通。了凡這種溝通大、小傳統的努力，使其在勸善事業上取得巨大成功。倘若細加考察，便可發現善書著者及其流通區域尤以江南士人、江南地區為多，這自然與了凡思想的影響不無關係。事實上，在明清之際的變革中真正發揮維護社會道德秩序作用的，並非劉宗周、王夫之學說所代表的儒學「大傳統」，而是了凡「立命之學」為代表的儒學「小傳統」，也正是這類鎔鑄了各種民間信仰的「小傳統」，成為動蕩的現實社會下民眾安身立命與精神皈依的價值系統。從這個意義上講，《了凡四訓》實為一種「三教混合的民間信仰形態」（余英時語），而「立命之學」無疑是溝通傳統文化「大傳統」與「小傳統」的代表作品。

三、對於「立命之學」褒貶

數百年來，《了凡四訓》的傳播使了凡成為享譽民間的人物，不僅讚譽之聲不絕於耳，而且虔誠信奉了凡「立命之學」、踐行功過格的人所在多有。然而，溝通大小傳統的了凡「立命之學」，在當時和後世受到了勢若冰炭的褒貶。支持者是從「神道設教」、「方便法門」的意義上，高度肯定「立命之學」的重大價值。而一批固守儒家經典傳統的精英儒者，則對了凡思想進行了嚴厲地批判。

（一）泰州學派、世俗民眾的讚譽與追捧

了凡師從王畿、羅汝芳，在思想上傾向於王門左派，與耿定向、楊起元、管志道、周汝登、王肯堂等人交往密切。其「立命之學」在贏得世俗大眾接受追捧的同時，亦受到王門左派尤其是泰州學派的熱情支持。泰州學派重要人物周汝登《立命文序》云：

> 萬曆辛丑之歲，臘盡雪深，客有持文一首過余者，乃檇李了凡袁公所自述其生平行善，因之超越數量，得增壽胤，揭之家庭以訓厥子者。客曰：「是宜梓行否耶？」余曰：「茲文於人大有利益，宜亟以行。」客曰：「子談無善無惡宗旨，奚取茲言？果盡上乘語耶？」余曰：「無善者，無執善之心，善則非虛。未嘗嚼者一顆米，而饔飧之養廢乎？未嘗掛著一縷絲，而衣裳之用缺乎？且中所述雲谷老人語，明禍福由己，約造化在心，非大徹者不能道，謂非上乘法不可也。」客曰：「所稱祈求等，可乎？」余曰：「要在明瞭，事不為礙。不明了則雖求道德仁義，總是執心。能明瞭，則便求福壽子孫俱成

妙用。如農人力作，雖於豐歉無心，而田租可逃，甘雨宜祈也。孟
子曰：以堯舜之道要湯。經云：永言配命，自求多福。如是要求，
何不可之有？」客曰：「能必人人明瞭乎？」余曰：「上士假之遊戲
以接眾生，中下援之鉤引而入眞智。啓之入門，誘之明瞭，茲文有
無限方便存焉。余早年不知是事，有從兄剡山者，乃苦行頭陀，與
我談不能入。一日會袁公於眞州，一夜之語而我心豁然，始知世間
有此正經一大事，皈依自此始。余迄今不能一日忘此公之恩，公於
接引人，固有緣也，茲文之行，利益必廣。雲谷老人，余在留都聞
其名，而今始識其面，獅子音當自有聞而省悟者。」於是更引古德
語三條附後授客梓行。古德語者，一曷繁事實，一中峰善惡論，一
龍溪子禍福説云。〔註17〕

　　此文是一條很有價值史料，見於周汝登《東越證學錄》卷七，極有可能
是迄今爲止關於了凡「立命篇」（後改稱《省身錄》）刊印出版的最早記錄，
證明《了凡四訓》的核心篇章「立命之學」在了凡生前即已流通。根據酒井
忠夫的考證，現存日本內閣文庫的《省身錄》「收錄有萬曆辛丑之年（二十九
年）由周汝登所寫的『袁先生省身錄引』」〔註18〕，即是上文。從這篇序言
看，周汝登的朋友對於了凡的訓子書，是否符合儒家的經教義典是有疑慮
的。但周汝登完全贊成刊印流通了凡「立命文」，認爲「茲文之行，利益必
廣」。在回應友人關於善惡報應與心學「無善無惡」之宗旨相牴牾，並非「上
乘語」的質疑時，周氏指出「無善」只是就心體而言，具體到善行來說，「善」
卻是實實在在的。「立命之學」所宣揚的「禍福由己，造化在心」的主旨，是
一種徹悟之道，也可以視爲上乘法門。友人又提出了凡「立命之學」提倡的
「祈求」（求福）觀念，似乎與正統儒家學說相背離。事實上，這一問題已
經觸及到儒家的「義利之辨」。周氏的解答帶有強烈的左派王學色彩，強調只
要心體「明瞭」，則「事不爲礙」，並舉出農人耕種之例以及儒家典籍教誨
加以說明。在這裡，正統儒家「義」、「利」之間的緊張關係，被左派王學自
信本心、一任天機的觀念巧妙化解了。「立命之學」闡釋的「因果報應」之
說，向來爲精英儒者所排斥，周氏則強調，「上士假之遊戲以接眾生，中下援

〔註17〕　（明）周汝登：《東越證學錄》，卷之七。
〔註18〕　（日）酒井忠夫著，劉岳兵等譯：《中國善書研究（增補版）》，南京：江蘇人
　　　　　民出版社，2010 年，第 47 頁。

之鈎引而入眞智」，所以該文對於啓發誘導中下之士入道具有「無限方便」。這顯然是從社會功能角度出發進行論證的，認爲了凡學說有利於提升社會道德。周氏一方面堅決支持流通了凡「立命文」，另一方面，據他本人說：「余覽了凡公立命之言，因以勸二三子共發積善之願，而予以身先焉。爲錄以記，月繫以日，日繫以事。雖纖小弗遺，雖冗沓弗廢也。」〔註19〕可見，他勸朋友步了凡之後塵，「發積善之願」，並且以身作則，眞正實踐起功過格的理念來。

陶奭齡與其兄陶望齡皆爲周汝登門人，其《功過格論》云：

> 或曰：「爲善去惡在心而已，奚必是格？」予曰：「子讀書耳，奚必課程？賞罰耳，奚必律令？出納耳，奚必會計哉？不知會計當則盈縮可稽，律令明則趨避不惑，課程立則作止有度。否則勤惰任心，高下任手，有餘不足，無從參校也。徒曰我爲善我去惡，曾爲幾善去幾惡耶？」或曰：「是固然。其如明功隱過何？」予曰：「子勿慮也。人有明功隱過於人者，未有明功隱過於鬼神者也。我日而爲之，夜書而志之，焚香染翰，幽獨無侶，四顧森然，鬼神滿目，以心莅手，以手莅筆，一點一劃周敢不誠而明功隱過乎哉？」或曰：「今日書而功微，明日書而過鉅，不將怖而止乎？」予曰：「勿怖也。子勿書何以知功微而過鉅？書之而後功與過出焉，微積而鉅，鉅釋而微，而改道不遠矣。久久不輟，自有得也。」或又曰：「我功鉅而過微矣，天道果有知耶？」予曰：「子且飯，毋憂不飽也。孔子曰：『故大德必得其位，必得其祿，必得其名，必得其壽。』子所求若在此數者外，我不敢知，如止此耳，則坐而俟之可也。」〔註20〕

此處，陶氏借與友人之問答，解釋了奉持功過格的必要性以及理論根源。他指出，功過格的作用在於，它能夠爲奉持者訂立一種外在的「課程」或者說「律令」，迫使其勤於改過遷善，由於好逸惡勞乃是人之天性，奉持功過格就可以避免「勤惰任心，高下任手，有餘不足，無從參校」的弊端。按照功過格進行修持，「書之而後功與過出焉」，日復一日，久而久之，就離「改道不遠」而「自有所得」。陶氏顯然相信在功過格之外有鬼神存在，他認爲友人對於「明功隱過」的擔憂顯然是多餘的，因爲「鬼神難欺」。更爲重要的是，

〔註19〕　（明）周汝登：《東越證學錄》，卷之七。

〔註20〕　（明）陶奭齡：《功過格論》。

上天（或「鬼神」）還掌管著獎善罰惡的機制，必然可以保證「大德必得其位，必得其祿，必得其名，必得其壽」（《中庸》），奉持者只要勤於修持，「坐而俟之」即可。這與了凡「立命之學」觀點頗為一致。

（二）劉宗周、王夫之等精英儒者的批判

與周汝登等人對了凡學說的提倡，以及與了凡在社會底層受到的擁護形成鮮明對比，劉宗周、王夫之等一批恪守嚴正的儒家教義的精英儒者，對了凡「立命之學」及功過格思想所宣揚的因果報應、鬼神感應、功利趨向等趣向大肆撻伐。在他們看來，這種宗教性極強的文本有違於孔孟經典儒家的基本精神，表面看似修身勸善，實際上不過是引人追求物質利益而已。這種為了個人富貴、子孫、長壽而行的善舉並非眞善，本身就是不道德的。

這一批判了凡「立命之學」及功過格思潮的代表人物是劉宗周，其所著《人譜》正因了凡功過格的泛濫而作，不但體現了精英儒者對了凡思想的正面回應，而且是對了凡「立命之學」及功過格思想的反撥與匡正。劉宗周，字起東，號念臺，浙江山陰人，嘗講學於山陰縣城北之蕺山，世稱蕺山先生。萬曆二十九年（1601）進士，萬曆、崇禎時期曾任官職，明朝滅亡後絕食二十日而死。他是典型的儒家士大夫學者，其作於崇禎七年（1634）的《人譜・自序》，專門批評了了凡的功過格：

> 友人有示予以袁了凡功過格者，予讀而疑之。了凡自言嘗授旨雲谷老人，及其一生轉移果報皆取之以功過，鑿鑿不爽，信有之乎？予竊以為病於道也。子曰：道不遠人，人之為道而遠人，不可以為道。今之言道者，高之或淪於虛無，以為語性而非性也；卑之或出於功利，以為語命而非命也。非性非命，非人也，則皆遠人以為道者也。然二者同出異名，而功利之惑人為甚。老氏以虛言道，佛氏以無言道，其說最高妙，雖吾儒亦視以為不及。乃其意主於了生死，其要歸之自私自利，故太上有《感應篇》，佛氏亦多言因果，大抵從生死起見，而動援虛無以設教，猥云功行，實恣邪妄，與吾儒惠迪從逆之旨宵壤，是虛無之說，正功利之尤者也。了凡，學儒者也，而篤信因果，輒以身示法，亦不必實有是事，傳染至今，遂為度世津梁，則所關於道術晦明之故，有非淺顯者。予因之有感，特本證人之意，著《人極圖說》以示學者，繼之以六事功課，而紀過格終焉。言過不言功，以遠利也。總題之曰《人譜》，以為譜人者莫近於

是。學者誠知人之所以爲人，而於道亦思過半矣，將馴是而至於聖
人之域，功崇業廣，又何疑乎！〔註21〕

由此可見，《人譜》的創作動機起於作者對了凡之說的質疑。一方面，劉
氏承認了凡的本質身份乃是「學儒者」；另一方面，他堅決抵制其流於功利的
功過格思想。他從孔子「道不遠人」的經典命題出發，指出道教、佛教二家
以「虛」、「無」爲道，違背了儒家「道」絕不可以離開人的原則，二家理論
表面看來非常「高妙」，而實質上則「主於了生死」，「歸之自私自利」，背離
了儒家基本的人倫觀念。此外，佛道二教或提倡因果報應，或鼓吹《太上感
應篇》之說，其出發點是「從生死起見」、其方式是「動援虛無以設教」，其
流傳的後果則是「猥云功行，實恣邪妄」，無疑與儒家《尚書》「惠迪吉，從
逆凶」的觀點有著天壤之別。

事實上，自漢末佛教進入中國後，三教人士之間的互動亦是常有之事。
但佛教「因果」一直盛行於民間社會，本非精英儒者關心與探討的對象。伴
隨著了凡「立命之學」及功過格的信眾越來越多，以至於「傳染至今，遂爲
度世津梁」，這就某種程度上超越了小傳統的作用範圍了。在劉氏看來，這已
經成爲關乎「道術晦明」的大事，眞正的儒者責無旁貸，必須發出聲音、給
予回應了。有鑒於此，他才從衛道的立場出發，「特本證人之意」而創制《人
譜》。劉宗周的批判立場，得到了一批儒者的讚同與迎合。張履祥說：

> 袁黃功過格，竟爲近世士人之聖書，故（劉宗周）欲假《人譜》
> 之論以藥石之，可以省幾許脣舌。竊以爲不擇人而投之，總之斯人
> 之徒，不有益於此人，必有益於彼人，彼此俱無益，而我之心可以
> 無憾。〔註22〕

山東張爾岐對《功過格》的批評更爲激烈，鋒芒同樣指向了《功過格》
的功利性質。其《袁氏立命說辨》云：「予讀袁氏立命說而心非之。曰立命誠
是也，不曰夭壽，不貳修身，以俟之乎？乃碟碟責效如此！近日其說大行，
上自朝紳，下及士庶，尊信奉行，所在皆然。予大懼其陷溺人心，賊害儒道，
不舉六經《語》、《孟》，先聖微言盡廢之不止，於是爲數言以告吾黨。曰：此
異端邪說也。文士之公爲異端者，自昔有之。近代則李贄、袁黃爲最著。李

〔註21〕 （明）劉宗周：《人譜類記》「自序」，臺北：廣文書局，1960 年。
〔註22〕 （清）張履祥著，陳祖武點校：《楊園先生全集》，北京：中華書局，2002 年，
第 117 頁。

之書，好爲激論，輕雋者多好之。既爲當時朝論所斥，人頗覺其非。至袁氏立命說，則取二氏因果報應之言，以附吾儒『惠迪吉，從逆凶』、『積善餘慶，積不善餘殃』之旨。好誕者樂言之；急富貴、嗜功利者，更樂言之。遞相煽誘，附益流通，莫知其大悖於先聖而陰爲之害也。夫大禹、孔子所言，蓋以理勢之自然者爲天，非以紀功錄過、株株而較者爲天也。蓋言天之可畏，非謂天之可邀也。」〔註23〕黃宗羲也認爲了凡「立命之學」違背了儒家的大傳統，是一種影響極壞的異端邪說：「自袁了凡功過格行，有志之士，或仿而行之，然不勝其計功之念，行一好事，便欲與鬼神交手爲市，此富貴福澤之所盤結，與吾心有何干涉！」〔註24〕王夫之也對了凡持激烈的批評態度，指出「劉念臺先生《人譜》，用以破袁黃功過格之妖妄。……黃本猥下之鄙夫，所謂功者，俗髡村道士誘三家村人之猥說。如惜字紙，固未嘗不是，然成何等善，便欲以此責富貴之報於天，非欺天乎？」〔註25〕

了凡「立命之學」及功過格思想之所受到的幾乎勢不兩立的毀譽，反映出儒家文化「大傳統」與「小傳統」的內在張力。客觀地說，「立命之學」宣揚的因果報應、鬼神感應、功利趨向，當然與儒家的經典教義不無齟齬。依劉宗周等人爲代表的精英儒者觀點，了凡「立命之學」理論有違於孔孟經典儒家的基本精神，表面上似乎在倡導修身勸善，其實不過引人追求物質利益而已。在他們看來，即使迷信者能夠得到暫時的身心安頓，但卻背離了天地之間通透之正理，勢必帶來更大的現實弊病。站在精英儒家的立場上看，不能不說是切中要害的批評。

第二節　「立命之學」的現代省思

了凡的「立命之學」及其功過格實踐，是在充分吸收借鑒作爲「小傳統」的中國傳統民間信仰與佛道二教〔註26〕思想資源的基礎上進行的。其目在於爲「行善」尋求一種內在動力和因果邏輯，使維繫社會秩序與社會穩定的儒家倫理道德（由以孔子爲代表的精英儒者所塑造）深入而廣泛地普及到民

〔註23〕（清）張爾岐：《蒿庵集》「袁氏立命說辯」，乾隆四十一年刻本。
〔註24〕（清）黃宗羲：《黃宗羲全集》第10集，杭州：浙江古籍出版社，第266頁。
〔註25〕（清）王夫之：《搔首問》，臺北：廣文書局，1959年。
〔註26〕此處所謂佛道二教，並非就其精妙的義理而言，而是其作爲宗教的民間信仰成分。

間社會中去。從這個意義上講，了凡堪稱溝通大、小傳統的思想人物代表，而「立命之學」則不啻為在大、小傳統融通激蕩下產生的修身理論的經典之作。

一、「立命之學」的主要影響

　　從社會的影響看，了凡「立命之學」客觀上起到催人向善、維護社會穩定的重要作用。明末以來，了凡「立命之學」及功過格盛行於民間社會。彭紹升《居士傳》指出：「了凡既歿百有餘年，而功過格盛傳於世，世之欲善者，慮無不知效法了凡。」〔註27〕如彭氏所言，清代尊信「立命之學」者越來越多，了凡也因此獲得前所未有的推崇與讚譽。游子安指出：「明末清初經歷了深刻的社會變動，鄉紳士人熱衷於撰著善書，以求穩定社會秩序，是善書發展史上一個興盛時期。從另一方面來說，善書作為普及施本贈予民眾，隨著印刷業的發達，到清代才達到『街衢里巷，無不傳佈』的地步。」〔註28〕了凡「立命之學」及功過格還對清代善書編撰具有相當大的影響。據游氏統計，從1620年到1670年，最少出版了十部新的功過格。清初的功過格包括：康熙五年（1666）李國昌《崇修指要》、康熙九年史玉涵《感應類鈔》、康熙十年胡振安《彙編功過格》、康熙十年至二十六年之間雲間善人編《彙纂功過格》、康熙五十五年李士達《功過格輯要》、雍正十二年（1734）託名呂祖所作《太微仙君純陽呂祖功過格》等。乾隆初年蘇州地區編撰流通《立命功過格》，了凡「立命之學」更加彰顯。乾隆十四年（1749）松江周鼎臣編輯《敬信錄》，收錄了凡《立命篇》以及「三聖經」、《太微仙君功過格》等多部善書。該書自乾隆年間初刻，直至道光十六年（1856）約一百年間，曾經四十五次翻刻流通〔註29〕，一部善書再版次數如此之多，充分顯示出民眾對了凡「立命之學」及功過格等勸善思想的接納與喜愛。此外，清代儒者惠棟於乾隆十四年（1749）著成《感應篇箋注》、俞樾於清末撰成《感應篇纘義》，二人皆為儒家士大夫，反映了清代善書的編纂和注解受到精英階層的普遍關注。活躍於咸豐同治時期、被譽為「中興名臣」的曾國藩對《了凡四訓》頗為推崇，

〔註27〕（清）彭紹升著，趙嗣滄點校：《居士傳》，成都：成都古籍書店，2000年，第351頁。

〔註28〕游子安：《勸化金箴——清代善書研究》，天津：天津人民出版社，1999年，第23頁。

〔註29〕詳見吉岡義豐：《道教之實態》，《吉岡義豐著作集》別卷，第166頁。

讀後改號「滌生」，「滌者，取滌其舊染之污也；生者，取明朝袁了凡之言：『從前種種，譬如昨日死；從後種種，譬如今日生也』」〔註30〕。曾氏還將《了凡四訓》列爲子侄必讀的第一本人生智慧書。隨著了凡「立命之學」及功過格在民間社會蔚然成風，甚至有「袁學」之稱。清末無錫善人余治繼承了凡「立命之學」進行勸善，康有爲稱其弟子「實江浙袁學之大宗，潘功甫、汪小石之後勁也」〔註31〕。

　　酒井忠夫研究指出，明末清初是善書編撰流通的鼎盛時期，他將這一趨勢命名爲「善書運動」。吳震亦指出，「晚明清初時代經地方官紳的倡導，有一場道德勸善運動正在悄然興起而又綿延不絕，展現出以往的明清思想史研究未免有所忽略的思想面相」。〔註32〕倘若細加考察，就會發現善書的著者及其流通區域尤以江南士人和江南地區爲多，這自然與了凡思想的影響不無關係。唐君毅認爲，由明末了凡「立命之學」及功過格至清初周夢顏之《安士全書》所代表的「善書思想」，是一種流行於世俗社會的、前所未有的思想，他說：

　　　　由袁了凡至周安士之思想，要在就人之日常行爲，以規定其善惡功過，進而言因果報應，以勉人爲善去惡、積功悔過……此由袁了凡至周安士之言善惡功過，皆有因果報應，正是視宋明儒所謂性理、天理、義理之當然者，與人之行其所當然之事，皆一一有實然之因果報應，而同與事勢之理、物理之有其因果之必然。故此一流之思想，亦同可說爲明末清初重客觀實在之事理物理之產物也。
　　　　〔註33〕

　　民國以降，了凡思想在世俗民間的影響日趨廣泛，佛教中人尤其是高僧大德在此一過程中起了很大作用。如民國印光大師、今人淨空法師等都對《了凡四訓》十分推崇並極力推廣。印光大師稱：「袁了凡先生訓子四篇，文理俱暢，豁人心目，讀之自有欣欣向榮，亟欲取法之勢，洵淑世之良謨也。」〔註34〕又說：「袁了凡行功過格，乃認眞體察，絲毫不容放過，故命本不壽而

〔註30〕　（清）曾國藩：《曾國藩全集：日記（一）》，嶽麓書社，1987年。
〔註31〕　吳師澄編：《余孝惠先生年譜》「跋」。
〔註32〕　吳震：《明末清初勸善運動思想研究》「導論」，臺北：臺大出版中心，2012年。
〔註33〕　唐君毅：《中國哲學原論‧原教篇》，見《唐君毅全集》卷17，臺北：學生書局，第692～693頁。
〔註34〕　淨空法師：《了凡四訓講記（新版）》，華藏講記組恭敬整理，2003年，第3～

壽，無大功名而大功名，無子而有子。果能追彼芳躅，以期德日增而過日滅。」〔註35〕淨空法師認爲，「了凡先生盡其一生實踐改過積善之法，成爲世人行善修德、改造命運的傑出典範」，《了凡四訓》乃是「後人積善累德、改造命運的經典」。〔註36〕

了凡「立命之學」甚至遠播海外。日本著名漢學家、陽明學大師安岡正篤對《了凡四訓》一書推崇備至，他建議日本天皇及歷任首相將此書視爲「治國寶典」，盛讚此書爲「人生能動的偉大學問」。〔註37〕日本經營四聖之一、兩家世界500強企業的創始人稻盛和夫早年讀到《了凡四訓》，隨即將其作爲終身奉行的準則。他後來在著作中談到：「我邂逅了袁了凡所寫的《了凡四訓》，頓時得到了頓悟的感覺，原來人生是這樣的。」〔註38〕

作爲善書的《了凡四訓》影響如此深遠，無怪乎胡適將其視爲研究中國中古思想史的一部重要代表作了。〔註39〕

二、「立命之學」的現代價值

在科學昌明的今天，何以作爲善書的《了凡四訓》仍然廣爲流傳？而因果報應思想，爲何仍有大批信眾？作爲現代人，應當如何看待精英儒者對了凡「立命之學」及功過格的批判？在現代思想學術的視野中，吾人應當怎樣定位了凡思想？

首先應當指出，儒家的「大傳統」和「小傳統」，各有其特徵和存在的價值，不能互相否定和取代，關鍵在於如何使二者達成一種良性的互動。舉例而言，在「德福」關係問題上，以孟子爲代表的精英儒者提倡「求則得之，舍則失之」（《孟子・盡心上》），講究的是「安貧樂道」、「存順歿寧」、「擇善固執」，並沒有功名富貴求之必得的思想，更沒有近似佛教的因果報應觀念。

　　　4頁。

〔註35〕印光大師：《印光大師文鈔》，「與永嘉某居士書」。

〔註36〕淨空法師：《了凡四訓講記（新版）》，華藏講記組恭敬整理，2003年，第5～6頁。

〔註37〕鍾茂森：《〈了凡四訓〉研習報告》「前言」，北京：中國華僑出版社，2010年，第3頁。

〔註38〕轉引自鍾茂森：《〈了凡四訓〉研習報告》「前言」，北京：中國華僑出版社，2010年，第3頁。

〔註39〕胡適：《〈精本袁了凡先生四訓〉封面題記》，耿雲志主編《胡適研究叢刊》（第一輯），第296頁，北京大學出版社，1995年5月。

在他們這裡，道德的成就本身就是福，不需要善惡報應作爲內在的根據。但正如孟子所謂：「無恒產而有恒心者，惟士爲能。若民，則無恒產，因無恒心。」(《孟子・梁惠王上》) 也就是說，經典儒家的理念固然極其崇高，卻僅有極少數精英人物能夠堅守得住。對於一般人而言，崇高的理念無法滿足個人對於富貴名利的渴望，也無法迎合其深層次的生命祈求，故而無法廣爲流傳。如前文所敘述，在明代專制集權的體制下，儒家士大夫總體上放棄了「致君堯舜」的上行路線，轉而採取「救世覺民」的下行路線。而他們所面對的對象，是有著強烈功利需求的百姓，這就要求他們不得不採取靈活的弘道方式。了凡等人將民間廣泛流傳的因果報應理論、世俗信仰中鬼神獎善罰惡的觀念等融匯貫通，構築起一個「求富貴得富貴，求長壽得長壽」的倫理世界，受到庶民階層的普遍接受與歡迎。此外，從微觀個體來說，生死大事屬於一個人的終極關懷部分，而精英儒者營造並宣揚的儒家倫理道德體系，顯然沒有系統性、根本性地爲一般民眾解決生死問題。這種情況下，小傳統中流行於世的因果報應學說，乃至佛教的「三世輪迴」與道教的成仙得道觀念，便成爲一種合乎情理的補充。尤其是晚明時期，以陽明心學爲代表的儒家在義理方面窮高極深，很難爲一般民眾所廣泛理解與信受。同時，在陽明心學傳播過程中，又出現了世俗情慾高漲的危機。凡此種種，都促使學者意識到必須提高儒學的宗教性，方能應對時局，使其宣揚的儒家倫理道德不致於邊緣化。這就爲小傳統文化的盛行與傳播提供了廣闊的空間，也眞是了凡「立命之學」生發的社會背景。

　　一般而言，學者大多認爲儒學儘管具備了某種類似宗教的功能與作用，但其本質並非宗教，乃是一種基於實用理性的人文教或道德教。與此有關，也有學者採取一種富有思辨性的表達方式，認爲儒學非宗教非哲學，同時又亦宗教亦哲學。更有學者從分析宗教概念的來源入手，認爲儒學不是一種類似基督教「一神論」的西方式宗教，而是一種「終極關懷」、「安身立命」的廣義宗教。應該說，這些觀點各有其分析立場與合理之處。需要指出的是，這種對儒教的分析都是基於儒學的「大傳統」，即精英傳統而進行的；倘若就儒學的「小傳統」而言，問題就變得複雜許多。正是「小傳統」與各種民間信仰結合起來，建構了世俗大眾安身立命和精神皈依的價值系統，維護著以農業文明爲根基的社會秩序和道德水平。

　　儘管「小傳統」在維護社會穩定，規範民眾行爲等方面，較精英文化發

揮著更大的作用，但與精英文化相比，「小傳統」有其蒙昧性特點，不能代表人類發展的總體傾向。因爲人類的思維不斷深化拓展，人類的思想也不斷創新發展，在這一進程中，扮演主要角色的是以精英階層爲代表的「大傳統」而不是「小傳統」。從這種意義上說，「小傳統」之「小」，並非僅就人數而言的，而是就精神深度和規模而論。世俗文化不但需要依靠精英文化的引領，還時常受到精英文化的制約與批判。

　　從社會層面看，這種大、小傳統之間的緊張關係，與社會階層、知識水平、文化差異密切相關；但從文化心理層面看，卻深刻地體現了一種人性發展不平衡而導致的兩難。一方面，認識宇宙人生是人類發展的需要，理性主義是人類文明的總體趨勢，「大傳統」必然因其符合自然、社會、心理的規律而處於引領意識的崇高地位；另一方面，由於受制於方方面面的因素，人類發展的總體階段，還遠遠不能達到較高的理性水平，一般中下層民眾尤爲如此。因此，反映在現實社會中，精英文化總要與民間傳統結合起來，才能獲得經久不衰的生命力。如何使「大傳統」有效地引領「小傳統」，同時儘量避免「小傳統」帶來的各種弊病（如迷信、盲從等等），是當代學者必須認眞思考的重要課題。

　　那麼如何評價了凡對對民間宗教的吸收，尤其是對善惡報應的宣導呢？從人類歷史的總體進程看，理性的進步仍然是人類文明進步的主旋律。而以鬼神信仰爲特色的原始宗教，總體處於不斷退潮之中。問題在於，當今的人類發展仍遠遠沒有發展到不要宗教（哪怕是原始宗教）的程度。倘若過早否定宗教，人類必然會付出慘痛的代價。法國社會學家愛彌爾・涂爾幹在其《宗教生活的基本形式》一書中說：「事實上，任何宗教都不是虛假的。就其自身存在的方式而言，任何宗教都是眞實的；任何宗教都是對既存的人類生活條件作出的反應，儘管形式有所不同。當然，無疑是可以把這些宗教排列出高低等級的。可以說某種宗教高於其他宗教，因爲它發揮了更高層次上的心理功能，激發了更加豐富的思想和感情，包含著更多的概念，這些概念中感覺和意想的成分很少，而且安排得更加合理。」〔註40〕了凡「立命之學」所宣揚的鬼神獎善罰惡思想，儘管不符合理性，但卻契合人類心理的終極祈願，迎合了一般民眾安身立命的訴求。有鑒於此，吾人不妨將「立命之學」視爲

〔註40〕　（法）愛彌爾・涂爾幹著，渠東等譯：《宗教生活的基本形式》，上海：上海人民出版社，1999年，第3頁。

一種糅合儒釋道三教的民間信仰形態，並將其作爲現代社會精神文明建設的一種有益補充。

了凡「立命之學」盛行的深層原因，在於提供了精英儒學所不能提供的東西，滿足了中國普通民眾的終極關懷。在了凡看來，盛衰興廢皆有定數，人須聽天由命的宿命論思想不過是凡人之迷信，而相信「天不能限，數不能拘」，「命由我造，福自己求」才是覺悟之人的正確人生信念。縱觀人類歷史，這兩種對立的命運觀在古代民眾生活中具有普遍表現。一般貧苦的、無文化的、軟弱的命運不濟的人篤信宿命，其功能體現在兩個方面：負面看來，宿命論麻痺了人們與命運抗爭的鬥志；正面看來，宿命論能夠給心靈以慰藉，起到安頓心靈的作用。總的來看，以福善禍淫、「福德一致」爲代表的人生價值信念，在中國古代發揮著相當積極的作用，爲大眾的人生提供了道德實踐的動因、信心和力量。毋庸置疑，任何一種理論都不是完美無缺的。了凡「立命之學」及功過格思想自有其不足之處，最爲顯著的便是對於功利主義和迷信思想的宣揚。但是，從歷史發展的角度來看，由於受人性發展的不平衡性以及文化的多元性等因素影響，儒學的小傳統在激發民眾改過遷善、維護社會穩定方面，相比精英文化具有更大的優勢。

了凡「立命之學」之所以獲得巨大成功，除了作者本人的傳奇經歷與優美文筆之外，更與儒釋道三教的深入會通的思想文化背景有關。眾所周知，中國文化發展到宋明之後，已經實現了儒釋道三教的深度融合。尤其在民間社會，並沒有嚴格清楚的宗教信仰界限。儒家的價值信念和善惡標準，佛教的三世因果說，道家的神祐鬼懲說都爲世俗民眾所深信不疑。總的來看，「立命之學」本身並沒有系統的形上思辨與學理創新。相較於儒家思想「慎獨」等的修養方式，將善惡量化的功過格更爲簡便易行。「立命之學」的通俗性與民間性，正與傳統民間社會中下層民眾的心理需求極度吻合；而「命由我作，福自己求」的說教更容易激起一般民眾對美好生活的嚮往，亦是晚明商品經濟繁榮發展的折射與反映。

與人類歷史上其他偉大的文化傳統一樣，儒學只有在不斷地回答時代新問題、迎接現實新挑戰的過程中才能實現復興。改革開放30多年來，中國經濟現代化取得重大進展，國力不斷增長，國際影響力日趨提升，歷史又來到了新的起點。高速發展的經濟，帶來了物質生活的極大豐富，卻也造成了人心散亂、倫理缺位、道德滑坡，原有的意識形態面臨難以收拾人心的困境。

對於學術界和思想界來說，「文化重建」已經成爲吾人亟須面對的緊迫問題。從某種程度上說，了凡「立命之學」對於挽救道德秩序、醫治世道人心，都具有十分重大的現實意義，完全可以與多元化的社會文化相互寬容、相互吸收和平行發展。人們欣喜地發現，近百年被主流激進思潮壓制的傳統文化，正在中國社會潛滋暗長，重新塑造著當代國人的精神世界與倫理世界。當此之際，重新審視了凡「立命之學」，研究這一理論在平衡大、小傳統中所有的特殊價值和特色，對於探索重建民眾信仰之路，尤其是在重建中下層民間信仰方面，無疑具有重大的啓發借鑒意義。

參考文獻

一、古典文獻

1. （明）蔡獻臣：《清白堂稿》，廈門：廈門大學出版社，2012 年。
2. （清）查繼佐：《罪惟錄》，杭州：浙江古籍出版社，1986 年。
3. （明）馮夢禎：《快雪堂集》，收入四庫全書存目叢書集部第 164～165 冊。
4. （明）管志道：《從先維俗議》，收入四庫全書存目叢書子部第 88 冊，明萬曆三十年徐文學刻本。
5. （明）焦竑著，李劍雄點校：《焦氏筆乘》，北京：中華書局，2008 年。
6. （清）江峰青等修：《嘉善縣志》，光緒十八年刊本。
7. （明）憨山大師著，孔宏點校：《憨山老人夢遊集》，北京：北京圖書出版社。
8. （明）何心隱著，容肇祖整理：《何心隱集》，北京：中華書局，1960 年。
9. （明）胡文煥編：《新刻養生導引法》，上海：上海古籍出版社，1990 年。
10. （清）黃宗羲著，沈芝盈點校：《明儒學案》，北京：中華書局，1985 年。
11. （宋）陸九淵著，鍾哲點校：《陸九淵集》，北京：中華書局，1980 年。
12. （明）羅汝芳：《盱壇直詮》，臺北：廣文書局，1956 年。
13. （明）羅汝芳著，方祖猷等編校：《羅汝芳集》，南京：鳳凰出版社，2007 年。
14. （明）劉宗周：《人譜類記》，臺北：廣文書局，1960 年。
15. （明）李樂：《見聞雜記》，上海：上海古籍出版社，1986 年。
16. （明）李贄：《四書評》，上海：上海人民出版社，1975 年。
17. （明）密藏法師：《密藏開禪師遺稿》，臺北：新文豐出版公司，1971 年。

18. （明）聶豹著，吳可爲編校整理：《聶豹集》，南京：鳳凰出版社，2007年。

19. （清）彭紹升著，趙嗣滄點校：《居士傳》，成都：成都古籍書店，2000年。

20. （明）錢希言著，欒保群點校：《獪園》，北京：文物出版社，2014年。

21. （清）錢大昕著，楊勇軍整理：《十駕齋養新錄》，上海：上海書店出版社，2011年。

22. （明）釋無盡：《天台山方外志》，臺北：丹青圖書公司，1985年。

23. （明）談遷：《國榷》，北京：中華書局，1988年。

24. （魏）王弼注，樓宇烈校釋：《老子道德經注校釋》，北京：中華書局，2008年。

25. （明）王守仁：《王陽明全集》，上海：上海古籍出版社，2006年。

26. （明）王畿：《龍溪王先生全集》，明萬曆四十三年張汝霖校刊本，1615年。

27. （明）王畿著，吳震編校整理：《王畿集》，南京：鳳凰出版社，2007年。

28. （明）王艮：《王心齋全集》，臺北：廣文書局，1952年。

29. （明）王艮著，陳祝生等校點：《王心齋全集》，南京：江蘇教育出版社，2001年。

30. （清）王夫之著，舒士彥點校：《讀通鑒論》，北京：中華書局，2013年。

31. （明）雲棲祩宏撰，明學主編：《蓮池大師全集》，上海：上海古籍出版社，2011年。

32. （明）袁顥等著：《袁氏家訓叢書》，臺灣「國家圖書館」藏明刊本。

33. （明）袁顥等著：《袁氏家訓叢書》，日本內閣文庫藏明刊本。

34. （明）袁衮、袁襄、袁裳、袁表、袁袞等記，錢曉訂：《庭幃雜錄》，四庫存目叢書子部第86冊。

35. （明）袁黃著，嘉善縣地方志編委會辦公室編：《袁了凡文集》，北京：線裝書局，2006年。

36. （明）袁黃著，黃強、徐珊珊校訂：《〈遊藝塾文規〉正續編》，武漢：武漢大學出版社，2009年。

37. （明）袁黃著，嚴蔚冰導讀：《袁了凡靜坐要訣》，上海：上海古籍出版社，2013年。

38. （明）袁黃：《靜坐要訣》，上海：上海古籍出版社，1990年。

39. （明）袁黃：《四書刪正》，日本內閣文庫藏明刊本。

40. （明）袁黃：《立命篇》，日本內閣文庫藏明刊本。

41. （明）顏茂猷：《迪吉錄》，收入四庫全書存目叢書子部第 150 冊，明末刻本。

42. （春秋）孫武著，（三國）曹操注、郭化若今譯：《孫子兵法》，上海：上海古籍出版社，2006 年。

43. （明）葉紹袁：《湖隱外史》，收入吳江汾湖經濟開發區、吳江市檔案局編：分湖三志，揚州：廣陵書社，2008 年。

44. （明）顏鈞著，黃宣民點校：《顏鈞集》，北京：中國社會科學出版社，1996 年。

45. （明）周汝登：《東越證學錄》，收入四庫全書存目叢書集部第 165 冊。

46. （清）周安士：《安士全書》，北京：線裝書局，2009 年。

47. （明）朱鶴齡：《愚庵小集》，上海：上海古籍出版社，1979 年。

48. （宋）朱熹：《四書章句集注》，北京：中華書局，1983 年。

49. （清）張履祥：《楊園先生全集》，北京：中華書局，2002 年。

50. （清）張廷玉：《明史》，北京：中華書局，1997 年。

51. （清）章學誠：《文史通義》，上海：上海古籍出版社，2008 年。

52. （明）紫柏眞可：《紫柏大師全集》，上海：上海古籍出版社，2013 年。

二、現代論著

1. （美）包筠雅著，杜正貞等譯：《功過格——明清社會的道德秩序》，杭州：浙江人民出版社，1999 年。

2. 程樹德撰，程俊英、蔣見元點校：《論語集釋》，北京：中華書局，1990 年。

3. 陳義孝居士編，竺摩法師鑒定：《佛學常見詞彙》，臺北：文津出版社，1989 年。

4. 陳榮捷著，楊儒賓等譯：《中國哲學文獻選編》，南京：江蘇教育出版社，2006 年。

5. 陳榮捷：《近思錄詳注集評》，上海：華東師範大學出版社，2007 年。

6. 陳榮捷：《朱子新探索》，上海：華東師範大學出版社，2007 年。

7. 陳寶良：《明代社會生活史》，北京：中國社會科學出版社，2004 年。

8. 陳鼓應：《莊子今注今譯》，北京：中華書局，1983 年。

9. 陳來：《宋明理學》，上海：華東師範大學出版社，2004 年。

10. 陳來：《有無之境——王陽明哲學的精神》，北京：人民出版社，1991 年。

11. 陳來：《中國近世思想史研究》，北京：商務印書館，2003 年。

12. 陳來：《陳來自選集》，桂林：廣西師範大學出版社，1997 年。

13. 陳立勝：《王陽明「萬物一體」論——從「身－體」的立場看》，上海：華東師範大學出版社，2008 年。

14. 陳少明：《齊物論及其影響》，北京：北京大學出版社，2004 年。

15. 陳少明：《經典世界中的人、事、物》，上海：上海三聯書店，2008 年。

16. 陳少明：《思史之間——論語的觀念史釋讀》，上海：上海三聯書店，2009 年。

17. 陳霞：《道家勸善書研究》，成都：巴蜀書社，1999 年。

18. 陳攖寧：《道教與養生》，北京：華文出版社，1989 年。

19. 陳永革：《陽明學派與晚明佛教》，北京：中國人民大學出版社，2009 年。

20. 陳文新、何坤翁、趙伯陶主撰：《明代科舉與文學編年》，武漢大學出版社，2009 年。

21. （英）崔瑞德、（美）牟復禮編，楊品泉等譯：《劍橋中國明代史（1368～1644）》，北京：中國社會科學出版社，2006 年。

22. 丁福保：《佛學大詞典》，北京：文物出版社，2002 年。

23. 丁福保：《佛經精華錄箋注》，揚州：廣陵書社，2008 年。

24. 鄧艾民：《朱熹王守仁哲學研究》，上海：華東師範大學出版社，1989 年。

25. 鄧艾民：《傳習錄注疏》，上海：上海古籍出版社，2012 年。

26. （日）島田虔次著，甘萬萍譯：《中國近代思維的挫摺》，南京：江蘇人民出版社，2008 年。

27. （日）島田虔次著，蔣國保譯：《朱子學與陽明學》，西安：陝西師範大學出版社，1986 年。

28. 馮友蘭：《中國哲學史新編》，北京：人出版社，1986 年。

29. 馮達文、郭齊勇主編：《新編中國哲學史》，北京：人民出版社，2004 年。

30. 方祖猷：《王畿評傳》，南京：南京大學出版社，2011 年。

31. 傅小凡：《晚明自我觀研究》，成都：巴蜀書社，2001 年。

32. 干春松：《制度化儒家及其解體》，北京：中國人民大學出版社，2003 年。

33. 葛兆光：《中國思想史》，上海：復旦大學出版社，2005 年。

34. （日）溝口雄三著，趙士林譯：《中國的思想》，北京：中國社會科學出版社，1995 年。

35. （日）溝口雄三著，陳耀文譯：《中國前近代思想之曲折與展開》，上海：上海人民出版社，1997 年。

36. 黃仁宇：《萬曆十五年》，北京：生活‧讀書‧新知三聯書店，1997 年。

37. 何孝榮等著：《明朝宗教》，南京：南京出版社，2013 年。

38. 淨空法師：《了凡四訓講記（新版）》，華藏講記組恭敬整理，2003 年。

39. 嵇文甫：《晚明思想史論》，北京：東方出版社，2013 年。

40. 蔣維喬：《靜坐氣功——因是子靜坐法彙編》，成都：四川科學技術出版社，1990 年。

41. 江燦騰：《晚明佛教改革史》，桂林：廣西師範大學出版社，2006 年。

42. （日）酒井忠夫著，劉岳兵等譯：《中國善書研究（增補版）》，南京：江蘇人民出版社，2010 年。

43. （日）酒井忠夫、胡小偉等著：《民間信仰與社會生活》，上海：上海人民出版社，2011 年。

44. 孔令宏：《宋明道教思想研究》，北京：宗教文化出版社，2002 年。

45. 賴永海主編，徐敏、尚榮譯注：《圓覺經、四十二章經》，北京：中華書局，2013 年。

46. 勞思光：《新編中國哲學史》，北京：生活‧讀書‧新知三聯書店，2015 年。

47. 柳存仁：《和風堂文集》，上海：上海古籍出版社，1995 年。

48. 李澤厚：《中國古代思想史論》，北京：人民出版社，1986 年。

49. 李澤厚：《中國現代思想史論》，天津：天津社會科學出版社，2003 年。

50. 李澤厚：《李澤厚哲學文存》，合肥：安徽文藝出版社，1999 年。

51. 李澤厚：《論語今讀》，北京：生活‧讀書‧新知三聯書店，2008 年。

52. 李致忠、袁瑞萍點校：《七十二朝人物演義》，北京：書目文獻出版社，1988 年。

53. 李宗桂：《傳統與現代之間——中國文化現代化的哲學省思》，北京：北京師範大學出版社，2011 年。

54. 李謹伯：《呼吸之間——李謹伯談靜坐與修大道》，北京：華夏出版社，2013 年。

55. 黎紅雷：《中國管理智慧教程》，北京：人民出版社，2006 年。

56. 黎紅雷：《儒家管理哲學》，廣州：廣東高等教育出版社，2010 年。

57. 呂妙芬：《陽明學士人社群——歷史、思想與實踐》，北京：新星出版社，2006 年。

58. 梁其姿：《施善與教化——明清的慈善組織》，石家莊：河北教育出版

社，2001 年。

59. 孟森：《心史叢刊》，北京：中華書局，2006 年。

60. 蒙培元：《理學的演變——從朱熹到王夫之戴震》，福州：福建人民出版社，1998 年。

61. 牟宗三：《心體與性體》，上海：上海古籍出版社，2007 年。

62. 牟宗三：《圓善論》，長春：吉林出版集團，2010 年。

63. 南懷瑾：《靜坐修道與長生不老》，上海：復旦大學出版社，2002 年。

64. 南炳文、何孝榮：《明代文化研究》，北京：人民出版社，2006 年。

65. 彭國翔：《良知學的展開——王龍溪與中晚明的陽明學》，北京：生活・讀書・新知三聯書店，2005 年。

66. 錢穆：《宋明理學概述》，臺北：聯經出版事業有限公司，1998 年。

67. 錢穆：《王守仁》，上海：上海商務印書館，1934 年。

68. 錢穆：《中國歷代政治得失》，北京：生活・讀書・新知三聯書店，2001 年。

69. 錢穆：《中國學術思想史論叢》，合肥：安徽教育出版社，2004 年。

70. （日）秋月觀暎著，丁培仁譯：《中國近世道教的形成》，北京：中國社會科學出版社，2005 年。

71. 容肇祖：《容肇祖全集》，莞城圖書館編東莞歷代著作叢書，濟南：齊魯書社，2012 年。

72. 任宜敏：《中國佛教史・明代》，北京：人民出版社，2009 年。

73. 聖嚴法師：《明末佛教研究》，北京：宗教文化出版社，2006 年。

74. 陶希聖：《中國政治思想史》，北京：中國大百科全書出版社，2008 年。

75. 唐明貴：《論語學史》，北京：中國社會科學出版社，2009 年。

76. 唐少蓮：《道家「道治」思想研究》，北京：中國社會科學出版社，2011 年。

77. 王汎森：《晚明清初思想十論》，上海：復旦大學出版社，2004 年。

78. 王明：《太平經合校》，北京：中華書局，2014 年。

79. 韋政通：《中國思想史》，上海：上海書店出版社，2006 年。

80. 吳震：《羅汝芳評傳》，南京：南京大學出版社，2011 年。

81. 吳震：《陽明後學研究》，上海：上海人民出版社，2003 年。

82. 吳震：《明末清初勸善運動思想研究》，臺北：臺大出版中心，2012 年。

83. 吳震：《泰州學派研究》，北京：中國人民大學出版社，2009 年。

84. 吳光主編：《陽明學研究》，上海：上海古籍出版社，2000 年。

85. 吳光主編：《當代儒學的發展方向——當代儒學國際學術研討會論文集》，上海：漢語大詞典出版社，2005年。

86. 吳光主編：《從民本走向民主——黃宗羲民本思想國際學術研討會論文集》，杭州：浙江古籍出版社，2006年。

87. 吳光主編：《陽明學綜論》，北京：中國人民大學出版社，2009年。

88. 吳根友主編：《多元範式下的明清思想研究》，北京：三聯書店，2011年。

89. 徐復觀：《新版學術與政治之間》，臺北，臺灣學生書局，1984年。

90. 徐復觀：《西漢思想史》，上海：華東師範大學出版社，2001年。

91. 徐復觀：《中國思想史論集》，上海：上海書店出版社，2004年。

92. 徐復觀：《中國人性論史》，上海：華東師範大學出版社，2005年。

93. 蕭登福：《道教與佛教》，臺北：東大圖書股份有限公司，1996年。

94. 宣朝慶：《泰州學派的精神世界與鄉村建設》，北京：中華書局，2010年。

95. 余英時：《宋明理學與政治文化》，桂林：廣西師範大學出版社，2006年。

96. 余英時：《士與中國文化》，上海：上海人民出版社，2003年。

97. 余英時：《儒家倫理與商人精神》，桂林：廣西師範大學出版社，2004年。

98. 余英時：《中國思想傳統及其現代變遷》，桂林：廣西師範大學出版社，2004年。

99. 余英時：《朱熹的歷史世界——宋代士大夫政治文化的研究》，北京：生活‧讀書‧新知三聯書店，2004年。

100. 嚴耕望：《治史三書》，上海：上海人民出版社，2007年。

101. 楊聯陞：《中國文化中「報」、「保」、「包」之意義》，貴陽：貴州人民出版社，2009年。

102. 楊國榮：《心學之思——王陽明哲學的闡釋》，北京：生活‧讀書‧新知三聯書店，1997年。

103. 遊子安：《勸化金箴——清代善書研究》，天津，天津人民出版社，1999年。

104. 袁嘯波：《民間勸善書》，上海：上海古籍出版社，1995年。

105. 張永義：《中國思想論集》，成都：巴蜀書社，2012年。

106. 張立文：《宋明理學研究》，北京：人民出版社，2002年。

107. 張天傑：《張履祥與清初學術》，杭州：浙江古籍出版社，2011年。

108. 張衛紅：《羅念庵的生命歷程與思想世界》，北京：生活‧讀書‧新知三聯書店，2009 年。

109. 趙世瑜：《小歷史與大歷史——區域社會史的理念、方法與實踐》，北京：生活‧讀書‧新知三聯書店，2006 年。

110. 趙園：《明清之際的思想與言說》，上海：復旦大學出版社，2010 年。

111. 趙園：《明清之際士大夫研究——作爲一種現象的遺民》，北京：北京師範大學出版社，2014 年。

112. 周熾成：《復性收攝——高攀龍思想研究》，北京：人民出版社，2007 年。

113. 周熾成：《荀韓人性論與社會歷史哲學》，廣州：中山大學出版社，2009 年。

114. 周熾成：《孔子回家——海歸讀論語》，北京：東方出版社，2010 年。

115. 周勳男：《了凡四訓新解》，臺北：老古文化事業股份有限公司，2014 年。

116. （日）中村元著，餘萬居譯：《中國佛教發展史》，臺北：天華出版事業股份有限公司，1983 年。

117. 左東嶺：《王學與中晚明士人心態》，北京：人民文學出版社，2000 年。

附錄一　袁了凡年表事略 _{〔註1〕}

嘉靖十二年（癸巳 1533）1 歲

　　十二月十一日，生於浙江省嘉善縣。

嘉靖二十五年（丙午 1546）14 歲

　　1、七月初四，父袁仁去世。

　　2、暫時放棄舉業而學醫。

嘉靖二十八年（己酉 1549）17 歲

　　遇孔先生，重拾舉業之學。

嘉靖二十九年（庚戌 1550）18 歲

　　1、進學（縣考童生第 14 名、府考 71 名、提學考第 9 名）。

　　2、拜唐順之爲師，伴其「自杭往越」，請教舉業文章，深受其影響。

嘉靖三十年（辛亥 1551）19 歲

　　七月，聽時任浙江提學薛應旂論爲文之道。

嘉靖三十一年（壬子 1552）20 歲

　　首次鄉試失利。

〔註 1〕　本「年表事略」係筆者在《了凡雜著》、《立命篇》、《袁了凡文集》、《庭幃雜
　　　　錄》、《嘉善縣志》（清・光緒）、《袁氏家乘》（上海圖書館藏）、《吳江縣志》（清・
　　　　乾隆）以及馮夢禎「壽了凡先生七十序」、朱鶴齡「贈尚寶少卿了凡袁公傳」、
　　　　彭紹升《居士傳》等有關史料的基礎上認眞梳理、反覆修改而成。

嘉靖三十二年（癸丑 1553）21 歲

　　春，造訪罷官歸家之薛應旂，請教作文之道。

嘉靖三十四年（乙卯 1555）23 歲

　　1、第二次鄉試，「本房取首卷，以《中庸》義太凌駕，不得中試」。

　　2、獲獎於有司（「代巡行文給賞」）。

　　3、所著《四書便蒙》、《書經詳節》刻行。

嘉靖三十七年（戊午 1558）26 歲

　　第三次鄉試失利。

嘉靖四十年（辛酉 1561）29 歲

　　第四次鄉試失利。

嘉靖四十三年（甲子 1564）32 歲

　　第五次鄉試失利。

嘉靖四十四年（乙丑 1565）33 歲

　　與周夢秀（繼實）、蔡天眞（復之）等共結文社，砥礪道德，修習克己工夫。

嘉靖四十五年（丙寅 1566）34 歲

　　與丁賓一同拜入王畿之門。

隆慶元年（丁卯 1567）35 歲

　　以貢生入北京國子監學習。

隆慶二年（戊辰 1568）36 歲

　　1、應貢在京。

　　2、終日靜坐，不閱文字。

隆慶三年（己巳 1569）37 歲

　　1、南歸，拜訪棲霞山雲谷禪師，悟立命之學。

　　2、許願行善事三千條，以求登科。

3、改號「了凡」。

4、遊學南雍（南京國子監）。

隆慶四年（庚午 1570）38 歲

1、參加南京禮部考試，得第一名（「監元」）。

2、第六次鄉試（應天府鄉試），中舉。

3、馮夢禎中舉。

隆慶五年（辛未 1571）39 歲

1、首次參加會試失利。

2、丁賓進士及第。

3、與錢明吾修業於東塔禪堂。明吾「終日潛思，埋頭經史」，了凡則「瀟灑自任，或焚香靜坐，或閒檢梵冊，並不留心舉業」，然「每至會課日」，「文輒覺少進」。

隆慶六年（壬申 1572）40 歲

遊學金沙，與于紹城兄弟往來。

萬曆元年（癸酉 1573）41 歲

1、母親李氏去世。

2、「諧幻余禪師習靜於武塘塔院」。「因與幻余私議，謂釋迦雖往，法藏猶存，特以梵筴重大，流傳未廣，誠得易以書板，梓而行之，是處處流通，人人誦習，孰邪孰正，人自能辯之，而正法將大振矣。」此即《嘉興藏》（又稱「徑山藏」、「方冊藏」）刊刻的最早動議。

萬曆二年（甲戌 1574）42 歲

第二次會試失利。

萬曆四年（丙子 1576）44 歲

與馮夢禎「諧上公車」，修業於北京護國寺。

萬曆五年（丁丑 1577）45 歲

1、第三次會試，原本考中「會元」（會試第一名），但因「禦夷」一策觸

考官忌而落第。

2、馮夢禎高中會元。

3、以舉業之學而逐漸名重四方。

4、著《舉業轂率》，爲士子所推重。

萬曆七年（己卯 1579）47 歲

1、完成三千件善事。

2、從李世達（漸庵）入關，未及迴向。

萬曆八年（庚辰 1580）48 歲

1、第四次會試失利。

2、請性空、慧空諸上人迴向。

3、再許願行三千善事，志在求子。

4、得陸龜蒙遺址於分湖之濱，卜築居之。

萬曆九年（辛巳 1581）49 歲

生子天啓（袁儼）。

萬曆十一年（癸未 1583）51 歲

1、第五次會試失利。

2、八月，圓滿完成三千善事。

3、起求中進士願，再許願行善事一萬條。

4、紫柏眞可寄居於了凡分湖之宅，了凡與之商議《方冊藏》刊刻事宜。

萬曆十二年（甲申 1584）52 歲

「遇密藏師兄與嘉禾之楞嚴，相與籌劃（刻藏事宜），頗有次第，即命余草募緣文，而請益於吾師五臺先生。厥後具區、洞觀、健曇、宇泰諸兄弟相竭力謀之，事遂大集。」

萬曆十四年（丙戌 1586）54 歲

1、第六次參加會試。

2、進士及第。王賜爵爲主試，楊起元分校禮闈。

3、吳縣葉重第同榜進士。

4、以禮部辦事進士身份，協助趙用賢清算蘇松錢糧，上《蘇州府賦役議》，不用。「甫釋褐，奉總憲箚與常熟宮坊趙公用賢共議清核蘇松錢糧，公上賦役議。一曰分賦役以免混派；二曰清加派以絕影射；三曰修實證以省兵餉；四曰查派剩以杜加賦；五曰免協濟以恤窮民。又清減額外加徵米銀十餘條。豪猾以不便己，率為浮言眩當事，沮格不行，識者歎焉。」

萬曆十六年（戊子 1588）56 歲

1、授順天府通州寶坻知縣。

2、六月初九，到任伊始，發佈《祭城隍文》。

萬曆十七年（己丑 1589）57 歲

秋，大雨導致本縣獄牆倒塌，但囚犯相戒守法，無一人逃逸。

秋，幻余禪師至寶坻官舍，請求了凡作刻藏發願文。

萬曆十八年（庚寅 1590）58 歲

1、收養葉重第之子葉紹袁（葉重第任玉田知縣）。

2、《寶坻勸農書》付梓，楊起元為之作序。

3、《靜坐要訣》付梓，保府州守馬瑞河深服其說，納贄稱弟子。

4、夏，《祈嗣眞詮》付梓（首二篇即為「改過」、「積善」）。

萬曆十九年（辛卯 1591）59 歲

萬曆二十年（壬辰 1592）60 歲

1、升任兵部職方司主事。

2、朝鮮被倭亂，遣使來朝請援，了凡上書兵部尚書石星，力言戰不如守。

3、十月，朝廷以李如松為東征提督，派兵援朝。

4、經略宋應昌奏請了凡「贊畫軍前，兼督朝鮮兵政」。

5、與劉黃裳等浮海渡鴨綠江，調護諸師。

萬曆二十一年（癸巳 1593）61 歲

1、正月，明軍在朝鮮取得「平壤大捷」。

2、李如松遭遇倭寇埋伏，兵敗碧蹄館。

3、「以親兵千餘破倭將清正於咸境，三戰斬馘二百二十五級，俘其先鋒將葉實」。

4、參劾李如松部下「割平民首級記功」，李如松等亦上疏彈劾了凡。

5、朝中有拾遺彈劾了凡任寶坻縣令時「縱民逋稅」，遂遭削籍。

6、五月，返鄉，居於吳江趙田。

萬曆二十二年（甲午 1594）62 歲

1、隱居著述，四方求學者甚眾。

2、作《訓兒俗說》授子天啓。

萬曆二十四年（丙申 1596）64 歲

1、受嘉善知縣章士雅之邀，主筆重修《嘉善縣志》。

2、秋，作《圓通精舍募田碑記》。

萬曆二十五年（丁酉 1597）65 歲

1、春，拜訪楊起元於官邸，讀其《四書近義》並為之作序。

2、子天啓入泮，隨即「應試浙闈」。

3、十月，為子天啓舉行冠禮。

4、袁氏兄弟所編《庭幃雜錄》付梓。

萬曆二十八年（庚子 1600）68 歲

作「立命之學」（即《立命篇》）。

萬曆二十九年（辛丑 1601）69 歲

1、作《遊藝塾文規》（內含「科第全憑陰德」、「謙虛利中」、「立命之學」三篇），「了凡四訓」基本內容以備，但未有「四訓」之名。

2、十二月，周汝登作「立命文序」，以為了凡《立命篇》「於人大有利益」，「更引附古德語三條授客梓行。古德語者，一、葛繁事實；一、中峰善惡論；一、龍溪子禍福說」。付梓後更名為「袁先生省身錄」。

萬曆三十年（壬寅 1602）70 歲

1、《遊藝塾文規》付梓。

2、馮夢禎作《壽了凡先生七十序》。

3、作《紫柏可上人六十》詩，有「我已七旬君六十，莫留燕市滯浮名」之語。

萬曆三十一年（癸卯 1603）71 歲

1、官方發佈《燒毀四書書經刪正等書箚各提學》，令各提學官將《四書刪正》、《書經刪正》「原板盡行燒毀，其刊刻鬻賣書賈一併治罪」。

2、紫柏眞可被難，圓寂獄中。

萬曆三十二年（甲辰 1604）72 歲

「臥病林皋」，仍然評析會試墨卷，撰《遊藝塾續文規》。

萬曆三十三年（乙巳 1605）73 歲

1、馮夢禎去世，作《祭馮開之文》。

2、建陽余氏梓《了凡雜著》。

萬曆三十四年（丙午 1606）74 歲

七月，辭世。

萬曆三十五年（丁未 1607）

春，《立命篇》刻行，晏然居士作「立命篇敍」。《立命篇》內含「袁了凡先生立命篇」、「科第全憑陰德」、「謙虛利中」三篇（與《遊藝塾文規》中所載「科第全憑陰德」、「謙虛利中」、「立命之學」相同）。

天啟元年（辛酉 1621）

朝廷「追敘征倭功」，贈了凡「尚寶司少卿」。

天啟五年（乙丑 1625）

子袁儼、養子葉紹袁進士及第。（袁儼卒於高要知縣任上，生有五子。）

崇禎十五年（壬午 1642）

了凡（袁黃）、袁儼父子同入吳江賢祠受享。

附錄二 　《袁了凡功過格》

功格五十條受賄除外

　　準百功：一、救免一人死；二、完一婦女節；三、阻人不溺一子女，為人延一嗣。

　　準五十功：四、免墮一胎；五、收養一無依；六、葬一無主骸骨；七、救免一人流離。

　　準卅功：八、度一受戒弟子；九、化一為非者；一○、白一人冤；一一、施一葬地與無土之家。

　　準十功：一二、薦引一有德人；一三除一人害；一四、編纂一切眾經法；一五、以方術治一人重病。

　　準五功：一六、勸息一人訟；一七、傳人一保益性命事；一八、編纂一保益性命經法；一九、以術救一人輕疾；二○、救一有力報人之畜命牛馬之命。

　　準三功：二一、受一橫不嗔；二二、任一謗不辯；二三、受一逆耳言；二四、免一應責人；二五、救一無力報人之畜命。

　　準一功：二六、贊一人善；二七、掩一人惡；二八、阻人一非為事；二九、勸息一人爭；三○、行而治人一疾；三一、拾得遺字一千自文字為神聖之習；三二、不受非得之一饌飲；三三、濟一人饑；三四、留無歸人一宿；三五、講演善法論及一人若百人則為百善；三六、興事利及一人；三七、接濟人畜一時疲頓；三八、葬一自死禽畜；三九、救一細微濕化之屬命。

　　準百錢一功散錢可累積，粟帛亦準之：四○、修造路橋河渡；四一、疏

河掘井以救眾；四二、修置三寶寺院，造三寶尊像及施香燭燈油等物；四三、施人而修置則減半，即二百錢為一功；四四、還人遺物米及百錢亦準之；四五、饒人債負；四六、勸人出財作種種功德；四七、行功果以救沈魂；四八、賑窮；四九、建倉平糶；五〇、施茶水、捨棺木一切方便事。

過律五十條

準百過：一、致一人死；二、失一婦女節；三、贊人溺一子女。

準五十過：四、墮一胎；五、破一人婚；六、拋一人骸；七、致一人流離。

準三十過：八、毀一人戒行；九、造謗污陷一人；一〇、摘發一人隱私與行止事。

準十過：一一、排擯一有德人；一二、薦用一匪人；一三、受畜一失節婦；一四、畜一殺眾生具。

準五過：一五、譏謗一正法經典；一六、編纂一有傷教化詞傳；一七、見一冤可白不白；一八、遇一病求救不救；一九、唆一人訟；二〇、造一渾名歌謠；二一、惡口犯平安；二二、阻絕一道路橋梁；二三、殺一有力報人之畜命。

準三過：二四、嗔一逆耳言；二五、乖一尊卑次；二六、醉而犯一人；二七、責一不應責人；二八、兩舌以離間人；二九、服一非法服；三〇、殺一無力報人之畜命。

準一過：三一、沒一人善；三二、唆一人鬥；三三、播一人惡；三四、助人為非一事；三五、見人盜細物不阻；三六、不告人取人一針一草；三七、欺誑一無識；三八、負一約；三九、失一約；四〇、見人憂不慰；四一、役人畜不憐疲頓；四二、殺一細微濕化屬命。

準百錢一過：四三、暴棄天物；四四、毀人成功；四五、背眾受利；四六、傷用他錢；四七、負貸；四八、匿遺；四九、因公恃勢乞索；五〇、巧索取人一切財物。

附錄三 《太微仙君功過格》

太微仙君功過格序

易曰：積善之家必有餘慶，積不善之家必有餘殃。道科曰：積善則降之以祥，造惡則責之以禍。故儒、道之教一，無異也。古者聖人君子高道之士皆著盟戒，內則洗心煉行，外則訓誨於人，以備功業矣。余於大定辛卯之歲仲春二日子正之時，夢遊紫府朝禮太微仙君，得受功過之格，令傳信心之士。忽然夢覺，遂思功過條目歷歷明瞭。尋乃披衣正坐默而思之，知是高仙降靈，不改疏慢，遂整衣戴冠，滌硯揮箋走筆書之，不時而就。皆出乎無思，非干於用意。著斯功格三十六條，過律三十九條，各分四門，以明功過之數，付修真之士。明書日月，自記功過，一月一小比，一年一大比，自知功過多寡與上天真司考校之數昭然相契，悉無異焉。大凡一日之終，書功下筆乃易，書過下筆的難，即使聰明之士，明然頓悟罪福因緣，善惡門戶，知之減半，慎之全無。依此行持，遠惡遷善，誠為真誠，去仙不遠矣。西山會真堂無憂軒又玄子序。

功格三十六條：救濟門十二條、教典門七條、焚修門五條、用事門十二條

過律三十九條：不仁門十五條、不善門八條、不義門十條、不軌門六條

凡受持之道，常於寢室床首置筆硯簿籍，先書月份，次書日數，於日下開功過兩行。至臨臥之時，記終日所為善惡。照此功過格內名色數目，有善則功下注，有惡則過下注之，不得明功隱過。至月終計功過之總數，功過相比，或以過除功，或以功折過，折除之外者明見功過之數。當書總記訖，再

書後月，至一年則大比，自知罪福，不必問乎休咎。

功格三十六條

救濟門十二條

△ 以符法針藥救重疾一人為十功，小疾一人為五功，如受病家賄賂則無功。治邪一同。凡行治一度為一功，施藥一服為一功。

△ 傳一符一法一方一術令人積行救人，每一術為十功，如受賄而傳，或令人受賄則並無功。

△ 傳人保益性命符法藥術等，每一事為五功，如受賄而傳為一功。

△ 救一人刑死性命為百功，免死刑性命一人為百功，減死弄性命一人為五十功；救人徒刑為四十功，免人徒刑為三十功，減人徒刑為二十功；救人杖刑為十功，免人杖刑為八功，減人杖刑為六功；救人笞刑為五功，免人笞刑為四功，減人笞刑為三功。如依法定罪則無功，如私家減免奴僕之屬同此論功。

△ 救有力報人之畜一命為十功。

△ 救無力報人之畜一命為八功，蟲蟻飛蛾濕生之類一命為一功。

△ 賑濟鰥寡孤獨窮民百錢為一功，貫錢為十功。如一錢散施積至百錢為一功，米麥幣帛衣物以錢數論功，饒潤窮民債負亦同此論。

△ 濟饑渴之民一飲一食皆為一功。

△ 濟寒凍之民暖室一宵為一功。

△ 救接人畜筋力疲困之苦一時為一功。

△ 葬無主之骨一人為五十功，施地與無土之家葬一人為三十功。若令出備租課則無功。埋葬自死者走獸飛禽六畜等一命為一功，若埋葬禽獸六畜骨殖及十六斤為一功。

△ 平理道險阻及泥水陷沒之所一日一人之功為十功，若造船橋濟渡不求賄賂者所費百錢為一功，一日一人之功為十功。

教典門七條

△ 自己受救人法籙經教一宗為二十功，受保護自身法籙經教一宗為十五功。

△ 於高士處求救人法籙經教一宗為八功，求保護自身法籙經教一宗為四功。

△ 傳受行法官一人爲百功，度籙生弟子一人爲五十功，度受戒弟子一人爲三十功。

△ 以救眾經法付人爲五功，保養性命經法付人爲四功，演道經論付人爲三功。

△ 自己注撰救眾經法一宗爲三十功，保養性命經法一宗爲二十功，贊道之文一篇爲一功。若詠無教化者則無功。

△ 自己簡編救眾經法一宗爲十功，保養性命經法一宗爲五功，贊道之文一篇爲一功。

△ 雕造經教所費百錢爲一功，貫錢爲十功，印造散施與人，小經一卷爲十功，大經一卷爲二十功，並謂上聖正典有教化者，非談論興亡勝敗之書及詠風月之文。

焚修門五條

△ 修聖像壇宇幢蓋幡花器皿床坐及諸供養之物費百錢爲一功，貫錢爲十功。如施與人錢物修置百錢爲半功，貫錢爲五功，或以會物一件爲一功。

△ 且夕朝禮爲國爲眾焚修一朝爲二功，爲己焚修一朝爲一功。

△ 章醮爲國爲民爲祖先爲孤魂爲尊親祈禳災害，薦拔沈魂一分爲二功，爲己一分爲一功，爲施主一分爲一功。若受法信則無功。

△ 爲無告孤魂告行拔亡符命一符爲十功，祖先尊親一亡爲十功，爲平交親知及卑幼一亡爲五功，爲施主一亡爲四功。若受法信則無功。

△ 爲國爲民或尊親先亡或無主孤魂誦大經一卷爲六功，小經一卷爲三功，聖號百遍爲三功；爲平交親知及卑細誦大經一卷爲三功，小經聖號爲一功。若受法信則無功。爲己禳謝誦大經一卷爲二功，小經聖號爲一功。

用事門十二條

△ 興諸善事利益一人爲一功。

△ 講演經教及諸善言化諭於眾在席十人爲一功，百人爲十功，人數雖多止五十功。

△ 以文章詩詞誡勸於眾一篇爲一功。

△ 化人出財修諸功德一貫爲一功。

△ 勸人官門斗訟免死刑爲十功，免徒刑爲五功，免杖刑爲二功，免笞刑

爲一功。

△勸諫人鬥爭一人爲一功。

△舉薦高明賢達有德之士用事一人爲十功。

△贊揚人之善道一事爲一功。

△掩遏人之惡業一事爲一功。

△勸諫人令不爲非、不廉、不孝、不貞、不良、不善、不慈、不仁、不義一人迴心爲十功。

△自己著紙衣一件爲二功，著布素粗衲之衣一件爲一功，著紈帛者無功。

△自己飲膳有而不食者爲三功，晚而不食者爲二功，素食下味爲一功，素食中味爲半功，素食上味爲無功。

過律三十九條

不仁門十五條

△凡有重疾告治不爲拯救者一人爲二過，小疾一人爲一過，治不如法爲一過，不愈而受賄百錢爲一過，貫錢爲十過。

△修合毒藥欲害於人爲十過，害人性命爲百過，害人不死而病爲五十過。害一切眾生禽畜性命爲十過，害而不死爲五過，舉意欲害爲一過。

△學厭禱咒咀邪法欲害於人爲十過，害人性命爲百過，害人不死而病爲五十過，害人六畜一命爲十過，令病爲五過，舉意欲害爲一過。

△厭攘人家令見怪異欲取財賄爲十過，得財百錢爲一過，貫錢爲十過。

△謀人死刑成者爲百過，不成爲五十過，舉意不作爲十過；謀人徒刑成者爲四十過，不成爲二十守，舉意不作爲八過；謀人杖刑爲十過，不成爲八過，舉意爲五過；謀人笞刑爲三過，不成爲四過，舉意爲三過。凡爲官吏入人罪者同此論，爲行法官妄入鬼神罪者亦同此論。

△心中暗舉惡事欲殘害於人一人爲一過，事成殘害一人爲十過，心意中邪淫雜想非理之事，一事爲一過。

△凡言舉惡事欲殘害於人一人爲一過，事成爲十過。惡語向師長尊親爲十過，向善人爲八過，向平交爲四過，向卑幼爲一過。言約失信爲一過，揚人惡事爲一過，掩人善事爲一過。

△故傷殺人性命為百過，誤傷殺性命為八十過，以言遽殺者同，使人殺者為六十過。

△故殺有力報人之畜一命為十過，誤殺為五過；故殺無力報人之畜、飛禽走獸之類一命為八過，誤殺為四過；故殺蟲蟻飛蛾濕生之屬一命為二過，誤殺為一過。故殺傷人害物者惡獸毒蟲為一過，使人殺者同上論。

△見殺不救隨本人之過減半，無門可救不生慈念為二過，助贊殺生為五過。

△見若救得而不救者為十過，無門可效不生慈念者為一過。

△見人有憂不行解釋而故暢快者為五過。

△見人畜死不起慈念者為一過。

△役使人畜至於疲乏力倦，不矜其苦而剛使役者一時為十過，加之鞭笞者一杖為一過，用水陷溺路徑使人畜出入行履艱難者一時為十過。

△摧毀船橋使不通渡者一時為十過。

不善門八條

△毀壞功德聖像壇宇幢蓋幡花器皿床具及諸獻供之物百錢之直為一過，貫錢之直為十過。

△以巧言說人毀壞百錢之直為半過，貫錢之直為五過，見而不觀為一過，讚助為五過。

△以言指斥毀天尊聖像為二十過，真人為十五過，神君為十過。見毀滅不勸為一過，讚助毀來為五過，毀滅經教與此同論。

△遇節辰食晚食為二過，常日晚食為一過。

△齋醮供聖鎮信之物一物不備為一過，章詞一字差錯為一過，誤違科律格式一事為一過，威儀有失一事為一過，唱念不專為一過，宣科讀狀奏對詞表差錯一字為一過，三時朝真一時有失為五過，供養進獻之物一物不備為一過，一物不潔為一過，及不如法為一過。

△應受施主法信錢物非理使用百錢為一過，貫錢為十過。

△薦亡符簡文字等一字差錯為一過，脫漏一字為一過，符文差錯脫漏為十過，修寫書篆不如法為五過。

△誦念經典漏一字為一過，漏一句為五過，音釋乖背字音交差一字為一過，念誦語句錯亂有失文意一句為五過。若念誦之時心意不專為五

過，邪淫雜想及思惡事為十過，住經語惡事訖續經為十過，語常事為
五過，接陪賓侶為三過，語善事為一過，不依誦經法式為五過，念經
發嗔怒為十過，凌辱他人為十過。

不義門十條

△ 教唆人官門斗訟死刑為三十過，徒刑為二十過，杖罪為十過，笞罪為
八過。

△ 教唆人鬥爭一人為一過。

△ 教人為不廉不孝不義不仁不善不慈為非作過一事為一過。

△ 見賢不薦為一過，見賢不師為一過。

△ 見明師不參授典教為二過，不依師之教旨為十過，反叛師長為五十
過，違師教公為三十過，尊長父母同此論。

△ 良朋勝友不交設為一過。

△ 窮民不濟為一過，復加凌辱一人為三過。

△ 偷盜人財物或教人偷盜百錢為一過，貫錢為十過。若見偷盜不勸為一
過，讚助偷盜為五過，米麥幣帛衣服並論錢數定過。

△ 不義而取人財物百錢為一過，貫錢為十過。

△ 欠人財物抵諱不還百錢為一過，貫錢為十過，因而謀害其過加倍。

不軌門六條

△ 傳教法隱真出偽欺罔弟子一事為五過，如受法信百錢為一過。得人不
傳為一過，傳非其人為十過。

△ 注撰煙粉傳記詩詞歌行一篇為二過，傳與一人為二過，簡編一篇為一
過，傳與一人為一過。自己記念一篇為一過。

△ 食肉故殺性命食之為六過，買肉食之為三過，違禁肉故食為六過，誤
食為三過。遇齋日食之為十過，食後入壇念善為十過。

△ 飲酒為評議惡事與人飲一升為六過，無故與不良人飲一升為二過，無
故與常人飲一升為一過，為和合事理與友人飲、祭酒待賓服藥皆不坐
過，遇齋日飲致醉，或酒後入壇念善為五過。

△ 五辛無故食之一食為一過，食後持念經一大卷為十過，一小經為五
過，一聖號為一過，齋日食之為五過。

△ 受觸極親為五十過，近親為三十過，遠親為二十過，良家為十五過。
受觸之後入壇念道朝真禮聖及齋日犯觸隨儀每一過為五過。

附錄四 《自知錄》

明・雲棲袾宏

　　予少時見《太微仙君功過格》而大悅，旋梓以施。已而出俗行腳，匍匐於參請。暨歸，隱深谷，方事禪思，遂無暇及此。今老矣，復得諸亂帙中，悅猶故也。乃稍爲刪定，更增其未備，而重梓焉。昔仙君謂：「凡人宜置籍臥榻，每向晦入息，書其一日功過。積日而月，積月而年，或以功準過，或以過準功，多寡相讎，自知罪福，不必問乎休咎。」至矣哉言乎！先民有云：「人苦不自知。」唯知其惡，則懼而戢。知其善，則喜而益自勉。不知，則任情肆志，淪胥於禽獸，而亦莫覺其禽獸也。茲運心舉筆，靈臺難欺。邪正淑慝，炯乎若明鏡之鑒形。不師而嚴，不友而諍，不賞罰而勸懲，不著龜而趨避，不天堂地獄而升沉。馴而致之，其於道也何有！因易其名，曰《自知錄》。

　　是錄也，下士得之，行且大笑，莫之能視，奚望其能書？中士得之，必勤而書之。上士得之，但自諸惡不作，眾善奉行，書可也，不書可也。何以故？善本當行，非徼福故。惡本不當作，非畏罪故。終日止惡，終日修善。外不見善惡相，內不見能止能修之心。福且不受，罪亦性空，則書將安用？矧二部童子、六齋諸天，並世所稱臺彭司命、日遊夜遊、予司奪司、元會節臘等，昭佈森列，前我、後我、左右我，明目而矚我。政使我不書，彼之書固以密繭絲而析秋毫矣。雖然，天下不皆上士。即皆上士，其自知而不書，不失爲君子。不自知而不書，非冥頑不靈，則剛愎自用云爾。人間顧可無是錄乎？

　　是故在儒爲四端百行，在釋爲六度萬行，在道爲三千功八百行，皆積善之說也。彼罷緣灰念之輩，以自爲則無論矣。如藉口乎善惡都莫思量，見有

勤而書之者，漫呵曰：惡用是矻矻爾煩心爲？則其失非細。嗟乎！世人夏畦於五欲之場，疲神殫思，終其身不憚煩，而獨煩於就寢之俄頃不一整其心慮，亦惑矣。晝勤三省，夜必告天，乃至黑豆白豆，賢智者所不廢也。書之庸何傷！

時萬曆三十二年歲次甲辰清明日沙門袾宏識

自知錄凡例

一、 舊曰「功過」，今曰「善過」，取《周易》「見善則遷，有過則改」之義。「善」即「功」故。

一、 舊有「天尊」、「眞人」、「神君」等，今攝入「諸天」。舊有「章奏」、「符籙」、「齋醮」等，今攝入「佛事」。各隨所宗，無相礙故。

一、 該善若干，該過若干，與舊稍有增減。小異大同故。

一、 在家出家一切人等，凡有所求，不必勞形役志，百計謀畫，希望成功。亦不必禱神祠天，宰殺牲牢，請乞福祐。但發心積善，或至五百，或至一千、三千、五千，乃至於萬，隨其所求，必滿願故。

一、 以上休咎，但是花報。若夫來生，即此可知。果報不虛故。

目錄

　　善門：忠孝類、仁慈類、三寶功德類、雜善類、補遺

　　過門：不忠孝類、不仁慈類、三寶罪業類、雜不善類、補遺

善門

忠孝類

△ 事父母致敬盡養，一日爲一善。守義方之訓，不違犯者，一事爲一善。父母歿，如法資薦，所費百錢爲一善。勸化父母以世間善道，一事爲十善。勸化父母以出世間大道，一事爲二十善。

【解】凡言百錢，謂銅錢百文，正準銀十分，不論錢貴錢賤。

△ 事繼母致敬盡養，一日爲二善。敬養祖父母同論。

△ 事君王竭忠效力，一日爲一善。開陳善道，利益一人爲一善，利益一方爲十善，利益天下爲五十善，利益天下後世爲百善。遵時王之制，不違犯者，一事爲一善。凡事眞實不欺，一事爲一善。

△敬奉師長，一日爲一善。守師良誨，一言爲一善。

△敬兄愛弟，一事爲一善。敬愛異父母兄弟，一事爲二善。

仁慈類

△救重疾一人爲十善，輕疾一人爲五善。施藥一服爲一善。路遇病人，輿歸調養，一人爲二十善。若受賄者非善。

【解】受賄，謂得彼人金帛酬謝。

△救死刑一人爲百善，免死刑一人爲八十善，減死刑一人爲四十善。若受賄徇情者非善。救軍刑、徒刑一人爲四十善；免，爲三十善；減，爲十五善。救杖刑一人爲十五善；免，爲十善；減，爲五善。救笞刑一人爲五善；免，爲四善；減，爲三善。以上受賄者非善，偏斷不公者非善。居家減免婢僕之屬同論。

【解】救，謂非自己主事，用力扶救是也。免，謂由自己主事，特與恕免是也。偏斷者，謂非據理詳審，唯任意偏斷，反釋眞犯是也。

△見溺兒者，救免收養，一命爲五十善。勸彼人勿溺，一命爲三十善。收養無主遺棄嬰孩，一命爲二十五善。

△不殺降卒，不戮脅從，所活一人爲五十善。

△救有力報人之畜，一命爲二十善。救無力報人之畜，一命爲十善。救微畜，一命爲一善。救極微畜，十命爲一善。若故謂微命善多，專救微命，不救大命者非善。若不吝重價而救大命，與救多多極微命同論。

【解】有力報人，如耕牛、乘馬、家犬等。無力報人，如豬、羊、鵝、鴨、獐、鹿等。微命，如魚、雀等。極微，如細魚、蝦、螺，乃至蠅、蟻、蚊、虻等。救者，或買放，或禁絕，或勸止，是也。專救微命，不救大命，是唯貪己福，無慈物心，故非善。

△救害物之畜，一命爲一善。

【解】害物，如蛇、鼠等。蛇未咬人，無可殺罪故。鼠雖爲害，罪不至死故。

△祭祀、筵宴，例當殺生，不殺而市買現物，所費百錢爲一善。世業看蠶，禁不看者爲五善。

△見漁人、獵人、屠人等，好語勸其改業，為三善。化轉一人，為五十善。

△居官禁止屠殺，一日為十善。

△家犬、耕牛、乘馬等，死而埋葬之，大命一命為十善，小命一命為五善。復資薦之，一命為五善。

△賑濟鰥、寡、孤、獨、癱、瞽窮民，百錢為一善。零施積至百錢為一善。米、麥、布、幣之類，同上計錢數論。周給宗族中人同論。周給患難中人同論如上。窮民收歸養膳者，一日為一善。

△見人有憂，善為解慰，為一善。

△荒年平價糶米，所讓百錢為一善。

△濟饑人一食為一善，渴人十飲為一善。濟寒凍人暖室一宵為一善，棉衣一件為二善。夜暗施燈明，一人為一善。天雨施雨具，一人為一善。

△施禽畜二食為一善。

△饒免債負，百錢為一善。利多年久，彼人哀求，度其難取而饒免者，二百錢為一善。告官，官不為理，不得已而饒免者非善。

△救接人畜助力疲困之苦，一時為一善。

【解】救接者，謂或停役、或代勞是也。

△死不能殮，施與棺木，所費百錢為一善。

△葬無主之骨，一人為一善。施地與無墳墓家，葬一人為三十善。若令辦租稅者非善。置義冢，所費百錢為一善。

△平治道路險阻泥淖，所費百錢為一善。開掘義井、修建涼亭、造橋梁、渡船等，俱同論。若受賄者非善。

△居上官，慈撫卑職，一人為一善。有過，情可矜，保全其職為十善。若受賄者非善。凡在上不凌虐下人者同論。

△視民如子，唯恐傷之，一事為一善。

△善遣妾婢，一人為十善。資發所費，百錢為一善。白還人賣出男女，不取其贖者，原銀百錢為一善。出財贖男女還人者同論。

三寶功德類

△造三寶尊像，所費百錢為一善。諸天、先聖、治世正神、賢人君子等像，所費二百錢為一善。重修者同論。

【解】諸天，謂欲、色、無色三界梵王、帝釋等，及道教天尊、眞人、神君等。先聖，謂堯、舜、周、孔等。正神，謂嶽瀆、城隍等。賢人君子，謂忠臣、孝子、義夫、節婦等。

△刊刻大乘經律論，所費百錢爲一善。二乘及人天因果，所費二百錢爲一善。若受賄者非善。印施流通者同論。

【解】賄，謂取價貨賣等。人天，謂佛菩薩所說五戒十善，及世間正法、《六經》、《論》、《孟》、先聖先賢嘉言善行等。

△建立三寶寺院庵觀，及床座、供器等，所費百錢爲一善。施地與三寶，所值百錢爲一善。護持常住，不使廢壞者同論。建立諸天、正神、聖賢等廟宇，所費二百錢爲一善。用葷血祭祀者非善。

△施香燭、燈油等物供三寶，所費百錢爲一善。

△受菩薩大戒爲四十善，小乘戒爲三十善，十戒爲二十善，五戒爲十善。

△注釋正法大乘經律論，一卷爲五十善。卷數雖多，止千五百善。二乘及人天因果，一卷爲一善。卷多，止三百善。若僻任臆見者非善。

△自己著述、編輯出世正法文字，一卷爲二十五善。卷多，止五百善。人天因果，一卷爲十善。卷多，止百善。若談說無益者非善。

△見僞造經，勸人莫學者爲一善。

△爲君王、父母、親友、知識、法界眾生，誦經一卷爲二善，佛號千聲爲二善，禮懺百拜爲二善。若受賄者非善。爲自己，經一卷、佛千聲、懺百拜俱一善。

△爲君、父，乃至法界眾生，施食一壇，所費百錢爲一善。登壇施法者，一度爲三善。若受賄者非善。爲世災難，作保禳道場，所費百錢爲一善。若受賄者非善。

△講演大乘經律論，在席五人爲一善。人數雖多，止百善。二乘及人天因果，在席十人爲一善。人多，止八十善。若受賄者非善。圖名者非善。講演虛玄外道，無益於人者非善。

△禮拜大乘經典，五十拜爲一善。

△講演正法處，至心往聽，一席爲一善。

△飯僧，因其來乞而與者，三僧爲一善。延請至家者，二僧爲一善。送供到寺者，一僧爲一善。若盡誠盡敬者，一僧爲五善。再三苦求而後

與者非善。

△飯僧不拒乞人，平等與食者，二人爲一善。

△護持僧眾，一人爲一善。所護匪人者非善。

△度大德賢弟子，一人爲五十善。明義守行弟子，一人爲十善。但明
義、但守行弟子，一人爲五善。若泛濫度者非善。

【解】大德賢弟子，謂能續佛慧命，普利人天者是也。但者，明義、
守行各止得其一也。

雜善類

△不義之財不取，所值百錢爲一善。無害於義，可取而不取，百錢爲二
善。處極貧地而不取，百錢爲三善。

△當欲染境，守正不染，爲五十善。勢不能就而止者非善。

△借人財物，如期而還，不過時日者爲一善。

△代人完納債負，百錢爲一善。

△讓地讓產，所值百錢爲一善。

△義方訓誨子孫，一事爲一善。大家禁約家人、門客者同論。

△勸人出財作種種功德者，所出百錢爲一善。圖名利而募化者非善。

△勸人息訟，免死刑一人爲十善，軍刑、徒刑一人爲五善，杖刑一人爲
二善，笞刑一人爲一善。勸和鬥爭爲一善。若受賄者非善。

△發至德之言，一言爲十善。

【解】如宋景公三語、楊伯起「四知」之類是也。

△見善必行，一事爲一善。知過必改，一事爲一善。

△論辯虛心下賢，理長則受者，一義爲一善。

△舉用賢良，一人爲十善。驅逐姦邪，一人爲十善。揚人善，一事爲一
善。隱人惡，一事爲一善。見傳播人惡者，勸而止之爲五善。

△於諸賢善恭敬供養，一人爲五善。見人侵毀賢善，勸而止之爲五善。

△勸化人改惡從善，一人爲十善。

△成就一人家業爲十善，成就一人學業爲二十善，成就一人德業爲三十
善。

△許友，義不負然諾爲十善；義不負身命爲百善；義不負財物寄託，百
錢爲一善。

【解】然諾，如掛劍樹上之類。身命，如存孤死節之類。財物，如還

金幼子之類。

△ 有恩必報，一事爲一善。報恩過份爲十善。有仇不報，一事爲一善。若懷公道報私恩者非善。

△ 著破補衣一件爲二善，粗布衣一件爲一善。若原無好衣而著者非善。矯情干譽者非善。

△ 肉食人減省食，一食爲一善。素食人減省食，一食爲二善。若無力辦好食而減者非善。

△ 肉食人，見殺不食爲一善，聞殺不食爲一善，爲己殺不食爲一善。

△ 忍受人橫逆相加，一事爲一善。

△ 拾遺還主，所值百錢爲一善。

△ 引過歸己，推善與人，一事爲二善。

△ 名位、財利等，安分聽天，不夤緣營謀者，一事爲十善。

△ 處衆，常思爲衆，不爲己者，所處之地，一日爲一善。

△ 寧失己財，寧失己位，使他人得財得位者，爲五十善。

△ 遇失利及諸患難，不怨天尤人而順受者，一事爲三善。

△ 祈福禳災等，但許善願，不許牲祀者爲五善。

△ 傳人保養身命書，一卷爲五善。救病藥方，五方爲一善。若受賄者非善。無驗妄傳者非善。

△ 拾路遺字紙火化，百字爲一善。

△ 有財有勢，可使不使，而順理安分者，一事爲十善。

△ 權勢可附而不附者爲十善。

△ 人授爐火丹術，辭不受者爲三十善。人授已成丹銀，棄不行使者，所值百錢爲三善。

補遺

△ 凡救人一命爲百善。

過門

不忠孝類

△ 事父母失敬失養，一事爲一過。違犯義方之訓，一事爲一過。父母責怒，生瞋者爲一過，牴觸者爲十過。父母所愛，故薄之，一事爲一過。父母沒後，應資薦不資薦，一度爲十過。父母有失，不能善巧勸

化，一事為一過。

△ 不敬養祖父母、繼母，一事為一過。

△ 事君王不竭忠盡力，一事為一過。當直言不直言，小事為一過，大事為十過，極大事為五十過。違犯時王之制，一事為一過。虛言欺罔，一事為一過。

△ 不敬奉師長，一日為一過。不依師良誨，一言為一過。反背為三十過。若師不賢而捨之者非過。

【解】反背，如陳相學許行之類。不賢而捨，如目連離外道師之類。

△ 兄弟相仇者，一事為二過。欺凌異母所出及庶出者，一事為三過。

不仁慈類

△ 重疾求救不救，一人為二過。小疾一人為一過。無財無術而不救者非過

△ 修合毒藥為五過，欲害人為十過，害人一命為百過，不死而病為五十過。害禽畜一命為十過，不死而病為五過。

△ 咒禱厭詛，害人一命為百過，不死而病為五十過。

△ 錯斷人死刑成，為八十過；故入為百過。錯斷人軍刑、徒刑成，為三十過；故入為四十過。錯斷人杖刑成，為八過；故入為十過。錯斷人笞刑成，為四過；故入為五過。私家治責婢僕之屬者同論。

【解】錯，謂無心。故，謂有心。

△ 非法用刑，一用為十過。無罪笞人，一下為一過。

△ 謀人死刑成，為百過；不成為五十過；舉意為十過。軍刑、徒刑成，為四十過；不成為二十過；舉意為八過。杖刑成，為十過；不成為八過；舉意為五過。笞刑成，為五過；不成為四過；舉意為三過。

△ 父母溺初生子女，一命為五十過。墮胎為二十過。

【解】上帝垂訓：「父母無罪殺兒，是殺天下人民也。」故成重過。

△ 殺降、屠城，一命為百過。以平民作俘虜者，一人為五十過，致死為百過。

△ 主事明知冤枉，或拘忌權勢，或執守舊案，不與伸雪者，死刑成為八十過，軍刑、徒刑為三十過，杖刑為八過，笞刑成為四過。若受賄者，死刑為百過。以下俱同前論。諸枉法斷事，隨輕重，亦同前論。

△ 心中暗舉惡意，欲損害人，一人為一過。事成，一人為十過。

△故殺傷人，一命爲百過。傷而不死，爲八十過。使人殺者同論。

△故殺有力報人之畜，一命爲二十過，誤殺爲五過。故殺無力報人之畜，一命爲十過，誤殺爲二過。故殺微畜，一命爲一過，誤殺十命爲一過。故殺極微畜，十命爲一過，誤殺二十命爲一過。使人殺者同論，讚助他人殺者同論，逐日飲食殺者同論，畜養賣與人殺者同論，妄談禍福祭禱鬼神殺者同論，修合藥餌殺者同論。看蠱者，與畜養殺同論。

△故殺害人之畜，一命爲一過。誤殺十命爲一過。

△見殺不救，隨上所開過減半。無門可救者非過。不可救而不生慈念爲二過。

　【解】減半者，如殺有力報人之畜二十過，今十過是也。下以次減同上。

△耕牛、乘馬、家犬等，老病死而賣其肉者，大命爲十過，小命爲五過。

△時當禁屠，故殺者，隨上所開過加一倍。私買者同論。居上位反爲民開殺端者同論。

　【解】加一倍，如殺有力報人之畜二十過，今四十過是也。下以次增同上。

△非法烹炮生物，使受極苦者，一命爲二十過。

　【解】如活烹鼈蟹、火逼羊羔之類是也。

△放鷹、走狗、釣魚、射鳥等，傷而不死，一物爲五過。致死，與前故殺諸畜同論。發蟄、驚棲、填穴、覆巢、破卵、傷胎者同論。發蟄等，因作善事誤傷，非過。

　【解】作善誤傷，如修橋、砌路、建寺、造塔，種種善事，本出好心，故不爲過。然須懺悔資薦。

△籠繫禽畜，一日爲一過。

△見人畜死，不起慈心，爲一過。

△見鰥、寡、孤、獨窮民，饑渴寒凍等不救濟，一人爲一過。無財者非過。

△欺弄損害瞽人、聾人、病人、愚人、老人、小兒者，一人爲十過。

△見人有憂，不行解釋爲一過，反生暢快爲二過，更增其憂爲五過。見

人失利失名，心生歡喜，爲二過。見人富貴，願他貧賤，爲五過。

△ 荒年囤米不發，坐索高價者，爲五十過。遏糴者亦同此論。

△ 逼取貧民債負，使受鞭撲罪名，爲五過。借人財物不還，百錢爲一過。

△ 役使人畜，至力竭疲乏，不矜其苦而強役者，一時爲十過。加之鞭笞者，一杖爲一過。

△ 放火燒人廬舍、山林，爲五十過。因而害人，一命爲五十過。害畜，如前殺畜同論。本意欲害人命者，一命爲百過。

△ 掘人冢，棄其骨殖者，一冢爲五十過。平人冢，一冢爲十過。太古無骨殖者非過。

△ 依勢白占人田地、房屋等，所值百錢爲十過。賤價強買，百錢爲一過。

△ 損壞道路，使人畜艱於行履，一日爲五過。損壞義井、涼亭、橋梁、渡船等俱同論。

△ 居上官，輕壞卑職前程，一人爲三十過。枉法壞之者，爲五十過。凡居上凌虐下人者同論。

△ 幽繫婢妾，一人爲一過。謀人妻女，一人爲五十過。

三寶罪業類

△ 廢壞三寶尊像，所值百錢爲二過。廢壞諸天、治世正神、賢人君子等像，所值百錢爲一過。葷血邪神惑世者非過。

△ 以言謗斥佛、菩薩、羅漢，一言爲五過。謗斥諸天、正神、聖賢，一言爲一過。斥邪救迷，出於眞誠者非過。

△ 禮佛失時爲一過。因病、因正事非過。葷辛、酒肉、觸欲，失時爲五過。六齋日犯者加一倍論。

△ 毀壞三寶殿堂、床座、諸供器等，所值百錢爲一過。誘他人使之毀壞者同論。見毀壞不諫勸爲五過，反助成爲十過。諸天、正神、聖賢等廟宇，所值二百錢爲一過。葷血淫祠惑世者非過。

　【解】誘，謂他本無心，我教彼爲之。助，謂他先欲毀，我從旁贊之。

△ 占三寶地，所值百錢爲一過。占屋宇者同論。

△ 新立葷血祭祀神祠，一所爲五十過，神像一軀爲十過。重修者，祠、

像各減半論。

　　【解】新立，謂非古原有，特地創造。

△毀壞出世正法經典，所值百錢爲二過。二乘、人天因果，所值百錢爲一過。

△謗訕出世正法經典，一言爲十過。人天因果，一言爲五過。

△吝法不教爲十過，因彼不足教者非過。阻隔善法不使流通爲十過。屬邪見謬說者非過。雖屬善法，時當韜晦，順時休止者非過。

△誦經差一字爲一過，漏一字爲一過。心中雜想爲五過，想惡事爲十過。外語雜事爲五過，語善事爲一過。起身迎待賓客爲二過，王臣來者非過。不依式苟且誦爲五過。誦時發瞋爲十過，罵人爲二十過，打人爲三十過。寫疏差漏者同論。

△以外道邪法授弟子者，一人爲二十過。

△著撰僞經一卷爲十過。

△講演邪法惑衆，在席一人爲一過。往彼聽受，一席爲一過。

△講演正法，任己僻見，違經旨、背先賢者，在席五人爲一過。

△著撰脂粉詞章、傳記等，一篇爲一過。傳佈一人爲二過。自己記誦一篇爲一過。

　　【解】一篇，謂詩一首、文一段、戲一出之類。

△傳人厭魅、墮胎、種種惡方，一方爲二十過。

△僧人乞食不與，一人爲一過。非僧人乞食不與，二人爲一過。無而不與者非過。不與而反加叱辱者爲三過。僧不飯僧而拒絕者，一僧爲二過。

　　【解】上謂俗不齋僧，其過猶輕。下謂僧不齋僧，其過尤重。

△畜養惡弟子不遣去者，一人爲五十過。弟子有過不訓誨，小事一事爲一過，大事一事爲十過。

雜不善類

△取不義之財，所值百錢爲一過。處大富地而取者，百錢爲二過。

△欲染極親爲五十過，良家爲十過，娼家爲二過，尼僧、節婦爲五十過。見良家美色，起心私之爲二過。

　　【解】此爲在俗者。若出家僧，不論親疏良賤，但犯俱五十過，起心私之俱二過。

△ 盜取財物，百錢爲一過。零盜積至百錢爲一過。瞞官偷稅者同論。威取、詐取，百錢爲十過。

△ 主事受賄而擢人官、出人罪，百錢爲一過。受賄而壞人官、入人罪，百錢爲十過。

△ 借人財物不還，百錢爲一過。負他債，願他身死，爲十過。

△ 斗秤等小出大入，所值百錢爲一過。

△ 見賢不舉爲五過，反擠之爲十過。見惡不去爲五過，反助之爲十過。隱人善，一事爲一過。揚人惡，一事爲一過。有言責而舉惡者非過，爲除害救人而舉惡者非過。

△ 刻意搜求先賢之短，創爲新說者，一言爲一過。於理乖違者，一言爲十過。做造野史、小說、戲文、歌曲，誣污善良者，一事爲二十過。不審實，傳播人隱私，及閨幃中事者，一事爲十過。全無而妄自捏成者，爲五十過。遞送揭帖，發人惡跡，半實半虛者爲二十過，全虛者爲五十過。言言皆實，而出自公心，爲民除害者非過。

△ 募緣營修諸福事，而盜用所施入己者，百錢爲一過。三寶物，十錢爲一過。因果差移，百錢爲一過。

△ 讚助人詞訟，死刑成，爲三十過；軍刑、徒刑成，爲二十過；杖刑成，爲十過；笞刑成，爲五過。讚助人鬥爭爲一過。若教唆取利，死刑成，爲百過；軍刑、徒刑成，爲三十過；笞刑爲十五過。離間人骨肉者爲三十過。破人婚姻爲五過，理不應婚者非過。

△ 出損德之言，一言爲十過。

【解】如金陵「三不足」、曹孟德「寧我負人，毋人負我」之類是也。

△ 虛誑妄語，一事爲一過。因而害人爲十過。

△ 見善不行，一事爲一過。有過不改，一事爲一過。過不認過，反爭爲是，對平交爲二過，對父母師長爲十過。

△ 論辯偏執己見，不服善者，一義爲一過。

△ 不教誨子孫，任其爲不善者，一事爲一過。容縱家人、門客者同論。

△ 大賢不師爲五過。勝友不交爲二過。反加謗毀欺侮爲十過。

△ 惡語向所尊爲十過，向平交爲四過，向卑幼爲一過，向聖人爲百過，向賢人君子爲十過。

△ 教人爲不善，一事爲二過。教人不忠不孝等大惡者，一事爲五十過。

見人爲不善，不諫勸者爲一過，大事爲三十過。知彼人剛愎決不受諫者非過。

△造人歌謠、取人插號者，一人爲五過。

△妄語不實，一言爲一過。自云證聖，誑惑世人者，一言爲五十過。

△許友負信，小事爲一過，大事爲十過。負財物寄託者，百錢爲一過。

△有恩不報，一事爲一過。有冤必報，一事爲一過。報冤過份爲十過，致死爲百過。於所冤人，欲其喪滅，爲一過。聞冤滅已，心生歡喜，爲一過。

△肉食，一食爲一過。違禁物，若龜鱉之類，一食爲二過。有義物，若耕牛、乘馬、家犬之類，一食爲三過。

　【解】以上謂市買者。若自殺食，在前故殺中論。

△飲酒，爲評議惡事飲，一升爲六過。與不良人飲，一升爲二過。無故與常人飲，爲一過。奉養父母、延待正賓者非過。煎送藥餌者非過。

△開酒肆招人飲，一人爲一過。

△五辛，無故食，一食爲一過。治病服者非過。食後誦經，一卷爲一過。

△六齋日食肉，一食爲二過。食而上殿爲一過。飲酒、啖五辛者同論。

△過份美衣，一衣爲一過。美食，一食爲一過。唯奉養父母非過。

　【解】過份者，謂富貴人分應受福，然於本等享用外，過爲奢侈是也。唯除父母，不曰祀神、宴賓者，《周易》「二簋可享」，茅容蔬食非薄是也。

△齋素人，必求美衣美食，一衣爲一過，一食爲一過。

　【解】謂既知齋素，自合惜福。雖是布衣，必求精好，雖是茱食，必求甘美，亦折福故。

△輕賤五穀天物，所值百錢爲一過。

△販賣屠刀、漁網等物，所費值百錢爲一過。

△拾遺不還主，所值百錢爲一過。

△有功歸己，有罪引人，一事爲二過。

△名位財利，夤緣營謀而求必得，不顧非義者，一事爲十過。

△處眾唯知爲己，不爲眾者，所處之地，一日爲一過。

△寧他人失財失位，而唯保全己之財位者，爲五十過。

△遇失利及諸患難，動輒怨天尤人者，一事為三過。

△祈福禳災等，不修善事，而許牲牢惡願者為十過。所殺生命，與殺畜同論。

【解】十過者，但許願時，心已不良故。至後酬願宰殺時，另與殺畜同論。

△救病藥方，不肯傳人者，五方為一過。未驗恐誤人者非過。

△遺棄字紙不顧者，十字為一過。

△離父母出家，更拜他人作乾父母者，為五十過。

△人授爐火丹術，受之為三十過。行使丹銀，所值百錢為三過。實成真金，煎燒百度不變者非過。

補遺

△無故殿上行、塔上登者，為五過。殿塔上葷酒污穢者為十過。

【解】故，謂燒香、掃地、諷經等。

△受賄囑託擢官、出罪等，五百錢為一過。受賄囑託壞官、入罪等，五百錢為十過。